How to write English Paragraph and Essay

글의 구조 이해와 작문 필(必)독서

김문수 지음

신아사

김문수

국어국문학 전공, 영어영문학 부전공
중앙일간 신문사 근무
뉴욕 파견근무
뉴욕 한국일보 칼럼리스트
뉴욕 한민족포럼재단 사무국장
컬럼비아대학 Teacher's School 최고과정 수료
컬럼비아 언론대학원 수료

How to write English Paragraph and Essay

글의 구조 이해와 작문 필(必)독서

초판 1쇄 발행 _ 2014년 3월 18일

저　　자 • 김 문 수
발 행 인 • 정 현 걸
발　　행 • 신 아 사
인　　쇄 • 성실인쇄
출판등록 • 1956년 1월 5일 (제9-52호)
주　　소 • 서울특별시 은평구 녹번동 28-36번지 2F
전　　화 • (02)382-6411 • 팩스 (02)382-6401
홈페이지 • www.shinasa.co.kr
E-MAIL • shinasa@daum.net

ISBN: 978-89-8396-835-7 (93740)

정가 18,000원

책을 만들며(Prologue)…

2002년 여름, 취재기자로 미국 뉴욕으로 파견되었다. 당초 임무가 끝나는 적절한 시간에 뉴욕의 컬럼비아대학 언론대학원에서 공부를 좀 더 하고 싶다는 생각을 가지고 있었는데, 그런 기회가 의외로 빨리 다가왔다. 불과 서너 달 만에 회사를 퇴직하고 대학에서 공부를 할 기회를 맞게 된 것이다.

하루는 그 대학의 리처드 마젤(Richard Mazel) 교수에게서 "대개 언론인의 글은 매우 논리적이고 설득력이 있는데, 자네의 글은 그러하지 못하다."는 지적을 받고 적지 않은 충격을 받았다. 당시 20년 가까이 일간 신문에서 취재기자로 일을 해왔는데, 젊은 학생들도 받지 않는 이런 지적을 내가 받아야 하는지 내심 불쾌하기까지 했다. 그 원인을 정확히 짚고 넘어가고 싶어 개인 면담을 요청, 담당 교수를 만났다. 그는 다소 언짢은 내 모습을 보고 빙그레 웃으며 "내 지적이 자네에게 상처를 주었다면 용서하게나, 글의 논리성은 떨어지지만 내용은 알차고 좋았다."며 내 마음을 달려주려고 했다.

그는 내가 제출한 리포트를 끄집어내어 조목조목 내 글의 문제점을 알기 쉽게 설명해주었다. 그 때 나는 대학에서의 글쓰기도 토플(TOEFL)의 에세이와 같은 일정한 형식(frame)을 요구하고 있다는 것을 알 수 있었다. 영어식 글쓰기는 대개 두괄식으로 서론, 본론, 결론에 이르기까지 일목요연한 선형구조로 글이 전개돼야 채점자나 독자들이 쉽게 이해한다는 것을 알게 되었다. 그리고 그 교수의 지적대로 글을 고쳐 제출하면서 글쓰기에 도움이 되는 책 몇 권을 소개받아 공부한 것이 내 인생에 적지 않은 축복이 된 것에 감사한다.

미국 대학에서는 글쓰기 능력을 강조하고 있다. 그만큼 글쓰기를 중요하게 여기기 때문이다. 인문학 분야는 물론이고 이공계 또는 의학, 약학 대학들까지도 각종 글쓰기 어사인먼트(assignment)가 시쳇말로 장난이 아닐 정도로 많이 부과된다. 게다가 많은 미국 대학들은 글쓰기 과목을 필수과목으로 지정하여 학생들을 교육시키고 있다. 특히 지난 2005년부터 미국은 고등학교에서 대학에 가는데 필요한 수능시험(SAT I)에서도 글쓰기(essay)를 채택하여 2년간 시범 운영한 뒤에 본격 시행하고 있다. 현재 SAT는 2400점 만점에서 글쓰기가 800점을 차지할 정도로 그 비중이 높다.

영국 철학자 베이컨은 "독서(reading)는 완전한 사람을 만들고, 회의(conference)는 준비된 사람을, 글쓰기(writing)는 정확한 사람을 만든다."고 했다. 이 말을 곱씹어보면 현대사회에서 왜 글쓰기가 중요한가를 알 수 있게 된다. 현대사회에서는 커뮤니케이션 능력이 매우 중요한데, 이는 무엇보다 정확성과 명확성이 요구되기 때문이다. 따라서 요즘 국내 주요 기업체들도 커뮤니케이션 능력의 중요성을 깨닫고 대학에서 글쓰기 능력을 키워줄 것을 요구하고 있다는 이야기를 많이 듣는다.

글쓰기를 가르치는 분들은 대개 "사람들이 작문을 어려워하는 것은 글쓰기가 지닌 뛰어난 사고형성 기능과 관련이 있기 때문"이라고 말한다. 그래서 글쓰기 능력을 키워주기가 쉽지 않다고 한다. 그리고 국내에서 출간된 많은 글쓰기 지침서들도 글쓰기를 공부하는 데는 오랜 시간이 걸린다. 글쓰기에는 왕도가 없다고 적고 있다. 따라서 많이 읽고 많이 써보는 것 외에는 달리 좋은 방법이 없다고 주장한다.

그러나 나는 그들의 주장에 동의하지 않는다. 왜냐하면 뛰어난 사고형성 기능을 가진, 즉 사고가 명확한 사람들 가운데는 의사나 과학자들이 많다. 하지만 그들이 글을 잘 쓰기보다는 오히려 글을 쓰는 것을 더 어려워하거나 꺼리는 경향이 있기 때문이다. 이는 글쓰기가 단순히 뛰어난 사고형성 기능으로만 해결될 수 있는 것이 아님을 방증한다. 나는 글쓰기에는 도움이 되는 툴(a tool of communication)이 있다고 생각한다. 그리고 이를 바탕으로 적절한 훈련을 한다면 굳이 뛰어난 사고형성 기능을 가지지 않은 사람들도 글을 쉽게 쓸 수 있다고 믿는다.

무엇보다 글쓰기에는 특정한 국가나 민족, 그리고 문화가 따로 존재한다고 생각하지 않는다. 글은 의미를 전달한다는 점에서는 말과 비슷한 점이 있다. 하지만 말은 전달하년서 정자가 이해하지 못하면 바로 부연 설명을 할 수 있고, 또 틀린 내용은 바로 잡을 수가 있다. 하지만 글은 한번 활자화되어 전달되면 바로 수정이 어렵다. 그런 점에서 글은 말보다 정확하고 명확해야 할 뿐만 아니라, 이해하기 쉽고 논리적인 전달 수단이 되어야 한다고 생각한다. 지금 내가 집필한 책도 바로 이와 같은 글쓰기 방법을 가르치려는 데 가장 큰 목적을 두고 있다.

나는 신문사에서 20년 가까이 취재기자로 일을 했다. 이후 미국으로 건너가서는 잠깐 동안의 취재활동을 그만두고 대학에서 공부하다 다시 한민족포럼재단(이사장 안충승)이라는 학술단체에서 글을 쓰는 업무를 맡아 10년 넘게 일을 했다. 나는 거의 30년 가까이 글을 쓰는 직업에 종사하면서 어떻게 하면 글을 잘 쓸 수 있을까를 항상 고민해왔다. 이는 달리 말하면 늘 글을 쓰는 것에 많은 부담을 안고 살아왔다는 것을 의미한다. 이러한 고민은 내가 대학에서 언론사 시험공부를 하면서부터 시작하여 최근까지, 내 삶의 화두가 된 셈이다. 솔직히 말하지만 내가 한국에서만 살았다면 내 인생은 이 화두를 잡고 깨어나지 못한 채 생을 마감했을 것이 분명하다. 하지만 다행히도 미국으로 건너가 대학에서 글쓰기를 공부할 기회를 가지게 되면서 이 화두를 풀 수 있는 계기를 맞은 셈이다.

서두에서 밝힌 것처럼 나는 컬럼비아대학에서 글쓰기 지침서로 소개받은 몇 권의 책들을 탐독하면서 글쓰기에 눈을 뜨게 하는 '왕도'가 있다는 것을 알게 되었다. 이후 미국에서 살면서 내 자신은 물론 내 아이들을 가르치려는 작은 소망으로 10년이란 세월 동안 각종 글쓰기 관련 책들을 구해 나름대로 읽고 정리하여 글쓰기 강의 노트를 만들었다. 그리고 이를 바탕으로 국내에서도 중고등학생들과 대학생들은 물론, 글쓰기를 필요로 하는 모든 분들에게 실제로 도움이 되는 글쓰기 책(영어 및 국어)을 집필하기로 마음 먹었다.

글을 잘 쓰기 위해 다독-다상량-다작은 필수란 것에 누구도 이견이 없을 것이다. 다독과 다상량은 누구든 마음만 먹고 실행하면 스스로 해결할 수 있다. 하지만 정작 "글을 어떻게 쓸 것인가?"라는 방법(how to write)에 대한 해법은 누구도 시원스럽게 제시하지 못하고 있는 것이 우리의 현실이다. 이를 위해 나는 구체적으로 글을 어떻게 쓸 것인가에 초점을 두고 가장 많은 고민과 시간을 할애했다. 이를테면, 한 권의 요리법 책(a recipe book)만 가지면, 비록 초보자라 하더라도 다양한 음식을 만들어낼 수가 있듯이, 이 책을 공부하면 누구든 글을 쓸 수가 있도록 준비했다. 이것이 이 책의 가장 큰 장점이자 특징이라고 감히 확신한다.

이 책은 단순히 글을 쓰는 방법만을 제시하는 것이 아니라, 영어식 글의 구조를 완벽하게 파악하고 이해할 수 있게 집필했다. 이에 따라 "단원 I"에서 단락(Paragraph)의 구조와 전개방식을 학습하면 요즘 대입수능영어 시험에 출제되는 문제 가운데 듣기문제를 제외한 독해와 관련된 대부분 문제를 보다 쉽고 정확하게 해결하는데 큰 도움이 된다. 그리고 "단원 II"에서 에세이(Essay)를 공부하면 TOEFL과 SAT 등의 작문(Writing)을 완벽하게 소화할 수 있고, 더불어 토플의 지문독해를 비롯해 다양한 영어식 글을 읽고 이해하는데 매우 유용할 것이다. 끝으로, 한가지 덧붙인다면 이 책을 읽고 해석할 수 있는 정도의 영어능력을 갖춘 사람이면 이 책으로 영어뿐만 아니라, 우리 글을 "어떻게 쓸 것인가?"하는 고민도 당연히 해결할 수 있다고 믿는다.

2014년 3월

김문수

Contents_목차

책을 만들며(Prologue) • 3

Unit 01.
Part One: Paragraph (단락)

Book I: The basic understanding for a Paragraph

1. What is a Paragraph? • 21
2. The author's three basic stances for a Paragraph • 24
3. The way of making a Paragraph Outline • 25
4. The basic three parts of a Paragraph • 28

Book II: Analyzing English Paragraphs

1. A Great Paragraph's Organization • 29
2. Model paragraphs • 31

Book III: Organizing a Paragraph's Thoughts

1. Organizing a paragraph's thoughts before writing • 37
2. Why is brainstorming important for writing? • 38
3. How do you Brainstorm? • 38

Book IV: What is a Topic Sentence?

1. Topic Sentence • 40
2. The example sentences • 42
3. The topic and controlling ideas • 45
4. Making a paragraph through brainstorming • 46
5. Making a topic sentence through a given paragraph • 49

Book V: Writing supporting sentences

1. What is a good supporting sentence? • 52
2. Controlling ideas and supporting sentences • 53
3. Examples for good supporting sentences • 54

Book VI: Writing concluding sentence

1. What is a concluding sentence? • 58
2. The way of writing a concluding sentence • 58
3. Writing a concluding sentence • 62
4. Making a paragraph through brainstorming • 65

Book VII: The Development and Analysis of paragraph

1. What is the development of a paragraph? • 70
2, The way of developing a paragraph • 70
3. The six rules of writing good supporting sentences • 71
4. Analyzing the development of a paragrph • 75

Part Two: The kinds of paragraphs (단락의 종류)

Book I: Definition Paragraph(정의 단락)

1. What is a Definition Paragraph? • 89
2. Exercising a definition paragraph • 91
3. Beginners go through the next process • 92
4. Writing a definition paragraph • 92

Book II: Descriptive Paragraph(묘사 단락)

1. What is a Descriptive paragraph? • 99
2. Two kinds of descriptive paragraphs • 100
3. Adnominal words and clauses • 101
4. The examples of a descriptive paragraph • 103

Book III: Narrative Paragraph(이야기 단락)

1. What is a Narrative Paragraph? • 108
2. The basic structure of a narrative paragraph • 109
3. The examples of a narrative paragraph • 110

Book IV: Process/Analysis Paragraph(과정[분석] 단락)

1. What is a Process Paragraph? • 117
2. Three features of a process analysis paragraph • 118
3. The examples of process analysis paragraphs • 119

Book V: Comparison and contrast Paragraph(비교 대조 단락)

1. What is a Comparison and Contrast Paragraph? • 124
2. The way of writing a comparison contrast • 126
3. The examples of a comparison contrast paragraph • 127

Book VI: Opinion Paragraph(의견제시 단락)

1. What is an Opinion Paragraph? • 131
2. The way of writing an opinion paragraph • 132
3. The examples of an opinion paragraph • 132

Book VII: Special Paragraphs(특수 단락)

1. Paraphrase(의역) • 139
2. Synthesis(종합) • 142
3. Summary(요약) • 145

Book VIII: 대입영어 수능문제 예시 및 해설

1. 필자의 주장 찾기 • 160
2. 글의 요지 찾기 • 166
3. 글의 주제와 제목 찾기 • 171
4. 글의 목적 추론하기 • 178
5. 빈칸 완성하기 • 184
6. 글의 순서 정하기 • 192
7. 주어진 문장 넣기 • 198

Unit 02.
Essay (에세이)

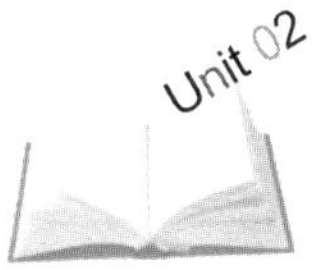

Part One: The basic understanding about Essays
(에세이에 관한 기본적인 이해)

Book I: The study of an English Essay

1. What is an English Essay? • 209
2. The Comparison of Paragraphs and Essays • 211
3. The Relationship of a Topic sentence, Paragraph, and Essay • 213

Book II: The organization form of Essay(에세이의 구성 형태)

1. Three main points of forming an Essay • 218
2. Analysis of Example Essays • 220
3. Brainstorming • 224

Book III: Writing Introduction (도입부 쓰기)

1. What is an Introduction? • 227
2. The way of writing Hook • 228
3. Writing Connecting Sentences • 239
4. Writing a Thesis statement • 239

Book IV: Writing Body(본론 쓰기)

1. What is a Body in an Essay? • 242
2. The way of describing(서술 방식) • 243
3. Body outline and Example • 245

Book V: Writing Conclusion(결론 쓰기)

1. What is Conclusion? • 248
2. The way of writing Conclusion • 248
3. The Example of Conclusion • 249
4. General Essay Outline • 252

Book VI: Analyzing complete Essays(에세이 분석)

1. Model I • 253
2. Model II • 255
3. Model III • 258
4. Model IV • 261
5. Model V • 264

Part Two: Kinds of Essays (에세이의 종류)

Book I: Argumentative Essay(논쟁 에세이)

1. What is an Argumentative Essay? • 271

2. Question patterns of Argumentative Essay's writing test • 273

3. The opposing and supporting ideas • 274

4. Writing Introduction of Argumentative Essays • 275

Book II: Reaction Essay(반응 에세이)

1. What is a reaction Essay? • 288

2. Unity in a reaction Essay • 289

3. Analyzing a reaction Essay • 291

Book III: Process/Analysis Essay(과정/분석 에세이)

1. What is a process/analysis Essay? • 302

2. Two types of process/analysis Essays • 302

3. The way of writing process/analysis Essays • 304

4. The examples of process/analysis Essays • 307

Book IV: Comparison contrast Essay(비교 대조 에세이)

1. What is a comparison contrast Essay? • 312
2. The outline forms of comparison contrast Essays • 313
3. Three types of comparison contrast Essays • 314
4. Comparison Essays Outline • 315
5. Writing a Comparison Essay Outline • 317
6. The exampeles of comparison contrast Essays • 319

Book V: Cause and Effect Essay(인과관계 에세이)

1. What is a cause and effect Essay? • 331
2. How do you write cause and effect Essays? • 333
3. The examples of cause and effect Essays • 334

Book VI: Classification Essay(분류 에세이)

1. What is a classification Essay? • 341
2. The outline forms of classification Essays • 342
3. The examples of classification Essays • 342

Book VII: Narrative Essay(이야기 에세이)

1. What is a narrative Essay? • 348
2. The way of writing a narrative Essay • 352
3. Analyzing narrative Essays • 357

Book VIII: 토플(TOEFL) 에세이 작성하기

1. 좋은 토플 에세이 쓰는 방법 • 366
2. 토플(TOEFL) 에세이 답안 작성요령 및 해설 • 368
3. 토플 에세이 작문할 때 유념할 5가지 • 381

글을 마치며(Epilogue) • 383

Unit 01

01 part one

Paragraph 단락

Book I | The basic understanding for a Paragraph

Book II | Analyzing English Paragraphs

Book III | Organizing Paragraph's Thoughts

Book IV | What is a Topic Sentence?

Book V | Writing supporting sentences

Book VI | Writing concluding sentence

Book VII | The Development and Analysis of a paragraph

part one

Paragraph 단락

Book I The basic understanding for a Paragraph

There are four key points in writing a good paragraph: clarity, organization, supporting details, and correct grammar and vocabulary.

- 좋은 단락(Paragraph) 쓰는 데는 논리적인 명확성, 구성, 상세한 지지, 정확한 문법과 어휘 등이 네 가지 주요 요소다.

1. What is a Paragraph?

1) Paragraph

A paragraph is a group of sentences about one main idea. One characteristic of a good paragraph is unity and coherence. Each paragraph you write, if it is alone or is part of a longer essay, should have (a) Unity and (b) Coherence.

a) In case of unity, all of the sentences in it relate to the topic sentence and develop the topic sentence. If a topic sentence states that a paragraph will be about how to write a good report, all sentences in the paragraph should talk about a good report preparation. Adding sentences about how to talk to your teacher who gives the report to you would destroy the paragraph's unity. Unity is very important in all kinks of paragraphs.

b) Another important characteristic of a good paragraph is coherence. Coherence means that your paragraph flows smoothly and ideas are arranged logically. There are two kinds of strategies for coherence. First, make sure you arrange your ideas in a logical order. Second, repeat key words, use appropriate pronouns and use synonyms.

우리말 설명

■ 단락이란 대개 하나의 주제문(a topic sentence)에 대한 생각(an idea)을 논의하는 문장들(sentences)의 집합체를 말한다. 따라서 단락은 하나의 문장처럼 단순한 의미를 전달하는 것이 아니라, 어떤 목적을 가진 집합적 의미를 전달하는 기능을 하게 된다. 단락은 2-3개 문장으로 짧게 구성이 될 수 있지만, 일반적인 경우에는 5-10개 문장으로 이루어진다. 그리고 경우에 따라서는 그 이상의 문장이나 또는 두세 개의 복수 단락으로도 구성될 수 있다.

■ 단락은 두 가지 형태로 분류할 수 있는데, 하나는 그 자체로 완성된 한 토막의 글을 말하며, 다른 하나는 완성된 한편의 Essay(논술)의 구성요소로서의 단락을 말한다. 이 단원에서 다루고자 하는 단락은 완성된 한 토막의 학술적인 글(an academic paragraph)에 대한 것이다. 이러한 단락의 특성은 통일성(Unity)과 일관성(Coherence)이라고 할 수 있다. 통일성은 주제문과의 유기적인 관련성을 의미하고, 일관성은 논리적인 글의 흐름, 특히 일치와 조화를 말하는 것인데, 이 두 가지는 글을 쓰는데 있어서 핵심 포인트(key point)라고 할 수 있다.

■ 그리고 단락이야말로 하나의 집합적 의미를 전달하는 가장 기본적인 형식을 취하는 글이므로, 글쓰기의 시작이라고 해도 과언이 아니다. 따라서 하나의 소주제를 가지고 논리적인 한 단락의 글을 완성할 줄 아는 능력을 갖춘다면 이는 글쓰기의 기본을 갖추었다고 해도 지나친 말이 아닐 것이다.

■ 끝으로, 각 단락은 하나의 소주제에 대한 생각을 가지고 이야기를 전개하므로 다음 단락과 구별하기 위해 첫째 문장을 두세 글자 정도의 공간으로 들여 써서 구별한다. 하지만 요즘은 각 단락을 더욱 분명하게 구별하기 위해 첫 문장을 들여 쓰기보다는 행간을 한 행 정도 띄우는 경우도 있다.

2) The basic examples of Unity and Coherence
(통일성과 일관성에 대한 기본 예문들)

A) Unity(통일성)

Topic sentence

The crow is a large black bird with some surprising characteristics. a) Many crows actually seem to enjoy being with people. b) Crows like to spend time communicating with one another and sometimes seem to have long and involved conversations. [c) The raven is a relative of the crow, but the two are very different.] d) Crows also seem to feel sympathy when they see other injured birds. (Blueprints 2: p 4)

- Explanation = 모든 지지문장들은 주제문(밑줄 친 첫 문장)과 적절한 관련이 있어야 한다. 그런데 c)는 까마귀와는 직접 관련성이 없는 갈가마귀가 등장하여 글의 통일성을 해치고 있다.

B) Coherence(일관성)

Topic sentence

The YMCA of great New York is a community service organization. It improves positive values through various programs that build spirit, mind and body, welcoming all the people, with a focus on youth. In addition, it wishes all kids and families strong, and communities strong. (New York City YMCA: ad)

- Explanation = 이 단락은 뉴욕 지역 YMCA의 지역사회(community)에 대한 역할을 알리는 일종의 광고문인데, 이는 글의 흐름이 논리적이고 반복되는 주제 YMCA를 대명사 It으로 받는 등 일치와 조화를 잘 유지하고 있는 글이다. 그리고 모든 문장은 앞 문장의 키워드나 핵심 내용을 설명 또는 예증하면서 전개된다. 이상 두 개의 예문 단락을 통해 글의 통일성과 일관성에 대해 살펴보았다.

2. The author's three basic stances for a Paragraph

1) Topic(주제)

누구든지 글을 쓸 때에는 필자 자신이 제기하고자 하는 문제를 중심으로 하여 주제(topic)를 선정하게 된다.

2) Audience(독자)

그리고 필자는 누구를 대상으로 이 글을 쓸 것인가, 즉 독자(readers)를 염두에 두게 된다.

3) Purpose(목적)

필자는 또한 무엇 때문에 이 글을 쓰는 가에 대한 분명한 목적(purpose)이나 방향을 가지게 된다.

- 필자는 이상 3가지를 가지고 구체적으로 어떤 글을 쓸 것인가를 고민하게 되는데, 글의 주제(Topic), 독자(Audience), 목적(Purpose) 이 3가지(A-T-P)를 잘 조합하여 필자가 쓰고자 하는 글의 계획(plan)을 직-간접적으로 제시하는 문장을 작성한다. 영어에서는 이를 주제문(topic sentence)이라고 한다. 좋은 단락의 글은 독자들이 주제문을 보고 필자가 어떤 글을 쓸 것인가를 짐작하고 관심을 가지게 만든다.

3. The way of making a Paragraph Outline
(단락의 개요를 짜는 방법)

1) 글의 계획(writing plans)

주제와 독자, 그리고 어떤 목적으로 쓸 것인가를 염두에 두고 글을 계획한다.

(1) Topic(주제)

- New York City(뉴욕)

(2) Audience(독자)

- Tourists(관광객)

(3) Purpose(목적 또는 방향)

- Destination(주요 관광지소개)

2) Making a Topic Sentence

A-T-P를 기본 바탕으로 주제문을 작성한다. 여기서는 미국을 관광하고자 하는 사람들을 대상으로 뉴욕이 왜 관광지로 적당한가를 알리는 글이 되어야 할 것이다.

[Example Topic sentence]

New York City is a fascinating tourist destination.

3) Major supporting points and Minor supporting points

뉴욕시에서 관광할 만한 주요지역을 먼저 떠올리면서 이에 합당한 곳이 구체적으로 어디이며, 거기서 무엇을 즐길 수 있는가를 생각한다.

Major points	Minor points
❶ Unique neighborhoods —	Chinatown and Timesquare
❷ Famous landmarks —	Statue of Liberty and Empire State Building
❸ Fabulous entertainment —	Broadway Theatres and Central Park

4) Concluding Sentence

결론은 대개 주제문을 재진술하면서 필자의 핵심 포인터를 덧붙여서 필자 주장을 구체화하는 경향이 있다.

[Example Conclusion]

In conclusion, the Big Apple is an incredible place for all kinds of travelers to enjoy.

5) 글(단락) 완성하기

필자가 어떤 글을 쓰기 위해 주제선정에서부터 단락을 완성하기까지 이와 같은 과정을 거치는 연습을 한다면, 어떤 주제이든 작문(writing)을 하는 것이 우리가 생각하는 만큼 어려운 것이 아니라는 것을 배우게 될 것이다.

New York City is a fascinating tourist destination. One of the reasons is that it has so many unique neighborhoods for its ethnically diverse population. For example, one of the famous neighborhoods is Chinatown where you can find delicious Chinese food as well as many interesting examples of Chinese culture. New York also attracts numerous visitors because of its famous landmarks. Perhaps the most well-known of these is the Statue of Liberty which is located in New York Harbor. Another is the much celebrated and world renowned Empire State Building which features prominently in the skyline of this great city. Finally, countless people spend their vacations in New York because of its fabulous entertainment. Broadway theaters alone attract huge numbers of visitors each year. In conclusion, the Big Apple is an incredible place for all kinds of travelers to enjoy.

Explanation(해설)

(1) Topic sentence (주제문)

New York City is a fascinating tourist destination.

Topic (주제) = New York City

Controlling Idea (중심내용) = is a fascinating tourist destination

영어에서 좋은 주제문은 이와 같이 분명한 주제와 중심내용을 가진다. 여기서 주제를 적절히 규정(한정)하는 Controlling idea를 통하여 비로소 독자들은 필자가 뉴욕에 대해 어떤 글을 쓸 것인가를 짐작할 수 있다. 그리고 독자들은 왜 뉴욕이 관광하기에 좋은 곳인가를 기대하게 된다.

(2) Body (본론) 또는 Supporting sentences (지지문장)

뉴욕 시가 왜 매혹적인 관광지인가를 독자들이 이해할 수 있도록 몇 가지 주요 요소들(key points)을 가지고 설명하고 있다. 첫째, 어떤 독특한 특성을 가진 지역들이 있는 데, 그들 중 하나가 바로 차이나타운이다. 둘째, 뛰어난 명소들이 있는 데, 그 중에서도 가장 잘 알려진 것이 자유의 여신상과 엠파이어 스테이트빌딩이라는 것이다. 마지막으로, 굉장한 연예(엔터테인먼트)장소로서 Broadway(브로드웨이) 극장가를 꼽고 있다. 여기서 글을 더 늘리기 위해서는 주요 포인트를 덧붙이면 된다.

(3) 결론(Conclusion)

영어는 가능한 같은 용어사용을 피하려는 경향이 있어 뉴욕시의 애칭인 빅애플을 쓰고 있다. 필자는 주제문을 재진술하면서 뉴욕은 여행객들이 즐길 수 있는 굉장한 명소라는 것을 자신 있게 주장한다.

4. The basic three parts of a Paragraph

(단락paragraph의 도표와 그림)

[paragraph: 도표] [paragraph: 그림]

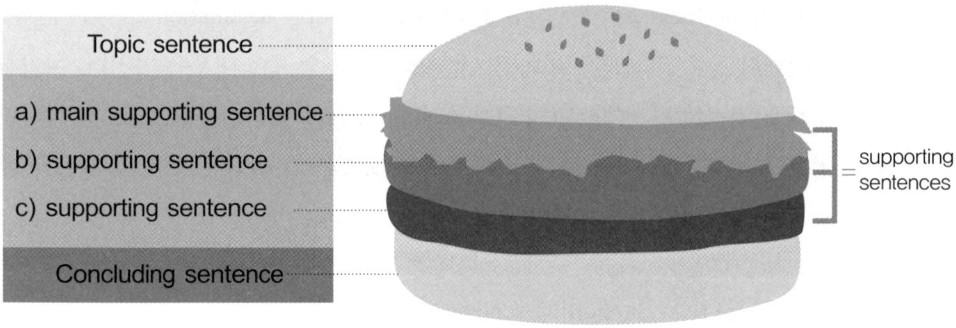

우리말 설명

미국의 작문 교사들은 흔히 단락의 구조(the structure of a paragraph)를 햄버거에 비유하곤 한다. 대부분 사람들은 햄버거를 먼저 겉 모양이 빵과 흡사하다는 것을 연상하면서 그 내용물을 생각하게 된다. 내용물은 대개 3가지 정도 서로 다른 것으로 층을 이뤄 분류된다. 햄버거의 종류에 따라 다를 수 있지만, 대개 첫째 층은 양파나 상추와 같은 야채로, 둘째는 저민 고기로, 셋째는 토마토로 각각 구성이 된다. 이는 주제문을 3가지 정도의 핵심어(key words)로 설명하는 것과 매우 유사한 구조를 이루고 있다. 끝으로 햄버거는 뚜껑과 밑바닥이 모양은 약간 다르긴 해도 사실은 같은 재료이다. 이는 좋은 단락은 서론의 주제문을 재진술하면서 결론을 맺는 것과 같은 원리로 글의 수미상관을 비유한 것이다. 이에 따라 작문교사들은 학생들에게 단락의 구성원리를 쉽게 이해할 수 있도록 햄버거에 비유하는 것이다.

1. A Great Paragraph's Organization
(좋은 단락의 구조)

서론: 〈주제문(a topic sentence)〉

좋은 영어단락(paragraph)은 대개 첫째 한두 문장이 서론(도입부: Introduction)에 해당되며, 단락에서는 이를 주제문(topic sentence)이라고 한다. 그 다음 문장이 주요 뒷받침문장(a main supporting sentence)인데, 이들 두세 문장을 읽고 파악하면 향후 필자가 어떤 글을 쓸 것인가에 대한 방향(목적)과 흐름을 이해할 수 있게 된다. 따라서 단락 전체를 정확히 이해하기 위해서는 먼저 주제문을 읽고 파악하는 것이 가장 중요하다고 할 수 있다.

본론: 〈뒷받침 문장(supporting sentences)〉

주제문을 뒷받침하는 문장들(supporting sentences)로 구성되는 부분을 본론(Body)이라고 말한다. 뒷받침 문장들은 필자 개인의 신념이나 경험, 일반적으로 검정된 사례나 근거, 통계 및 분석자료, 과학적 이론, 전문가의 견해, 또는 역사적 사실, 명언인용 등 다양한 관련 예증들을 통하여 주제문을 설득력 있게 지지하면서 논리적으로 전개해나간다. 그리고 본론은 반드시 서론(주제문)의 핵심어(key word)나 중심내용(main ideas)과 관련된 것으로 예증을 하게 된다. 다시 말해, 본론의 모든 내용은 주제문을 예증하기 위해 등장하는 지원문장이라는 것을 명심해야 한다.

결론: 〈결론문장(concluding sentences)〉

단락의 마지막 한두 문장을 결론(Conclusion)이라고 한다. 그리고 결론은 대부분 주제문, 즉 서론(도입부)을 재진술하면서 본론의 핵심 내용을 한 가지 정도 덧붙여서 필자가 주장하고자 하는 내용(목적)을 더욱 구체화하면서 끝을 맺는다. 특히, 주제문이 간접적으로 암시되거나, 추상적일 경우에는 결론에서 더욱 분명하게 재진술된다. 따라서 필자의 주장이나 요지 등은 대부분 결론 부분에서 이야기되고 있음을 알 수 있다.

반전: 〈단락 후반부에 반전(反轉: counterargument)이 있는 본론〉

간혹 영어단락도 우리 한시(漢詩)구성방식의 하나인 "기(起)-승(承)-전(轉)-결(結)"로 형성되기도 한다. 이 경우는 대개 주제문의 내용이 부정적인 의미를 함축하고 있거나, 또는 뒷받침 문장들(본론)이 주제문을 부정하는 형식으로 전개되는 경향이 있다. 그래서 전(轉)에서 이를 뒤집기하여 서론에서 필자가 정작 하고자 하는 의도를 더욱 분명하게 정당화한다. "기-승-전-결"형식의 글도 승(承)과 전(轉)이 본론에 해당하므로 큰 틀에서는 "서론-본론-결론"의 구성 형식이라고 할 수 있다. 특히, 전(轉)에서는 주제문을 예증해온 본론의 내용을 완전히 뒤집음으로써, 필자가 처음에 제시한 주제문(서론)에 대해 반박을 할 수 없게 만든 장치와 같다. 따라서 본론 중후반부에 "But, However"와 같은 강한 역접부사나 "Although, Whereas, But 등"과 같은 역접접속사가 이끄는 부사절(종속절)이 나와 앞의 내용을 완전히 뒤집어버린다. 이런 경우 독자는 반전이 있는 이곳의 내용에 주목을 해야 한다. 필자는 대개 이를 통해 글의 요지나 목적, 그리고 자신의 주장을 더욱 분명하게 드러내기 때문이다.

이상에서 설명한 바와 같이 좋은 영어단락은 대부분 서론-본론-결론으로 이어지는 일정한 패턴을 가지고 하나의 글이 완성된다. 이런 형식의 글을 우리는 두괄식이라고 하는데, 지금은 영어가 Global language인만큼 두괄식이 세계적으로 작문의 기본형식이 되고 있고, 우리대학의 글쓰기도 대개 이러한 방향으로 나아가고 있다. 그리고 간혹 우리의 한시처럼 기-승-전-결로 이어지는 글의 형식도 본론 가운데 반전이 있을 뿐, 결과적으로는 서론-본론-결론과 같은 구조에 해당된다는 것을 다시 한번 강조한다.

2. Model Paragraphs

1) Model I

*** Topic** **Paragraphs and Essays**

*** Topic sentence** Paragraphs and essays are often categorized according to their purposes.

a) Paragraphs and essays are often categorized according to their purposes. b) One purpose is to explain a process. Writers use a process paragraph or essay to tell how to do something, for example, how to change a tire. Another purpose is to classify, and writers use classification paragraphs and essays to categorize things, for example, different kinds of insects or cars. A third purpose is to compare and contrast when they write about such things as choosing among jobs, movies, or investment strategies. Yet another purpose is to show cause and effect. Cause and Effect paragraphs and essays analyze why things happen the way they do. A final and important purpose for writing is to give an opinion or argue a point of view. This purpose is the basis for much academic writing. c) Categorizing paragraphs and essays according to their purpose is a convenient and useful way of describing them. (Blueprints 2: p 3)

| Explanation(해설) |

모델 단락(model paragraph)에서 밑줄 친 첫 번째 문장 a)가 이 주제문(a topic sentence)이다. 주제문은 이 글에 대한 주요개념(key words)이나 중심생각(main ideas)을 담고 있어 작가가 어떤 글을 쓸 것인가에 대한 내용을 담고 있다.

밑줄이 쳐지지 않은 중간의 b)의 8개 문장은 주제문을 뒷받침하여 글쓴이의 주장이나 의견, 설명 등을 제시하고 있다. 이들 지지문장(본론)은 모두 주제문의 중심생각과 관련된 내용만을 언급함으로써, 통일성(Unity)과 일관성(Coherence)을 가지고 있다. 지지문장 가운데 주제문과 관련이 없는 내용이 들어갈 경우 단락의 글은 다소 혼란스러워져서 독자들이 글을 이해하는 데 어려움이 따르므로 좋은 글이 될 수 없다.

마지막에 밑줄 친 c) 문장이 바로 결론문장이다. 여기서 결론문장은 주제문의 중심 내용을 재진술하면서 필자의 주장을 담고 있다.

2) Model II

* Topic **Kids and Pets**

* Topic sentence At some point, most parents have to decide whether to allow their children to have pets.

At some point, most parents have to decide whether to allow their children to have pets. Some parents believe that pets teach children a sense of responsibility because children have to how to take care of their pets. In addition, many parents feel that pets can be fun for the family. Pets can also help children become more compassionate. On the other hand, some parents are afraid that their children might hurt the animals. [Cats are good, but I don't like it when they shed hair on the furniture.] Often these parents do not allow their children to have any kind of pet. Other families do not have the extra time or money that pets require. **Although many children want a pet, parents are divided on this issue for a variety of important reasons**. (Great paragraphs: p. 12)

Explanation(해설)

(1) Topic sentence(주제문) = 밑줄 친 굵은 글씨의 첫 문장이 이 글의 Introduction (서론)이다. 이 문장은 주제(a topic)와 관련한 중심생각(controlling ideas)을 담

고 있다. 요즘 대부분 아이들이 애완동물을 키우고 싶어한다. 하지만 한 가정에서 아이들이 애완동물을 가질 수 있는 것은 대개 부모님의 결정에 따라 이루어진다는 것을 말해 주고 있다.

(2) Body(본론) = 다음의 본론(지지문장)은 주제문을 뒷받침하면서 글쓴이의 주장이나 의견 등을 제시하고 있다. 대부분 아이들이 애완동물 키우고 싶어하더라도 저마다 다양한 이유로 어떤 부모님은 이를 허락하고, 어떤 부모님은 허락하지 않는다는 것으로 주제문을 지지하고 있다.

(3) Conclusion(결론) = 마지막 굵은 글씨로 된 결론은 주제문의 재진술과 이 글의 주요 쟁점을 요약하면서 자연스럽게 마무리하고 있다.

(4) 대괄호 [---] 안의 글은 주제문과 직접적인 관련이 없으므로 불필요한 문장이다. 이 글의 주요 쟁점은 아이들에게 애완동물을 허락할 것인가 아닌가에 있는데, 갑자기 고양이의 선호에 관한 글이 덧붙여졌다. 따라서 이 문장은 삭제를 하는 것이 좋다. 단락의 글은 반드시 주제문과 관련이 있는 내용으로 전개해야 하기 때문이다.

3) Model III

*** Topic** **HIV**

*** Topic sentence** HIV is the acronym for the human immunodeficiency virus that eventually leads to the disease known as AIDS.

HIV is the acronym for the human immunodeficiency virus that eventually leads to the disease known as AIDS. HIV is transmitted among people through body fluids, including blood, semen, breast milk, and vaginal fluids. When this virus attacks a person, it causes the immune system allows certain deadly diseases to attack and spread. Some people develop symptoms shortly after infection. According to the Centers for Disease Control(CDC), as many as 34.3 million people may be infected with this virus. As many as one in three individuals with HIV is not aware that he or she is infected. The spread of the virus greatly concerns doctors because there are no obvious signs that a person has HIV. In fact, the only certain way of determining whether a person in carrying HIV is through a blood test. (Blueprints 1: p 95)

Explanation(해설)

(1) Topic sentence = 이 글(단락)에서 밑줄 친 첫 번째 문장이 바로 주제문(topic sentence)으로, Paragraph의 서론에 해당한다. 주제문의 술부인 중심내용은 (Controlling ideas)은 주요개념(key words)이나 중심생각(main ideas)을 담고 있다. 따라서 HIV는 후천성면역결핍증이라는 말의 머릿글자로서 인체의 면역 시스템을 공격하여 파괴하는 위험한 병이므로 결과적으로 다른 병들이 신체를 공격할 수 있도록 하는 무서운 질병이다.

(2) Body = 밑줄이 쳐지지 않은 중간의 문장은 본론(Body)으로써, 주제문장을 뒷받침하여 글쓴이의 주장이나 의견, 설명 등을 제시하고 있다. 지지문장은 모두 주제문의 중심생각과 관련된 내용만을 언급하고 있다. AIDS(에이즈)라는 용어는 HIV(인간 면역 부전(不全) 바이러스)감염이 많이 진행된 단계를 말하며, 이때는 기침, 호흡곤란, 체중감소, 극심한 피로, 뇌종양 및 다양한 암과 함께 다른 건강문제를 일으킬 수 있다고 하는 등 에이즈와 관련된 증후들로 주제문을 지지하고 있다.

(3) Conclusion = 마지막 밑줄 친 문장이 Concluding sentence(결론문장)이다. 이는 주제문의 중심내용을 재진술하면서 단락을 마무리하고 있다.

4) Model IV

Like many errors and biases that seem irrational on the surface, auditory looming turns out, on closer examination, to be pretty smart. Animals like rhesus monkeys have evolved the same bias. This intentional error functions as an advance warning system, named by the self-protection subself, providing individuals with a margin of safety when they are confronted with potentially dangerous approaching objects. If you spot a rhinoceros or hear an avalanche speeding toward you, auditory looming will motivate you to jump out of the way now rather than wait until the last second. The evolutionary benefits of immediately getting out of the way of approaching dangers were so strong that natural selection endowed us–and other mammals –brains that (**intentionally see and hear the world inaccurately**.) **Although** this kind of bias might inhibit economically rational judgment in laboratory tasks, it leads us to behave in deeply rational manner in the real world. **Being accurate is not always smart.** (2014년 수능(홀) 34)

Explanation(해설)

(1) Topic sentence = 밑줄 친 첫 번째 문장이 이 글의 주제문으로 그 핵심은 "청각의 희미함(실수나 편견)이 좀더 세밀하게 조사해보면 매우 효과적일 때가 있는 것으로 판명된다."는 중심 내용을 담고 있다.

(2) Body = 밑줄이 쳐지지 않은 중간의 문장들이 본론으로써, 주제문장을 뒷받침하여 필자의 주장이나 의견, 설명 등을 제시하고 있다. 주제문을 뒷받침하는 하나의 예로써, 붉은 털 원숭이와 같은 동물들도 비슷하게 진화되어왔음을 말하면서 인간이 자연에서 위험한 상황에 직면했을 때, 우리의 두뇌는 종종 이성적인 판단 이전에 즉각적으로 이를 벗어는 것은 희미한 판단으로 오래 진화된 이점이 있다는 것이다. 특히, 이 단락은 반전이 있는 대표적인 글로써, 본론의

마지막 문장에 Although라는 역접접속사를 동원하여 "이러한 종류의 편견이 실험실에 일을 할 때는 경제적으로 억제될 수 있다고 하더라도, 그것(편견)이 실제 세계에서는 우리를 매우 합리적으로 행동하도록 이끈다."며, 필자의 주장을 강하게 합리화하고 있다.

(3) Conclusion = 결론은 "정확한 것이 항상 효과적인 것만은 아니다."면서 주제문을 직접 재진술하고 있다. 참고로 이 단락은 2014년 영어수능에서 난이도가 가장 높은 빈칸완성하기 문제로 출제됐다. Although 앞의 괄호 속의 밑줄 친 굵은 글씨 부분이 빈칸으로 주어진 문제인데, 글의 구조 전개요령을 알면 아주 쉽게 해결할 수 있는 문제다. 주제문과 결론에서도 "부정확한 것이 효과적"이라는 것을 의미하고 있고, 특히 반전[Although]에서는 더욱 분명하게 실험실에서 제외하고 실제 세계에서는 편견이 우리를 매우 합리적으로 행동하게 한다고 하는 것을 보면 정답은 쉽게 찾을 수 있다.

Book III Organizing a Paragraph's Thoughts

■ Goal = 어떤 주제를 가지고 글을 쓰려고 할 때, 무작정 시작하는 것보다는 먼저 차분하게 관련 아이디어를 떠올리고 난 뒤, 이를 잘 정리하는 것을 "생각 다듬기"라고 말하는데, 이는 글을 쓰는데 매우 중요하다. 이런 과정을 거치지 않고 바로 글쓰기를 시작한다면 비록 글쓰기 전문가라 하더라도 좋은 글을 쓰기가 쉽지 않기 때문이다.

1. Organizing a Paragraph's thoughts before writing

What is Brainstorming?

Many authors use "Brainstorming" very often in English writing before they write because it can help them get ideas. When you brainstorm, you don't have to think of if idea is good or bad or whether your writing is correct. You just write to get your ideas on paper. This series of process is called brainstorming. Whatever you may write if you make use of it, it is very helpful.

우리말 설명

본래 브레인스토밍이란 산업공학의 전문용어로써, 창조적인 능력개발법의 일환으로 어떠한 주제에 대하여 해결책이나 대안을 만들어낼 때, 분석적인 절차 대신 여러 사람들의 아이디어를 모아 구체안을 정리, 최종안을 만들어내는 방법을 말한다. 따라서 브레인스토밍은 우리 두뇌 속의 아이디어들을 폭풍처럼 쏟아 내는 것을 말한다.

이 밖에도 자유 연상법(free association method), 프리 라이팅(free writing) 등을 통해서도 생각 다듬기를 할 수 있다. 하지만 결국 브레인스토밍과 비슷하므로 모두 열거하면 오히려 혼란만 가져올 수 있다. 따라서 여기서는 "브레인스토밍"만으로 설명하려고 한다.

2. Why is Brainstorming important for writing?

1) Catching ideas(아이디어 잡아두기)

글쓰기 전에 떠오른 아이디들을 잡아서 다이어그램(diagram), 또는 리스트로 작성해 놓으면, 이들 아이디어를 글쓰기에 유용하게 활용할 수 있다. 이는 순간 떠오른 생각을 놓치지 않고 잡아둘 수 있을 뿐만 아니라, 생각의 혼란을 방지할 수가 있다.

2) Saving time(시간 절약하기)

특히, 작문시험을 치를 때 누구나 시간에 쫓기게 된다. 그런데 구상한 글을 머릿속에 그리면서 차례대로 글을 써 내려가기란 쉽지 않다. 하지만 브레인스토밍을 통해 떠오른 관련 아이디어를 간략하게 정리해 두면 글을 쓸 때, 이를 유용하게 활용할 수 있어 시간을 절약할 수 있다.

3. How do you Brainstorm?

❶ 브레인스토밍을 하기 전에 반드시 주제의 요지를 정확하게 파악할 것.

❷ 브레인스토밍을 할 때, 주제와 관련된 생각을 한두 단어로 간단히 쓸 것.

❸ 브레인스토밍은 철자법을 따지지 말고, 가능한 3-5분 정도로 끝낼 것.

❹ 떠오른 아이디어가 적당하다고 판단되면 더 이상 시간을 끌지 말 것.

❺ 브레인스토밍을 통하여 얻은 아이디어 중에서 비중 있는 내용을 중심으로 주제문을 만들거나 후크를 구상하는 데 활용하고, 나머지는 의미 그룹별로 묶어서 글을 쓰는 데 사용할 것.

[참고]
이상 다섯 가지는 토플 작문 시험과 같이 제시된 주제를 가지고 한정된 시간에 글을 쓸 경우에 적용된다. 여유를 가지고 작문을 할 때는 한 두개의 어휘보다는 어구나 문장을 브레인스토밍 할 수 있다. 그리고 단어, 어구, 문장 등을 목록화 할 때 굳이 영어로만 쓸 필요없이 우리말로 써도 된다.

Brainstorming is quickiy writing down all the ideas(thoughts) that come into your brain. when you brainstorm, you do not think about whether the idea is good or bad, or whether your writing is correct. You simply write to get your ideas on paper. This process is called brainstorming because it feels like there is a storm in your brain — a storm of ideas.(Great paragraphs: p 27)

Brainstorming Before writing
(작문하기 전 브레인스토밍하기)

Example

*** Topic** **Vacation**

〈Brainstorming about vacation〉

- Idea types(생각 유형들)

  summer(여름), season(계절), meeting(만남), honeymoon(신혼여행), freedom(자유), pleasure(즐거움), friends(친구), family(가족), excitement (신바람), overseas(해외), Jeju Island(제주도), Seogwipo(서귀포), lover(연인), beautiful woman(아름다운 여인) wonderful memories(좋은 추억), wedding (결혼) etc…

이와 같이 글을 쓰기 전에 먼저 브레인스토밍을 통하여 얻어낸 아이디어를 가지고 단락의 개요를 짤 경우 훨씬 더 쉽고 좋은 개요를 작성할 수 있다. 브레인스토밍은 가능한 빠르고 간단하게 실행을 해야 그 효과가 있다. 브레인스토밍의 본래 목적은 글을 쓰는 데 도움을 얻기 위하여 사용하는 글쓰기의 한가지 유용한 방법이다.

Book IV What is a Topic Sentence?

1. Topic Sentence

The topic sentence is to contain a plan or guide for the reader. It is different from a general sentence which delivers a simple meaning. It tells the topic of the writer's paragraph. For example, "People from many different cultures live in New York." And "Soccer is the world's most popular sports." We can say that these two sentences are good topic sentences, because they let the reader know what writer's paragraph is about.

Therefore, A good topic sentence has the following features. First, a good topic sentence controls or guides the whole paragraph. When readers read the topic sentence, they know what to expect in this paragraph. Second, A good topic sentence is not a general fact that everyone accepts as true. For example, "Soccer is a nice game." is not a good topic sentence, because it is too simple and general. However, "Soccer is the world's most popular sports." is good topic sentence. Third, a good topic sentence has controlling ideas—words or phrases that help guide the flow of ideas in the paragraph.

Example

Topic sentence: Topic + Controlling ideas

Ex 1) Soccer is the world's most popular sports.
Soccer(topic) + the world's most popular sports(controlling ideas)

Ex 2) French perfumes are expensive for a number of reasons.
French perfumes(topic) + expensive for a number of reasons(controlling ideas)

우리말 설명

A topic sentence(주제문)이란 단순한 의미를 전달하는 데 쓰이는 General sentences(일반문장)과는 달리, 주제가 있는 문장이다. 즉, 주제문은 이야깃거리의 Contents(내용)를 함축하고 있기 때문이다. 결론적으로 주제문은 "왜(Why)?"라는 질문에 대하여 설득력 있는 주장과 근거를 가지고 독자들이 공감할 수 있는 답변을 할 수 있는 내용을 담고 있어야 좋은 주제문이라고 할 수 있다.

따라서 주제문을 이해하게 되면, 우리는 다음과 같은 글의 일반적인 흐름을 알 수 있게 된다. 즉, "Topic words make topic sentences, Topic Sentences make Paragraphs, Paragraphs make Essays, and Essays make Academic Papers." 주제는 주제문을 만들고, 주제문은 단락을, 단락은 에세이를, 에세이는 학술 논문을 만든다는 것이다.

이처럼 Topic sentence(주제문)와 Paragraph(단락), 단락과 Essay(논술), 그리고 논술과 소 논문(Academic Paper)은 상호 일련의 연관관계에 있다는 것을 알게 된다. 주제문이 단락의 내용을 함축하고 있듯이, 한 단락은 에세이의 서론(도입문)–본론–결론을 함축하고 있다. 그리고 단락의 주제문을 확장하면 에세이의 서론이 되고, 단락의 본론(지지문장들)을 분류하면 에세이의 본론이, 그리고 결론문장을 확장하면 에세이의 결론(conclusion) 부분이 되는 일련의 글 흐름을 이해할 수 있게 될 것이다.

이러한 이해의 토대에서 주제문을 살펴보면, 주제문(a topic sentence)은 한 단락의 핵심개념(key words)이나 중심생각(controlling ideas)을 담고 있는 문장으로, 주제의 내용범위를 적절하게 조정(규정)하고 있기 때문에 작가는 주제문을 통해 어떤 글을 쓸 것인가에 대한 계획(plan)을, 그리고 독자들은 주제문장을 보고 작가가 어떤 글을 쓸 것인가에 대한 이해와 더불어 흥미를 가질 수 있어야 한다.

주제문을 어떻게 쓰느냐에 따라 글(단락)의 방향과 결론이 결정된다.

그러므로 자신의 생각이 분명하게 드러나도록 주제를 하나의 완전한 문장으로 작성해야 자신이 정한 목적과 방향으로 글을 전개할 수 있다. 따라서 어떤 글을 쓸 것인가 하는 목적과 방향이 분명할수록 좋은 주제문이라고 말할 수 있다.

2. The example sentences

| Model 1 |

*** Topic** **Seoul**

*** Topic sentence**

a) Seoul city is a fascinating destination.
서울은 아주 매혹적인 관광도시다.

b) Seoul city is not only the Korean capital city but also the old city which honor six hundred history.
서울은 600년 역사를 자랑하는 고도이자 한국의 수도이다.

c) Seoul city is a multifunctional administrative city including politics, education, and economy.
서울은 정치, 교육, 경제를 포함하는 행정중심복합도시이다.

- "서울"이라는 하나의 주제를 가지고도 다양한 주제문을 만들 수 있다. "서울"이라는 주제는 너무 일반적이어서 어떤 내용으로 글을 써야 할지 방향을 잡기 어렵다. 하지만 위의 세가지 주제문은 모두 나름대로 적절한 controlling idea(중심내용), 즉 이야깃거리를 담고 있어 좋은 주제문이다.

Model 2

*** Topic** **Summer**

*** Topic sentence**

a) Summer is <u>the best season for most kids</u>. (O)

여름은 <u>대부분 어린아이들에게 가장 좋은 계절</u>이다.

- 밑줄 친 부분이 주제를 적절히 규정(조정)하며 글의 방향을 이끌고 있다. 구체적으로 왜(why) 여름이 어린이들에게 최고의 계절인지에 대한 주장과 근거를 통해 답변을 제시할 수 있는 문장이므로 주제문이 될 수 있다.

b) Summer is a good season. (X)

여름은 <u>좋은 계절</u>이다.

- 이는 너무나도 일반적이고 막연한 사실을 내포하고 있는 문장이어서 주제문으로는 적당하지가 않다. 그리고 어떤 사람에게는 여름이 싫은 계절일 수도 있어 타당성을 갖지 못하고 있다.

Model 3

*** Topic** **Soccer**

*** Topic sentence**

a) Soccer is <u>the most popular sports all over the world</u>. (O)

축구는 <u>세계에서 가장 인기 있는 스포츠</u>이다.

- 축구가 왜 세계에서 가장 인기 있는 스포츠인지에 관하여 작가는 여러 가지 주장과 근거를 가지고 글을 쓸 수 있다. 따라서 주제문장으로 적절하다고 할 수 있다.

b) Soccer is <u>a great game</u>. (X)

축구는 <u>훌륭한 게임</u>이다.

- 이 문장은 너무 단순하면서도 지나치게 일반적이어서 작가가 구체적인 주장과 근거를 가지고 독자를 설득하기가 어렵다. 따라서 주제문으로 합당하지가 않다.

| Model 4 |

*** Topic** **Los Angeles**

*** Topic sentence**

a) People from many different countries live in Los Angeles. (O)

LA에는 다양한 나라에서 온 사람들이 살고 있다.

- 이 주제문에서는 독자들이 LA의 인구를 구성하고 있는 다양한 그룹의 사람들과 문화를 기대할 할 수 있다.

b) Los Angeles is the biggest city in California. (X)

LA는 캘리포니아 주에서 가장 큰 도시이다.

- 너무 지나치게 단순하고 구체적인 사실을 말하고 있어 작가가 어떤 근거나 이유를 가지고 독자들의 관심을 끌 소재가 없기 때문에 좋은 주제문이 될 수 없다.

| Model 5 |

*** Topic** **Chanel's bag**

*** Topic sentence**

a) Chanel's bags are so expensive for a number of reasons. (O)

샤넬 가방이 매우 값비싼 데는 여러 가지 이유가 있다.

- 샤넬 가방이 비싼 이유에는 여러 가지 있을 것이다. 이를테면 좋은 소재를 쓰고, 모양에 세련미가 있으며, 오랜 전통을 명품브랜드 등등 샤넬만의 어떤 특성이 있을 것이다.

b) Red Chanel's bags are so pretty. (X)

빨간색 샤넬 가방이 예쁘다.

- 지나치게 주관적일 뿐만 아니라 단순하여 독자들의 관심이나 흥미를 끌 수도 없고, 타당성을 가지고 있지 않기 때문에 주제문으로서는 적당하지가 않다.

3. The topic and controlling ideas

Example

① Busan is so a fascinating seaport.

Topic(주제) : Pusan

Controlling ideas(중심개념) : so a fascinating seaport

■ 여기서 중심개념은 왜 부산이 관광하기에 가장 좋은 항구도시인지에 대한 담론을 담고 있다.

② If you are looking for an interesting job, think of being a newspaper reporter.

Topic(주제) : Job

Controlling ideas(중심개념) : an interesting job, newspaper reporter.

■ 중심개념은 신문기자란 직업이 왜 흥미로운 가에 대한 관심을 가지게 한다.

③ It is my father who I always respect the most.

Topic(주제) : My father

Controlling sentence(중심 개념) : respect my father

■ 중심개념은 아버지를 가장 존경하는 이유에 대한 이야기를 가지고 있다.

④ New York is so a fascinating destination.

Topic(주제) : New York

Controlling ideas(중심개념) : so a fascinating destination, New York.

■ 중심개념은 뉴욕이 왜 매혹적인 관광지인지에 흥미와 관심을 가지게 한다.

⑤ Soccer is the world's most popular sports.

Topic(주제) : Soccer

Topic sentence(중심개념) : Controlling ideas = the world's most popular sports, Soccer.

■ 중심개념은 축구가 왜 가장 인기가 있는 스포츠인가에 대한 관심을 가지게 한다.

4. Making a paragraph through brainstorming

[Good topic sentences have five features.]

❶ 주제문은 글(단락) 전체를 적절하게 조절하고 안내해야 한다. 따라서 독자들은 주제문을 보고 작가가 무엇을 말할 것인가를 짐작할 수 있어야 한다.

❷ 주제문은 모든 사람들이 사실로 받아 들일만큼 지나치게 일반적이어서는 안 된다.

❸ 주제문은 구체적이면서도 명확해야 한다.

❹ 주제문은 또한 지나치게 구체적이거나 주관적이서도 안 된다.

❺ 주제문은 결론적으로 "why?"라는 질문에 주장과 근거를 통해 적절한 답변을 할 수 있어야 한다. 왜 그러한가에 대한 분명한 이유를 제시할 수 있어야 한다.

Example 01

*** Topic** **Vacation** (휴가)

〈Brainstorming about vacation〉

a) idea types (생각 유형들)

summer, season, meeting, honeymoon, freedom, pleasure, excitement, overseas, Jeju Island, Seogwipo, lover, beautiful woman, wonderful memories, wedding. etc…

b) What is a special thing for me? (나에게 특별한 일은?)

대개 When(언제), Where(어디서), What(무엇을), How(어떻게), 그리고 Who(누구)와 Why(왜)? 이런 물음을 통하여 글쓴이(작가)는 브레인스토밍을 통하여 작성한 아이들을 가지고 "Vacation(휴가)"라는 주제를 아우를 수 있는 중심생각을 떠올릴 수 있다. 그리고 주제와 중심생각(main ideas)을 가지고 어떤 글을 어떤 글을 쓸 것인가 하는 계획을 담은 주제문을 작성하면 된다.

Making a topic sentence

I have never forgotten that I had spent summer vacation in Seogwipo for a week.

나는 2011년 여름 서귀포에서 보낸 1주일 간의 휴가를 결코 잊을 수 없다.

Explanation(해설)

위의 주제문은 브레인스토밍으로 작성한 것이다. 작가는 이 주제문을 통해 어떤 글을 쓸 것인가에 대한 확실한 계획을 내포하고 있다. 독자는 글쓴이가 왜 그 휴가를 잊을 수 없을까 하는 호기심과 궁금증을 가지고 글을 읽으려고 할 수 있다. 이를테면 이상형을 만나 결혼을 했을까? 아니면 메디슨 카운티 다리의 주인공처럼 짧고 강렬한 며칠간의 아름답고 숨막히는 로맨스를 즐겼을까 등등을 상상할 수 있을 것이다.

Example 02

*** Topic** **My best friend**

a) idea types (생각 유형들)

friends in elementary school, high school friends, a friend in need, a friend who has met in community, business friend, a friend who has helped my mother when I was in New York. etc…

b) What is a special thing for me? (나에게 특별한 일은?)

대개 When(언제), Where(어디서), What(무엇을), How(어떻게), 그리고 Who(누구)와 Why(왜)? 이런 물음을 통하여 글쓴이(작가)는 브레인스토밍을 통하여 작성한 아이들을 가지고 "My best friend(친한 친구)"라는 주제를 아우를 수 있는 중심 생각을 떠올릴 수 있다. 그리고 주제와 이 중심생각(main ideas)을 가지고 어떤 글을 어떤 글을 쓸 것인가 하는 계획을 담은 주제문을 작성하면 된다.

Making a topic sentence

My best friend is Je Gil Choi who has helped my mother when I was in need.

나에게 가장 친한 친구는 내가 어려웠을 때 내 어머니를 도와준 최제길이다.

Explanation(해설)

역시 브레인스토밍을 통하여 작성한 주제문이다. 작가는 이 주제문으로 어떤 글을 쓸 것인가에 대한 확실한 계획을 담고 있다. 독자들은 글쓴이가 어려움에 처했을 때, 어떻게 그의 어머니를 도왔는가에 대해 관심을 가지고 글을 읽으려고 할 수 있을 것이다.

Example 03

*** Topic** **Soccer**

a) idea types (생각 유형들)

the World Cup, most people, popular, best sports, stars, good players, skills, a lot of money, England, Park Ji sung. The 2002 World Cup in Korea.

b) What is a special thing for me? (나에게 특별한 일은?)

대개 When(언제), Where(어디서), What(무엇을), How(어떻게), 그리고 Who(누구)와 Why(왜)? 이런 물음을 통하여 글쓴이(작가)는 브레인스토밍을 통하여 작성한 아이디어를 가지고 "Soccer(축구)"라는 주제를 아우를 수 있는 중심생각을 떠올릴 수 있다. 그리고 주제와 이 중심생각(main ideas)을 가지고 어떤 글을 어떤 글을 쓸 것인가 하는 계획을 담은 주제문을 작성하면 된다.

Making a topic sentence

Soccer is the world's most popular sports.

축구는 세계에서 가장 인기 있는 스포츠이다.

Explanation(해설)

브레인스토밍을 통하여 작성한 주제문이다. 작가는 이 주제문으로 어떤 글을 쓸 것인가에 대한 확실한 계획을 내포하고 있다. 독자들은 왜 축구가 가장 인기 있는 스포츠인가에 대한 관심을 가질 것이다.

[참고] 이상의 3개의 [예문]을 통하여 브레인스토밍의 중요성을 확인할 수 있을 것이다. 우리가 어떤 글을 쓰고자 할 경우 이처럼 브레인스토밍을 통해 떠오른 주제와 관련된 여러 가지 아이디어를 모아두면, 먼저 이 아이디를 통하여 어떤 글을 쓸 것인가를 구체적으로 계획할 수 있다. 그리고 글을 전개해 나가는 동안에도 이 아이디를 적절히 활용하면 글을 쓸 때 매우 유용할 것이다.

5. Making a topic sentence through a given Paragraph

Example 01

[Insert the appropriate topic sentence in the blank space]

____

Last Valentine's Day I was alone because I had broken up with my boyfriend the week before. On that Valentine's night, I was expecting roses and chocolates from him when he took me out to a romantic dinner, but instead I stayed in and ate a frozen pizza and a candy bar in front of the TV while I looked at my artificial flowers. I was so upset. Then, I found the present that I was going to give him on Valentine's Day. It was a cute teddy bear holding a big heart that said, "I love you!" As I held it, I realized that the only Valentine card I had received was from my grandmother. I started to cry and wondered how many other people felt as bad as I did. It is clear that Valentine's Day can only be a happy day if you have someone special to share it with. (Writing to communicate: p 32)

The appropriate answer:
Valentine's Day makes people feel bad if they are alone.

Explanation(해설)

영어에서 단락의 글은 주제문-지지문장들-결론문장, 세가지 부분으로 이루어진다. 그러므로 주제문을 지지하는 문장들을 읽고 이해한 뒤 결론문장을 보면 주제문을 쉽게 떠올릴 수가 있다. 영어단락의 결론문장은 주제문과 상호 관련되어 수미상관을 이루기 때문이다. 대개 결론문장은 주제문을 재진술하는 경우가 많으므로 결론문장으로 주제문을 유추할 수가 있다. 따라서 마지막 굵은 글씨로 밑줄 친 결론문장을 잘 응용하면 좋은 팁(tip)을 얻을 수 있다. 결론문장은 대개 전체 단락을 요약하거나 주제문장을 재진술하는 경향이 크기 때문이다.

Example 02

[Insert the appropriate topic sentence in the blank space]

____

A legend from the Hawaiian island of Kaual explains how the Naupaka flower, a flower that grows on beaches there, got its unusual shape. The flower looks like half a small daisy–there are petals on one side only.

The legend says that the marriage of two young lovers on the island was opposed by both sets of parents. The parents found the couple together on a beach one day, and to prevent them from being together, one of the families moved to the mountains, separating the young couple forever. As a result, the Naupaka flower separated into two halves; one half moved to the mountains, and the other half stayed near the beach. This story is a good example of a legend invented by native people to interpret the world around them. (Writing academic English: p 15)

The appropriate answer:

Native people create legends to explain unusual phenomena in their environment.

| Explanation(해설) = ditto(상동) |

Example 03

[Insert the appropriate topic sentence in the blank space]

____

First, your body will look better. Exercise is perfect for staying trim and healthy-looking, and it is more fun than dieting. Second you will actually have more energy. A person who exercises will have fewer problems walking up stairs or climbing hills. In addition, your heart will be healthier. A good, strong heart is necessary for a long healthy life. Finally, exercise reduces stress and keeps your mind in shape. So, if you want to improve your overall health, exercise is an excellent method.

The appropriate answer:

Exercise can benefit people in several important ways.

■ Goal = 제 5권에서는 지지문장들을 쓰는 법을 배우게 되는데, 지지문장을 전개하여 나가는 것이 바로 어떤 글을 쓸 때 문장을 전개하여 나가는 방법이므로 지지문장을 쓰는 것은 글쓰기에 있어 매우 중요하다.

1. What is a good supporting sentence?

Great supporting sentences are connected to the topic sentence and its controlling ideas. Supporting sentences are called the body. They are like the infrastructure of a building. If a building does not have a good infrastructure, it will collapse. In addition, if a paragraph does not have good supporting sentences, its meaning will be both unclear and vague, and readers will be unable to understand the paragraph. And the paragraph should be confusing and illogical.

Therefore, the good sentences in the body give and add to the information that supports and explains the topic sentence of the paragraph. There are normally five to eight supporting sentences in the body. And all of them must be about the same topic sentence.

우리말 설명

좋은 지지문장(supporting sentences or body)은 주제문의 중심개념과 잘 연결돼 있어야 한다. 본론문장(지지문장)을 건물에 비유하면 집의 대들보나 기둥을 떠받치고 있는 하부구조물과 같은 역할을 한다. 어떤 건물이든 좋은 토대를 갖추지 못하면 무너지고 마는 것과 같이, 단락도 좋은 본론문장들로 연결되지 않으면 단락의 의미가 모호해지거나 비논리적인 흐름이 되므로 좋은 글이 될 수 없다. 따라서 독자들은 이러한 단락을 읽고 내용을 쉽게 파악할 수 없게 된다.

좋은 지지문장은 작가(author)가 쓰고자 하는 내용을 담고 있는 주제문을 적절하게 잘 지원해야 한다. 이는 설명, 묘사 또는 보기 등을 통해 전달하고자 하는 내용을 독자들에게 쉽고 바르게 알려야 한다.

지지문장Who(누가)–What(무엇을)–Where(어디에서)–When(언제)–Why(왜)–How(어떻게) 등, 5W1H(육하원칙)에 따른 논거(the basis of an argument)를 통하여 설득력 있게 전개돼야 한다. 끝으로 좋은 작가는 주제문과 관련된 질문을 염두에 두고 주제문과 관련된 내용으로 지지문장을 전개한다.

2. *Controlling Ideas and Supporting Sentences*

Example

① Topic sentence : Pusan is so a fascinating seaport.
부산은 매우 매혹적인 항구도시이다.

Controlling ideas = so a fascinating seaport

Supporting sentences(Body) = 지지문장(본론) 왜 부산이 관광하기에 가장 좋은 항구도시인지에 대한 이유와 보기(사례) 등을 가지고 설명하면 된다.

② Topic sentence : If you are looking for an interesting job, think of being a newspaper reporter.

Controlling ideas = an interesting job, newspaper reporter.

Supporting sentences = 신문기자란 직업의 흥미로운 이유와 사례 등을 설명하면 된다.

③ Topic sentence : It is my father who I always respect the most.

Controlling sentence = respect the most, my father
Supporting sentences = 아버지를 가장 존경하는 이유에 대한 설명과 사례를 제시하면 된다.

④ Topic sentence = New York is so a fascinating destination.

Controlling ideas = so a fascinating destination.
Supporting sentences = 뉴욕이 왜 매혹적인 관광지인지에 대한 이유와 사례 등을 들어가면서 글을 준비하면 된다.

⑤ Topic sentence = Soccer is the world's most popular sport.

Controlling ideas = the world's most popular sport, Soccer
Supporting sentences = 축구가 왜 세계에서 가장 인기가 있는 스포츠인가를 독자들이 이해할 수 있도록 예를 들어가면서 설명하면 된다.

3. Examples for good supporting sentences

Example 01

*** Topic** **New York City**

*** Topic sentence** New York City is a fascinating tourist destination.

New York City is a fascinating tourist destination. One of the reasons is that it has so many unique neighborhoods for its ethnically diverse population. For example, one of the famous neighborhoods is Chinatown where you can find delicious Chinese food as well as many interesting examples of Chinese culture. New York also attracts numerous visitors because of its famous landmarks. Perhaps the most well-known of these is the Statue of Liberty which is located in New York Harbor. Another is the much celebrated and world renowned Empire State Building which features prominently in the skyline of this great city. Finally, countless people spend their vacations in New York because of its fabulous entertainment. Broadway theaters alone attract huge numbers of visitors each year. In conclusion, the Big Apple is an incredible place for all kinds of travelers to enjoy.

Explanation(해설)

Topic sentence = New York City is a fascinating tourist destination. 영어에서 모든 주제문은 이와 같이 Topic = New York City과 Controlling Idea = is a fascinating tourist destination를 가진다. 여기서 주제(Topic)를 적절히 규정하는 Controlling idea를 통하여 우리는 비로소, 작가가 뉴욕 시에 대해 어떤 글을 쓸 것인가를 짐작하게 된다.

그리고 밑줄 친 지지문장(본론) 은 주제문장이 제시하고 있는 "매혹적인 관광지"에 착안하여 왜 뉴욕이 매혹적인 관광지 인가를 생각하면서 매혹적인 관광 요소들을 찾아내어 이를 4-5개의 그룹으로 묶어 하나 둘 독자들이 관심을 가질 수 있도록 잘 설명하고 있다.

Example 02

*** Topic** **New York**

*** Topic sentence** New York is the world's capital city.

New York is the world's capital city. ______________________________

____

____

____

____

| Explanation(해설) |

이 단락(글)의 본론은 주제문이 제시하고 있는 "the world's capital city(세계의 수도)"에 착안하여, 먼저 왜 뉴욕이 "세계의 수도" 인가를 생각해보자. 그리고 "세계의 수도"라는 키워드를 가지고 브레인스토밍을 한 뒤, 그 요인들(facts)을 3-4개의 그룹별로 분류해보자. 그러면 이 글을 어떻게 전개해야 할 것인가에 대한 좋은 아이디어가 떠오를 것이다.

여기서 같은 주제로 [예문2]를 제시한 것은 [예문1, 2]가 주제는 "New York City(뉴욕)"으로 서로 같지만, 중심내용(controlling idea)은 "a fascinating tourist destination(훌륭하고 매혹적인 관광지)", "the world's capital city(세계의 수도)"로서 서로 다르다. 이에 따라 글의 방향과 내용도 완전히 달라지게 된다. 독자들은 같은 주제로 먼저 쓰인 [예문1]을 참고하여 직접 글을 한번 구성하고 써보게 될 경우, 단락의 주제문과 본론에 대해 명확한 이해를 하게 될 것이다. (모범답안[proper answer]은 뒷면에 참조)

Example 03

*** Topic** **Rules of Childhood**

*** Topic sentence** My parents were very strict with me when I was a child.

My parents were very strict with me when I was a child. I think that they were protective because I was an only child. However, at that time it felt like I was in prison. I had to come straight home after school and immediately do my homework. After I finished my homework, I was allowed to watch only one hour of television. While my friends were playing video games or watching cartoons, I was usually doing chores around the house to help my mother. This included doing some of the laundry and ironing, mowing the lawn, and helping to prepare dinner. [My father was an architect and my mother was a housewife.] Looking back, I am not sorry for all the hard work, but I will probably be less strict with my children. (Great paragraphs: p 57)

Explanation(해설)

Topic sentence "My parents were very strict with me when I was a child."에서 Topic=My parents, 그리고 Controlling idea=very strict with me when I was a child이다. 이 단락의 밑줄 친 지지문장은 어린 시절 부모님으로부터 엄격하게 교육을 받으며 자란 자신의 과거를 잘 묘사하고 있다. 특히 그의 어린 시절은 감옥처럼 느껴졌다고 하는데, 이에 대해 방과후 밖으로 나와 여느 또래 아이들과 어울려 놀지 못하고 열심히 공부하면서도 가사를 돕는 등 나름 대로 힘든 어린 시절을 보낸 것으로 예를 들어 잘 설명하고 있다. 하지만 대괄호 [---] 부분은 주제문과 직접 관련이 없는 내용이므로 삭제하는 것이 좋다.

Book VI Writing a concluding sentence

1. What is a concluding sentence?

A paragraph is comprised of Topic sentence, Supporting sentences, and Concluding sentence. Among them, the concluding sentence is the last sentence of the paragraph. Its goal is to bring the paragraph to a logical conclusion.

우리말 설명

■ 결론문장은 단락의 세 가지 구성요소 가운데 마지막 부분의 문장을 말한다. 결론문장의 역할은 단락을 논리적인 결말로 이끌어내 마무리하는 것이다. 따라서 결론문장은 대개 주제문장을 재진술하거나 단락의 중심 내용을 잘 요약하여 독자들이 모두 수긍하도록 마무리를 지어야 한다.

■ 대부분 사람들이 결론문장을 쓰는 것을 어려워하는데, 다음에 오는 결론문장을 쓰는 요령과 좋은 결론문장의 예문 등을 분석하여 공부하면 누구나 쉽게 결론문장 쓰는 것을 어렵게 여기지 않을 것이라고 생각한다.

2. The way of writing a concluding sentence

대개 단락(paragraph)의 결론문장을 쓰는 요령에는 다양한 방법이 있을 수 있을 것이다. 하지만 다음의 3-4개 방법으로 결론을 마무리하는 것을 숙지해두면 이들 방법만으로도 충분히 좋은 결론문장을 쓸 수 있다고 생각한다.

첫째, 주제문장을 재진술하는 방법이 있는데 가장 일반적이다. **둘째**, 전체 글의 핵심내용을 요약하여 쓰는 경우가 있다. 셋째, 전체 단락(글)의 상황을 바탕으로 하여 미래를 예견/예시한다. 넷째, 단락의 확실성을 근거로 글쓴이 주장이나 긍정적인(교훈을 담은) 조언 또는 제안 등을 하는 방법 등이 있다. (그리고 이것도 일종의 글의 전개방법 중 하나라고 할 수 있다.)

1) Restating the Topic Sentence or Summarizing Body

다음 예문들은 한 단락의 글에서 topic sentence(주제문)을 가지고 어떻게 재진술하여 controlling sentence(결론 문장)을 만들어 내는 가를 보여주고 있다.

Topic sentence(주제문) : New York City is a fascinating tourist destination.

Concluding sentence(결론문장) : In conclusion, the Big Apple is an incredible place for all kinds of travelers to enjoy.

앞에서 사용한 단락 "New York City"라는 글에서 주제문과 결론문장을 가져온 것인데, 살펴보면 두 문장이 내용이 매우 유사하다. 각각 두 문장에는 "fascinating과 incredible, 그리고 New York과 Big Apple" 이라는 단어가 사용되고 있는데, 이는 주제문을 재진술하면서 같은 의미의 단어를 다르게 써서 결론문장을 마무리하면서 필자 자신의 주장에 대한 강한 자신감을 내포하고 있다. (p 53, 예문3 참조)

Topic sentence (주제문) : Native people <u>create legends</u> to explain unusual phenomena in their environment.

Concluding sentence(결론문장) : This story is a good example of a <u>legend invented</u> by native people to interpret the world around them.

주제문과 결론문장은 앞에서 사용한 단락 "A Hawaiian Legend"라는 글에서 원용한 것인데, 살펴보면 두 문장의 정보가 매우 유사하다. 각각 두 문장에는 "legend, create, invent" 라는 단어가 사용되고 있는데, 이는 주제문을 재진술하면서 결론문장을 마무리하고 있음을 보여주고 있다. (p 49, 예문2 참조)

2) 단락의 상황을 바탕으로 하여 미래를 예견하기

이 방법 또한 단락을 마무리 짓는 하나의 방법으로, 단락의 타당성이나 확실성을 가지고 미래를 예견/예시하는 결론방식이다.

Example 01

Topic sentence : At some point, most parents have to decide whether to allow their children to have pets.

Concluding sentence : Although many children want a pet, parents are divided on this issue for a variety of important reasons.

Explanation(해설)

"Kids and Pets"라는 단락에서 원용한 것인데, 주제문을 재진술하면서 지지문장(본론)의 내용을 바탕으로 결론문장을 마무리하고 있다. (p 53, 예문1 참조)

Example 02

Topic sentence = Computers are excellent machines to help students.

Concluding sentence = Computers have certainly made students' lives useful, and much easier in the future.

Explanation(해설)

주제문과 결론문장은 "Computers Can Be a Student's Best Friend"라는 글에서 원용한 것인데, 이 결론문장은 먼저 주제문장을 재진술하고 있음을 알 수 있다. 그리고 단락의 본론에서는 컴퓨터가 어떻게 아이들에게 유용한지를 잘 설명해주고 있기 때문에 이를 요약하여 미래 예견을 첨가할 수 있는 것이다. (p 64, Model paragraph I 참조)

3) 단락의 확실성을 근거로 글쓴이 주장이나 긍정적인(교훈을 담은) 조언, 또는 제안하기

Example 01

Topic sentence : My parents were very strict with me when I was a child.

Concluding sentence : Looking back, I am not sorry for all the hard work, but I will probably be less strict with my children.

| Explanation(해설) |

결론문장은 주제문을 재진술하면서 단락과 관련된 상황을 바탕으로 작가가 나름대로 경험한 교훈을 가지고 자신의 미래를 언급하면서 글을 마무리하고 있다. (p 55, 예문3 참조)

Example 02

Topic sentence : New York, Tokyo, Paris, and other cosmopolitan cities are exciting places to live.

Concluding sentence : So before people move to a big city, they should think about the problems of living there.

| Explanation(해설) |

작가는 주제문장을 재진술하면서 국제도시가 비록 흥미진진하다고 하더라도 대도시 생활에 대한 문제점도 한번쯤 점검하기를 제안하고 있다.

[참고] 위의 예문에서 살펴본 봐와 같이 모든 결론문장은 한결같이 주제문을 재진술하면서 전체 단락(글)의 핵심내용을 요약하여 덧붙이거나, 내용을 바탕으로 하여 미래를 예견/예시, 또는 글의 확실성을 근거로 글쓴이 주장이나 긍정적인(교훈을 담은) 조언 또는 제안 등을 하는 방법으로 결론문장을 마무리하고 있음을 알 수 있다. 이런 방법으로 결론을 쓰면 수미상관을 이루면서 전체 글이 자연스럽게 마무리될 수 있다.

3. Writing a Concluding Sentence

| Model paragraph 1 |

*** Topic** **English**

*** Topic sentence** English has almost become an international language.

English has almost become an international language. Except for Chinese more people speak it than any other language. Spanish is the official language of more countries in the world, but more countries have it as their official or unofficial second language. More than 70 percent of the world's mail is written in English. It is the primary language on the Internet. In international business, It is used more than any other language, and it is the language of airline pilots and air traffic controllers all over the world. Moreover, although French used to be the language of diplomacy, it has displaced it throughout the world.

____

____

(write the concluding sentence) (Writing Academic English Level 4: p 23)

| Explanation(해설) |

(1) 첫 번째 밑줄 친 문장이 이 글에서 주제문(서론)이다. 이 문장은 주제 "English"와 관련한 중심생각을 담고 있다. 이 주제문의 중심생각인 "almost become an international language"에 대해 왜 영어가 국제어인가에 대한 궁금증을 불러일으키게 만들고, 또한 작가는 이에 대한 설명을 할 수 있는 문장이다.

(2) 이 글의 지지문장(본론)은 주제문을 뒷받침하여, 글쓴이가 왜 영어가 국제어에 대한 상황을 잘 묘사/설명하고 있다. 게다가 주제문과 관련이 없는 이야기는 덧붙여져 있지 않다.

The appropriate answer .

Therefore, unless you plan to spend your life alone on a desert island in the middle of the Pacific Ocean, English is a useful language to know.

- 마지막 결론문장(결론)은 이 글의 주제문을 재진술하면서도 전체 내용을 바탕으로 영어가 국제어 임을 강조하면서 글을 마무리하고 있다.

| Model paragraph 2 |

*** Topic** **Celebrating the New Year**

*** Topic sentence** The New Year is celebrated throughout the world at many different times, based on the solar or lunar calendar.

The New Year is celebrated throughout the world at many different times, based on the solar or lunar calendar. January 1 is recognized throughout the world as the beginning of the new year, but this date is the beginning of the Christian year based on the Gregorian solar calendar. The Jewish new year is called Rosh Hashanah and is celebrated in September or October even though the Hebrew calendar is lunar. The Chinese new year, called Tet in Vietnam, follows an lunar calendar and comes on a day between January 10 and February 19 according to the solar calendar. Islam also uses a lunar calendar. Its new year celebration is in the spring, and the date varies depending on the year.

____

____

(write concluding sentence) (Writing to Communicate: p 24)

| Explanation(해설) |

(1) 첫 번째 문장이 이 글에서 주제문(서론)이다. 이 문장은 주제와 관련한 중심생각을 담고 있다. "is celebrated throughout the world at many different times,

based on the solar or lunar calendar."는 것이 이 주제문의 중심내용이다. 따라서 독자들은 새해 축하가 어떻게 다양한 시간에 이루어지고 있는지에 대한 기대를 하게 될 것이다.

(2) 다음의 지지문장(본론)은 주제문을 뒷받침하여 작가가 설명하고자 하는 새해 축하의 다양한 시기를 국가별로 차근차근 전개하고 있다.

The appropriate answer

In short, Christians use the solar calendar, whereas Jews, Chinese, Vietnamese, and Muslims use a lunar calendar to determine when to celebrate the New Year.

- 마지막 결론문장(결론)은 이 글의 주제문장을 좀더 구체적으로 재진술하면서 글을 마무리하고 있다.

Model paragraph 3

*** Topic** **My First Class**

*** Topic sentence** I can still remember the first day I taught a class.

I can still remember the first day I taught a class. I was twenty-three years old. I had just graduated from college. The six weeks of practice teaching that I had done was very different from teaching my own class. When I walked into the room, I was extremely nervous. I carefully put my books down on the desk. Then I heard a girl say something in Spanish to another classmate. She told her friend to look at my hands because they were trembling so much. I was wearing a new watch that day, too. She did not know that I could understand Spanish. I smiled and she started to laugh because she realized that I understood Spanish. ______________________

____

(write concluding sentence) (Great paragraphs: p 18)

Explanation(해설)

(1) 첫 번째 문장이 이 글에서 주제문(서론)이다. 이 문장은 주제와 관련한 중심생각을 담고 있다. “still remember the first day I taught a class.” 라는 것이 이 주제문의 중심내용이다. 따라서 독자들은 왜 작가가 가르쳤던 첫날을 기억하고 있는지에 대해 궁금증을 가지게 될 것이다.

(2) 다음의 지지문장(본론)은 주제문을 뒷받침하여 작가가 설명하고자 하는 첫날 수업에서 일어난 사건에 대해 논리적으로 전개하고 있다.

The appropriate answer

After all these years, I can still remember this small incident and how it helped me relax on my first day of teaching.

- 주제문을 재진술하면서 단락의 중심내용을 요약한 뒤, 긍정적 예견이나 제안 등을 제시하고 있다.

4. Making a paragraph through brainstorming

1) Topic = Cosmopolitan cities

[Diagram: 1]

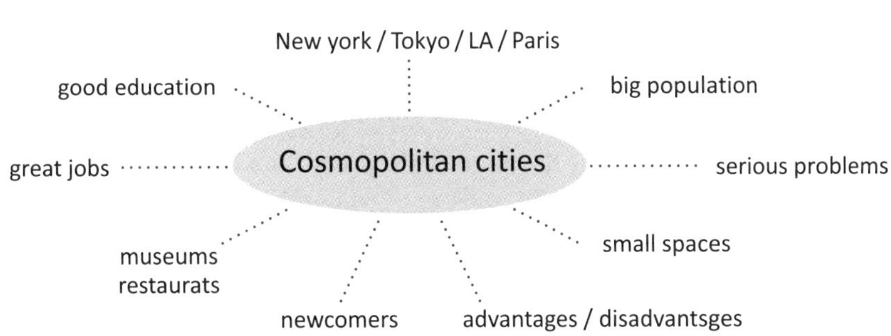

① 브레인스토밍하기

Cosmopolitan cities = big population, diverse ethnics(diverse ethnic group), New York, Tokyo, Paris, LA etc…
Exciting places = museum, sightseeing, tourism, diverse cultures, plays, movies, good restaurants, newcomers, shopping centers etc…
Good education = education, good jobs, medical benefits, many universities, good students, good schools etc…
Many problems = high cost of living, high population density, narrow residential environment, serious problems etc…

② 주제문 작성하기

이상 브레인스토밍으로 연상한 각종 아이디어들 가운데 주요 아이디어로 먼저 주제문을 만든다. 그리고 나머지 재료(아이디어)는 글을 전개해 나가는데 활용한다.

Topic sentence

New York, Tokyo, Paris, and other cosmopolitan cities are exciting places to live.

| Model paragraph 1 |

*** Topic** **Cosmopolitan Cities**

*** Topic sentence** New York, Tokyo, Paris, and other cosmopolitan cities are exciting places to live.

New York, Tokyo, Paris, and other cosmopolitan cities are exciting places to live. People from many countries live in these cities. There are many interesting things to see and to do. You can go to different kinds of museums, plays, films, and restaurants. You can also go shopping to buy things from all over the world. Of course, there are serious problems in big cities, too. The cost of living is high, and there are too many people in some neighborhoods. Too many people in a small space makes it hard to keep the cities safe and clean. Every year many newcomers move to the cities to find jobs, to study at good schools, or to receive good medical care. However, sometimes these people cannot find work or a decent place to live. Cosmopolitan cities have their advantages and disadvantages. Some people enjoy living in them; others do not. So before people move to a big city, they should think about the problems of living there. (Lado English Series: Book 4: p 58)

Explanation(해설)

(a) 이 글(단락)에서 밑줄 친 첫 번째 문장이 바로 주세문(topic sentence)으로 이 글에 대한 주요개념(key words)이나 중심생각(main ideas)을 담고 있다.

(b) 밑줄이 쳐지지 않은 중간의 문장들은 주제문을 뒷받침하여 글쓴이의 주장이나 의견, 설명 등을 제시하고 있다. 모두 주제문장, 즉 중심생각과 관련된 내용만을 언급하고 있다.

(c) 마지막에 밑줄 친 문장이 바로 결론문장이다. 이는 주제문의 중심내용을 재진술하면서 조리 있게 이 글을 마무리하고 있다.

2) Topic = DNA the Easy Way

[Diagram: 2]

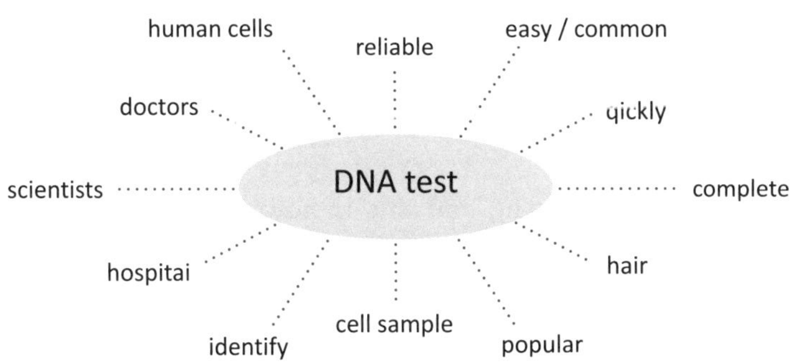

① 브레인스토밍하기

DNA test = reliable easy, quickly, believe, complete, human cells, cell sample, hair, identify, scientists, hospitals, doctors, popular, common, available, etc…

② 주제문장 작성하기

이상 브레인스토밍로 연상한 각종 아이디어들 가운데 주요 아이디어로 먼저 주제문을 만든다. 그리고 나머지 재료(아이디)는 글을 전개해 나가는데 활용한다.

Topic : DNA Test

Topic sentence : Believe it or not, the process of completing a DNA test is not very difficult.

Model paragraph 2

*** Topic** **DNA the Easy Way**

*** Topic sentence** Believe it or not, the process of completing a DNA test is not very difficult.

<u>Believe it or not, the process of completing a DNA test is not very difficult.</u> <u>First of all</u>, human cells must be collected. The cells can be collected from a person's cheek using a swab. <u>The next step</u> is to send this cell sample to a laboratory, where scientists extract the DNA from the swab and create many samples from it. <u>Then</u> the samples are put into a gel mixture and are subjected to an electric current. A DNA probe can then be used, which attaches itself to the sample. Each person produces a unique location of DNA attachment, and this is how the identification works. <u>Ultimately</u>, scientists develop the film of this unique DNA strand. This type of DNA test becomes more reliable as more proves are used to test

the strand. DNA testing had become very popular, so it is now available on the internet. Ordinary people can now order in-home DNA tests and get their results in just a few days.

Explanation(해설)

(1) 이 글(단락)에서 밑줄 친 첫 번째 문장이 바로 주제문(topic sentence)으로써, 이 글에 대한 주요개념(key words)이나 중심생각(main ideas)을 담고 있다.

(2) 밑줄이 쳐지지 않은 중간의 문장들은 주제문장을 뒷받침하여 글쓴이의 주장이나 이견, 설명 등을 제시하고 있다. 모두 주제문, 즉 중심생각과 관련된 내용만을 언급하고 있다.

(3) 마지막에 밑줄 친 문장이 바로 결론문장이다. 이는 주제문의 중심내용을 재진술하면서 조리 있게 이 글을 마무리하고 있다.

1. What is the development of a paragraph?

글의 전개는 누구나 가장 부담스러워할 만큼 어려운 분야이다. 왜냐하면 글을 전개하는 방법은 여기서 제시를 해 줄 수 있지만, 더 좋은 글의 전개를 위해서는 글을 전개하는 연습과 다양한 주제에 대한 배경지식(a background knowledge)을 쌓기 위한 꾸준한 독서와 직접 글을 써보는 노력 등이 필요하기 때문이다.

그런데도 여기서 몇 가지 전개방법을 구체적으로 공부함으로써 큰 부담을 덜 수 있는 것만은 분명하다. 어떤 분야든 완벽한 경지에 도달하기가 쉽지 않겠지만 그 방법을 안다면 훨씬 더 쉽게 나은 방향으로 나아갈 수 있는 것만은 확실하다. 그리하여 여기서는 글을 어떻게 전개할 것인가에 대하여 몇 가지 구체적인 방법을 공부하기로 한다.

2. The way of developing a paragraph

1) 글의 전개는 단락의 본론, 즉 지지문장을 쓰는 데서 구체적으로 이루어진다고 할 수 있다. 지지문장은 주제문의 중심내용을 바탕으로 하여 하나 둘 차례로 글을 전개해 나가므로 가장 기본적인 글의 전개방법을 여기서 배울 수가 있다.

2) 좋은 지지문장(본론)을 쓰기 위해 꼭 염두에 두어야 할 것은 모든 지지문장들은 반드시 주제문의 중심내용과 관련되어 있어야 한다. 그리고 좋은 지지문장은 단락의 주제문을 지원하는 정보를 담고 있어야 한다.

3) 지지문장들은 다음의 질문에 답을 해야 한다. Who(누가), When(언제), Where (어디서), What(무엇을), How(어떻게), Why(왜) 등의 물음에 대한 정보를 가지

고 있어야 한다. 그리고 상세한 보기, 즉 사례, 이유나 원인, 결과 등에 대한 주장이나 논리를 뒷받침하는 근거, 다시 말해 분명한 "논거"를 제시해야 한다. 좋은 작가는 그들이 글을 쓸 때, 이러한 질문들에 관해 생각을 한다.

4) 좋은 작가는 다양한 종류의 지지문장을 사용하여 글을 전개해나간다. 다양한 지지문장들은 그만큼 주제문을 설득력 있게 지원 또는 뒷받침할 수가 있기 때문이다.

3. The six rules of writing good supporting sentences

1) Explanation(설명)

주제문의 중심내용을 설명하는 경우. 즉, 독자가 쉽게 이해할 수 있도록 어떤 사실이나 이치를 객관적이고 논리적으로 설명하는 글, 또는 문장을 말한다. 즉, 어떤 일의 내용이나 이유 따위를 상대편이 잘 알 수 있도록 풀어서 말한다.

[The examples of explanatory text(설명문 보기)]

a) I learned how to deal with the causes and measures of global warming when I was in the class today.
   나는 오늘 수업시간에 지구 온난화의 원인과 대책을 다루는 것을 배웠다. [단순 설명]

b) So far, hundreds of people have died and tens of thousands of people have been displaced / [have lost their homes] by forest fires in California.
   지금까지 이번 산불로 캘리포니아 지역에서 수백 명이 죽고, 수만 명의 이재민이 발생하였다. [상황 설명]

c) I am sorry I am late because I couldn't sleep very well last night due to a high fever and a severe cough from flu.
   늦어서 죄송합니다, 나는 어젯밤 독감으로 고열과 심한 기침 때문에 잠을 잘 수가 없어 지각을 하였습니다. [인과 관계 설명]

2) Description(묘사)

묘사 또는 기술이란 어떤 대상이나 현상 따위를 있는 그대로 언어로 서술하여 나타내는 것을 말한다. 따라서 때로는 묘사와 설명의 구분이 다소 모호한 경우도 있다. 하지만 설명문은 이유나 근거를 가지고 독자를 이해시키려는 의미가 포함돼 있다면, 묘사문은 있는 그대로 서술하는 형식이므로 엄밀한 면에서 차이가 있음을 알 수 있다.

[The examples of descriptive text(묘사문 보기)]

a) On a clear fall day, a small sliver-colored object was crossing into the air drawing a huge horizontal line.

맑은 가을날 작은 은빛 물체 하나가 거대한 가로 선을 그으며 창공을 가로지고 있었다. [동작 묘사]

b) The autumn leaves of red and yellow are still showing off their beautiful colors, but the fallen leaves will allow drifting snow in winter to cover them so that they can take a good rest.

울긋불긋한 가을 잎들은 여전히 고운 빛깔을 뽐내고 있지만, 이미 땅에 떨어진 잎은 겨울에 흩날리는 눈에 덮여 충분한 휴식을 취할 수 있게 될 것이다. [상황 묘사]

c) The moment I saw the white porcelain, "Dalhangari", I had a feeling that a full moon was high in the sky.

백자 달 항아리를 보는 순간, 나는 둥근 보름달이 하늘 가운데 높이 솟아 오른 느낌을 받았다. [느낌(감정) 묘사]

3) Reasons(이유 및 원인)

단락의 글에서 앞의 문장에 대해 어떤 일이 일어나게 된 까닭이나 근거를 밝히거나 나타내는 것을 말한다.

[The examples of text for reasons(이유 예문 보기)]

a) It is also gifted for her to be beautiful, but proper self-care is one of reasons for her beauty.

그녀가 역시 아름다운 것은 타고난 부분도 있겠지만 적절한 자기관리가 그녀의 아름다움을 유지하는 한가지 원인이다.

b) Falling in love with her at first sight is not a beautiful appearance but a bright / genial smile.

내가 첫눈에 그녀에게 반한 것은 아름다운 외모가 아니라 해맑은 미소였다.

c) Korea has grown to be what it is today, owing to/ thanks to its diligence.

한국은 근면함 덕분에 오늘날의 모습으로 성장했다.

4) Cause and Effect(인과관계)

앞의 문장에 대해 어떤 행위와 그 후에 발생한 사실 사이에 원인과 결과의 관계가 어떠한가를 밝히는 것을 말함.

[The examples of cause and effect(인과관계 예문 보기)]

a) No matter who she meets because she almost always smiles and speaks a nice word, most people are fascinated by her

그녀는 누구를 만나든, 거의 대부분 미소를 짓고 고운 말을 사용하기 때문에, 대부분 사람들이 그녀에게 매력을 느끼게 된다.

b) He caused a major car accident on the Gyeongbu Expressway near Cheonan on his way to the house from this summer vacation because he usually has a bad habit of driving in a hurry.

그는 평소 차를 급하게 모는 나쁜 습관이 화근이 되어 올해 여름휴가를 다녀오면서 경부고속도로 천안부근에서 대형 사고를 일으켰다.

5) Facts or Examples(사실 또는 보기)

앞의 문장과 관련하여 실제로 발생했던 일이나 현재에 있는 일, 즉 보기를 들어서 보여줌.

[The Facts or Examples(사실 또는 보기)]

a) For example, I talk with my family, friends, and teachers every day.
예를 들면, 나는 가족이나 친구, 선생님과 매일 이야기를 합니다.

b) Korea is becoming richer and richer every year. one example I want to mention is the diligence and sincerity of Korean workers.
한국은 매년 점점 더 부유해지고 있습니다. 언급하고 싶은 한 가지 사례로는 한국 노동자들의 근면과 성실함입니다.

6) 통계(statistics)

앞 문장의 사실을 확실히 뒷받침해주는 통계자료 등을 제공하는 일, 사실보다 더 명확한 근거가 된다.

[The examples of statistics(통계 보기)]

a) According to health authorities, about 1,200 people die each day due to smoking in America alone.
보건 당국에 따르면, 미국에서만 매일 약 1,200명의 사람들이 흡연 때문에 죽는다.

b) Last week, the Ministry of Health and Welfare released a report that thirty people die of AIDS every year in our country.
지난 주, 보건복지부는 우리나라에서도 매년 에이즈로 30명이 죽는다고 밝혔다.

| Explanation(해설) |

한 단락의 글을 쓰고자 할 때, 대개 이상과 같은 6가지 정도의 전개 룰(rules)을 가지고 문장을 써내려 간다면 주제문을 설득력 있게 전개해 나가는 데 많은 도움이 될 것이다.

이를테면, 주제문(a topic sentence) 다음에 오는 첫 문장이 주제문장의 중심내용을 설명하거나 묘사하는 형식을 취했다면, 그 다음에는 이유나 사실로 뒷받침할 수 있고, 또 그 다음 문장은 원인이나 결과 등을 제시할 수 있다. 또 이유를 제시했다면 이를 뒷받침해주는 사실이나 통계자료를 통하여 확실성을 제공할 수도 있다.

글을 전개해 나가는 데는 무엇보다 앞문장의 중심 내용을 분석하면서 다음에 적절한 문장을 연상하여 배치하면 된다. 하지만 글의 전개방법은 개인마다 편차가 있다. 예를 들면 이미 많은 연습(습작)을 통하여 글 쓰는 요령을 익히고 있거나, 또는 꾸준한 독서로 인해 주어진 주제에 대한 배경지식(a background knowledge)이 풍부하다면 더 좋은 글을 쓸 수가 있다. 하지만 비록 초보자라 하더라도 이런 방법을 통하여 글을 전개하는 연습을 꾸준히 한다면 분명 더 쉽게 좋은 글을 쓸 수가 있을 것이다.

4. Analyzing the development of a paragraph

1) 작가가 글을 써 내려갈 때, 어떤 문장이든 막연하게 나오거나 주어지는 것이 아니다. "글의 전개"는 반드시 앞 문장의 내용과 연관되어 있어야 한다. 그러므로 문장을 전개해 나갈 때는 먼저 앞의 문장을 잘 파악해야 한다. 즉, 앞문장의 핵심 내용(controlling ideas) 중에서 key word(핵심어)를 찾는 것이 매우 중요하다.

2) 핵심어를 찾고 나면 다음 문장은 핵심어와 관련하여 이를 설명하거나 지지하면서 문장을 전개하면 되기 때문이다. 글의 전개는 앞 문장의 핵심어를 설명하는 경우가 많겠지만, 이 핵심어를 중심으로 앞에서 배운 6가지 지지문장 쓰는 방법을 적용하면서 글을 전개하여 나간다면 좋은 글을 어렵지 않게 쓰는데 큰 도움이 될 것이다.

Model paragraph 1

*** Topic** **Paragraphs**

*** Topic sentence** One of the basic buildings of academic writing is the paragraph.

One of the basic buildings of academic writing is the paragraph. A paragraph is a group of sentences that work together to develop one main idea. The main idea is often stated in the first sentence of the paragraph, the topic sentence. The topic sentence includes the topic and controlling idea, which gives a focus to the topic and often gives the reader information about the organization of the paragraph. After the topic sentence comes the body. Sentences in the body of the paragraph support or develop the main idea in the topic sentence. Most paragraphs end with a concluding sentence. This sentence either summarizes the controlling idea in the paragraph or acts as a transition to the next paragraph. (Blueprints 2: p 2)

Explanation(해설)

(a) First supporting sentence

Topic sentence(주제문) = "One of the basic buildings of academic writing is the paragraph."의 Key word(핵심어)는 "paragraph(단락)"이다. 따라서 첫 번째 지지문장은 이 문장의 핵심어인 "paragraph"에 대한 지지(설명)로 글을 전개하면 된다.

[Example sentence]

"A paragraph is a group of sentences that work together to develop one main idea."

(b) Second supporting sentence

첫 번째 지지문장의 controlling idea(핵심내용)는 "a group of sentences that work together to develop one main idea."이다. 여기서 Key word(핵심어)는 "main idea"이므로 이에 대한 설명이나 논거로 문장을 전개하면 된다.

[Example sentence]

"The main idea is often stated in the first sentence of the paragraph, the topic sentence."

(c) Third supporting sentence

앞 문장의 핵심내용은 "often stated in the first sentence of the paragraph, the topic sentence."이다. 이 핵심내용 중의 Key word(핵심어)는 "the topic sentence."이다.

[Example sentence]

"The topic sentence includes the topic and controlling idea, which gives a focus to the topic and often gives the reader information about the organization of the paragraph."

(d) Forth supporting sentence

네 번째 지지문장도 핵심어 "topic sentence"를 설명하면서 글의 전환을 예고하는데, 이 문장, "After the topic sentence comes the body."의 핵심어는 "the body(본론)"이다. 따라서 이에 대한 설명이 전개되고 있다.

[Example sentence]

"Sentences in the body of the paragraph support or develop the main idea in the topic sentence. Most paragraphs end with a concluding sentence."

(e) Writing concluding sentence

결론문장은 대개 주제문의 controlling idea(중심내용)를 재진술하고, 관련 아이디어를 덧붙이면서 마무리한다. 주제문과 본론과 상관관계를 이루면서 단락의 글을 마무리 짓는 것이 매우 중요하다. 흔히 우리가 어떤 글을 읽고 흐름이 좋고 마무리가 잘 된 글에 대하여 수미상관(首尾相關)이 잘 되었다고 표현하는 것도 이 때문이다.

[Example sentence]

"This sentence either summarizes the controlling idea in the paragraph or acts as a transition to the next paragraph."

이 결론 문장은 주제문을 재진술하고, 단락의 중심내용을 요약하면서 다음 단락의 전환으로서 예시를 하고 있다.

Model paragraph 2

*** Topic** **Communication problems**

*** Topic sentence** One kind of culture shock faced by international students is difficulty communicating with Americans.

One kind of culture shock faced by international students is difficulty communicating with Americans. When they first arrive in the United States, they soon realize that their verbal skills are poor. First of all, they lack vocabulary, and they have poor pronunciation, so American people do not understand them. For example, a few days ago, I asked an American student how to get to the library, but because I have trouble pronouncing r's and l's, the student did not understand me. I finally had to write it on a piece of paper. Americans use incomplete sentences, such as "Later" to mean "I'll see you later," and "Coming?" to mean "Are you coming?" Also, Americans use a lot of slang and idioms whose meanings nonnative speakers do not know. For example, the other day someone said to me, "That drives me up wall," and I could not imagine what he meant. I had a picture in my mind of him driving his car up a wall. It did not make sense to me. In short, communication is probably the first problem that international students face in the United States. After a while, however, their ears get used to the American way of speaking, and their own verbal abilities improve. (Writing Academic English: p 279)

Explanation(해설)

(a) First supporting sentence

Topic sentence(주제문) = "One kind of culture shock faced by international students is difficulty communicating with Americans."의 Key word(핵심어)는 "difficulty communicating with Americans"이다. 따라서 첫 번째 지지문장은 이 문장의 핵심어인 "difficulty communicating"에 대한 지지(설명)로 글을 전개하면 된다.

[Example sentence]

"When they first arrive in the United States, they soon realize that their verbal(oral) skills are poor." 어려움은 유학생들이 미국에 도착하면 회화 기술이 많이 부족하다는 것을 느끼게 된다는 것이다. (상황 설명)

(b) Second supporting sentence

첫 번째 지지문장의 Key word(핵심어)는 유학생들의 회화기술 부족, "their verbal(oral) skills are poor" 이므로, 두 번째 지지문장은 왜 회화기술이 부족한 가에 대한 설명이 필요하다.

[Example sentence]

"First of all, they lack vocabulary, and they have poor pronunciation, so American people do not understand them." 회화기술이 부족한 이유로는 먼저 유학생들의 단어의 부족과 나쁜 발음 때문이다. 따라서 미국 사람들은 그들의 말을 잘 알아듣지를 못한다. (이유)

(c) Third supporting sentence

두 번째 지지문장의 Key word(핵심어)는 "do not understand."이므로, 이에 대한 사례(For example)를 들어 이유를 뒷받침해주고 있다.

[Example sentence]

"For example, a few days ago, I asked an American student how to get to the library, but because I have trouble pronouncing r's and l's, the student did not understand me." (사례)

(d) Fourth supporting sentence

세 번째 지지문장은 구체적으로 사례를 든 문장이다. 사례 문장의 중심내용은 "R"과 "L"의 발음 구별에 어려움이 있어 미국 사람들이 유학생들의 말을 알아듣지 못한다. 따라서 다음에 오는 문장은 이에 대한 해결 방안을 밝혀야 하는데… 네 번째 문장은 이에 대한 해결 방안으로, 결국 종이에 그 내용을 써야만 했던 것을 설명하고 있다.

[Example sentence]

"I finally had to write it on a piece of paper." (상황 설명)

(e) Fifth supporting sentence

다섯 번째 문장은 다시 또 다른 소통의 어려움에 대한 이유를 제시하고 있는데, 이 문장의 Key word(핵심어)는 "incomplete sentences"이다. 그리고 동시에 이에 대한 보기(examples)까지 들고 있다.

[Example sentence]

"Americans use incomplete sentences, such as "Later" to mean "I'll see you later," and "Coming?" to mean "Are you coming?" (이유 및 사례)

(f) Sixth supporting sentence

여섯 번째 문장 역시 또 다른 소통의 어려움에 대한 이유를 제시하고 있는데, 이 문장의 Key word(핵심어)는 "a lot of slang and idioms"이다.

[Example sentence]

"Also, Americans use a lot of slang and idioms whose meanings nonnative speakers do not know."(이유)

(g) Seventh supporting sentence

여섯 번째 문장을 지지하기 위하여 예문(example)을 들어 보여주고 있는데, 여기서는 소통의 어려움으로 idiom, "That drives me up the wall,"을 사례로 들고 있다.

[Example sentence]

"For example, the other day someone said to me, "That drives me up the wall," and I could not imagine what he meant." (사례)

(h) Eighth supporting sentence

일곱 번째 지지 문장에서 예로 든 문장 "That drives me up the wall,"에 대해 나름대로 해석을 하고 있다.

[Example sentence]

"I had a picture in my mind of him driving his car up a wall."(상황 설명)

(i) Ninth supporting sentence

하지만 여덟 번째 나름대로 내린 해석의 뜻이 통하지 않음을 보여주고 있다. 즉, idiom의 본래 뜻은 "그것이 나를 미치게 만들고 있다."인데, "그의 차를 벽 위로 몰고 있다"고 이해하고 있음을 보여주고 있다.

[Example sentence]

"It did not make sense to me."(상황 설명)

(j) Writing concluding sentence

[Example sentence]

"In short, communication is probably the first problem that international students face in the United States. After a while, however, their ears get used to the American way of speaking, and their own verbal abilities improve."

이 결론 문장은 주제문을 재진술하고, 단락의 중심내용을 요약하면서 더불어 긍정적인 의견을 제시하고 있다.

| Model paragraph 3 |

*** Topic** **Dolphins**

*** Topic sentence** Dolphins are interesting because they display almost human behavior at times.

Dolphins are interesting because they display almost human behavior at times. For example, they display the human emotions of joy and sadness. During training, when they do something correctly, they squeal excitedly and race toward their trainer. When they make a mistake, however, they droop noticeably and mope around their pool. Furthermore, they help each other when they are in trouble. If one is sick, it sends out a message, and others in the area swim to help it. They push it to the surface of the water so that I can breathe. They stay with it for days or weeks until it recover or dies. They have also helped trapped or lost whales navigate their way safely out to the open sea. They are so intelligent and helpful, in fact, that the U.S. Navy is training them to become underwater bomb disposal experts. (Writing Academic English: p 23)

| Explanation(해설) |

(a) First supporting sentence

Topic sentence(주제문) = "Dolphins are interesting because they display almost human behavior at times."의 Key word(핵심어)는 "display human behavior"이다. 따라서 첫 번째 지지문장은 이 문장의 핵심어인 "display human behavior"에 대한 지지(보기)로 글을 전개하면 된다. 그런데 여기서는 좀 더 구체적인 사례(example)로 들고 있다.

[Example sentence]

"For example, they display the human emotions of joy and sadness." (보기)

(b) Second supporting sentence

앞의 첫 번째 지지문장, "For example, they display the human emotions of joy and sadness."은 구체화한 사례(example)를 들면서, Key word로 인간의 감정, "joy and sadness"을 드러내는 것을 설명하고 있다. 따라서 다음 문장은 이를 뒷받침하기 위해 그들이 감정을 표현하는 행위를 드러내고 있다.

[Example sentence]

"During training, when they do something correctly, they squeal excitedly and race toward their trainer." (상황 설명)

(c) Third supporting sentence

앞의 두 번째 지지문장, "During training, when they do something correctly, they squeal excitedly and race toward their trainer."은 그들이 언제, 어떻게 감정을 표현하는가를 설명하고 있다. 세 번째 지지문장은 또 다른 감정을 언제, 어떻게 표현하는가를 보여주고 있다.

[Example sentence]

"When they make a mistake, however, they droop noticeably and mope around their pool." (방법 설명)

(d) Fourth supporting sentence

앞의 세 번째 지지문장, "When they make a mistake, however, they droop noticeably and mope around their pool."은 그들이 언제, 어떻게 감정을

또 다르게 표현하는가를 보여주고 있다. 그리고 다음 네 번째 문장에서는 "Furthermore"라는 전환어(연결어)를 통하여 단순한 감정을 넘어 훨씬 더 심화된 감정교환으로 이를 뒷받침하고 있다.

[Example sentence]

"Furthermore, they help each other when they are in trouble." (방법 설명)

(e) Fifth supporting sentence

앞의 네 번째 지지문장, "Furthermore, they help each other when they are in trouble."은 key word(핵심어) "help each other"를 인간의 단순한 감정이 아니라, 서로 도움을 주는 차원까지 진전되고 있다. 따라서 이후 다섯 번째, 여섯 번째, 일곱 번째, 여덟 번째 지지문장들은 한결같이 더 심화되고 복잡한 감정교환을 하는 것을 통하여 돌고래들의 감정을 통해 유발되는 행위들을 이를 보여주고 있다.

[Example sentence]

"If one is sick, it sends out a message, and others in the area swim to help it. // They push it to the surface of the water so that I can breathe. // They stay with it for days or weeks until it recover or dies. // They have also helped trapped or lost whales navigate their way safely out to the open sea." (설명 및 예시)

(f) Writing concluding sentence

[Example sentence]

"They are so intelligent and helpful, in fact, that the U.S. Navy is training them to become underwater bomb disposal experts."

이 결론 문장은 주제문을 재진술하면서 더불어 긍정적인 활용을 보여주고 있다.

[참고] 이상 3개의 모델 단락은 기본적으로 앞 문장의 핵심어나 중심 내용을 중심으로 글을 설명하면서 전개하고 있음을 알 수 있다. 이와 같이 주로 핵심어를 기반으로 이를 설명, 정의, 묘사, 이유, 원인, 예시, 비교, 분석 등을 통하여 글이 전개된다.

Unit 01

02 part two

Kinds of Paragraphs 단락의 종류

Book I	Definition Paragraph(정의 단락)
Book II	Descriptive Paragraph(묘사 단락)
Book III	Narrative Paragraph(이야기 단락)
Book IV	Process/Analysis Paragraph(과정 단락)
Book V	Comparison Contrast Paragraph(비교 대조 단락)
Book VI	Opinion Paragraph(의견제시 단락)
Book VII	Special Paragraphs(특수 단락)
Book VIII	대입수능 영어문제 예시 및 해설

part two

The Kinds of Paragraphs 단락의 종류

목적(Goal) = 앞의 제 1부에서는 단락에 대한 일반적인 이해와 단락을 쓰는 기본적인 방법을 공부했다. 그러나 제 2부에서는 "단락"을 종류별로 분류하여 각 단락의 성격에 맞게 글을 쓰는 방법을 공부하기로 한다. 이는 단락을 더 쉽고 구체적으로 쓰고자 하는 데 초점을 두고 있다.

Academic writing(대학의 글쓰기)에서 단락의 종류를 분류하는 데는 전문가의 견해에 따라 다를 수 있다. 필자는 이 책에서 단락을 기본적으로는 "6가지 종류"로 나누고자 한다. 그리고 "의역-종합-요약하기"는 특수 단락의 범주에 포함시켜 분류했다. 이들 세 가지는 일반 단락과는 성격이 다르기 때문이다. 하지만 대개 의역-종합-요약하기 등은 단락 정도의 분량이므로 특수 단락이라는 표현으로 넓은 의미의 단락 개념에 포함시킨 것이다.

Book I Definition Paragraph(정의 단락)

1. What is a definition paragraph?

Definition is a statement that explains the meaning of something. So a definition paragraph explains what something is and gives facts, details, and examples to make the definition clear to the reader. Especially, Definition paragraph needs adjective clauses to explain nouns connected with a definition paragraph.

우리말 설명

■ 정의단락이란 어떤 주제에 대한 여러 가지 속성 가운데서도, 특히 본질적인 속성이 어떠하다는 것을 정확하고 명백하게 밝혀 규정(정의)하는 글을 말한다. 따라서 정의단락을 쓸 때 작가의 목적은 "What something is. 어떤 것이 무엇이다.)" 또는 "What something do.(어떤 것이 무엇을 하다.)" 라는 것을 독자들에게 정확하게 설명하고 전달해야 한다.

■ 이를테면, 어떤 용어나 개념에 대해 포괄적인 정의를 구성하고 있는 글을 쓴다는 것은 정의에 대한 글을 쓰는 것을 의미할 수 있다. 하지만 정의단락을 쓴다는 것은 단순한 정의 이상의 어떤 구체적인 것들, 즉 사물의 이름(용어나 개념)에 대한 사실(facts), 상세한 내용(details), 그리고 구체적인 보기(examples) 등을 제시하고, 가능한 분명하고 완전하게 독자들이 이해할 수 있도록 설명해야 한다.

■ 정의단락은 주로 어떤 사물을 설명하는 글이므로, 주로 형용사절을 많이 사용한다. 따라서 정의단락의 특징은 사물을 설명하는 형용사절을 어떻게 잘 이용하는가에 따라 좋은 단락을 쓰는데 도움이 된다. 따라서 브레인스토밍을 통하여 목록을 작성할 때도 사물의 이름인 명사를 설명하는 형용사절을 목록화하는 것이 매우 중요하다.

■ 끝으로, 여기서 다루고자 하는 정의단락은 하나의 분류된 단락의 이름일 뿐이다. 그러므로 정의단락도 또한 앞에서 배운 것(단락을 어떻게 쓰는가 how to write a paragraph)과 똑같은 방법으로 글을 쓰면 된다. 다만 내용이 어떤 주제를 정의(definition)하는 것이 다를 뿐이다.

[참고] 정의단락의 주제문은 항상 다음과 같은 일정한 패턴을 가진다.

[Subject + Verb + Antecedent + Relative Pronoun + Verb + Object]
S(주어) + V(동사) + 선행사 + 관계대명사(adjective clause: 선행사수식)

2. Exercising a definition paragraph

1) Brainstorming

정의단락을 쓰기 위한 브레인스토밍은 다음과 같은 특징을 가진다. 일반적인 관련 명사들과 또한 이 명사들을 정의 또는 설명할 형용사절(adjective clause)의 목록을 작성하는 것이 유용하다.

2) Organizing the Outline of a Paragraph(단락의 개요 짜기)

브레인스토밍을 통해 얻은 관련 단어들과 형용사절 중에서 꼭 필요한 내용을 중심으로 요점을 간추리고 정리한다. 그리고 가장 적절하다고 판단되는 명사와 형용사절을 고른다. 특히, 형용사절은 명사를 설명 또는 정의하는데 도움을 주므로 주제문을 작성하는 데도 매우 중요한 역할을 하게 된다.

3) Writing a Topic sentence and a draft(주제문장 작성 및 초고쓰기)

가장 적절하다고 판단되는 명사와 형용사절을 가지고 먼저 주제문장을 작성한다. 그리고 정리된 요점을 중심으로 단락의 초고를 개략적으로 쓴다. 이 때는 얼개(전체 뼈대나 구조)를 세우는 작업이므로 처음부터 완벽하게 쓰지 않아도 된다.

4) Writing a complete sentence(단락 완성하기)

이상과 같은 과정을 거치고 나서 초고가 완성되면 먼저 주제문을 보완하여 완성한다. 그리고 지지(본론)문장이 주제문과 관련되는 내용으로 전개되었는지 점검한다. 끝으로 주제문을 재진술하거나 단락의 주요내용을 요약하여 결론을 잘 마무리하였는지를 확인하면서 정의단락의 글을 완성한다.

3. Beginners go through the next process

1) Revising and Completing(다듬고 완성하기)

더 좋은 단락의 글을 쓰기 위해 완성된 글을 다듬고 손질한다. 아직은 글을 배우는 단계이므로 동료나 선배, 선생님을 통하여 자신이 쓴 초고를 논의하면서 가감첨삭의 조언을 구하면 더 많은 것을 배우며 발전할 수 있다.

2) Reading carefully(꼼꼼하게 읽어보기)

마지막으로 철자나 맞춤법까지도 틀린 부분을 올바르게 교정하고, 나아가 문장이나 앞뒤 문맥 등이 조화를 이루고 있는지, 그리고 마지막 구두점까지도 세심하게 점검한다.

4. Writing a definition paragraph

위에서 자세히 언급한 글쓰기 훈련을 통하여 다음 글쓰기 과제를 수행한다. 정의단락은 무엇보다 용어의 정의가 매우 중요하다. 그러므로 글을 쓰는 이는 가장 적절한 단어를 사용해야 한다. 그리고 브레인스토밍 기술은 관련 일반명사와 이를 정의 또는 설명하는 형용사절의 목록을 작성하는 데 매우 유용하다. 그리고 작성된 목록 가운데서 정의단락을 쓰기에 가장 적절한 것을 하나 선택하여 주제문을 먼저 작성하면 대개 초고가 완성된다.

1) Topic = AIDS

a) Brainstorming (Topic = AIDS)

What is AIDS?

- AIDS is the acronym for the acquired immune deficiency syndrome.
- The dictionary meaning is a serious disease of the immune system. transmitted through blood products especially by sexual contact or contaminated needles.

Why are we afraid of AIDS?

- This is very fatal disease.
- Scientists haven't developed a new treatment for AIDS.
- The number of deaths from AIDS has increased rapidly every year.

How does the disease have various infection paths?

- AIDS is transmitted through blood products especially by sexual contact or contaminated needles.

What are the results of the AIDS?

- AIDS can cripple the body's immune system.
- And other diseases are able to ravage the body.

Other symptoms?

- Coughing and shortness of breath, serious weight loss, extreme fatigue, brain tumors, various cancers, and other health problems.

b) Organizing a Topic sentence of a Paragraph

브레인스토밍을 통해 얻은 관련 아이디어들 중에서 꼭 필요한 내용을 중심으로 요점을 간추리고 정리한다. 주제문에 가장 적절하다고 판단되는 관련 명사를 선택하고, 이를 중심으로 key word(핵심어)를 설명할 형용사절(관계대명사절)을 작성한다. 정의단락에서 특히, 형용사절은 명사를 설명 또는 정의하는 데 도움을 주므로 주제문을 작성하는 데 매우 중요한 역할을 한다. 끝으로 핵심어와 형용사절을 이용하여 주제문을 작성한다. 이 단락은 학술적이어서 브레인스토밍이 어려운 편이다.

Ex) AIDS는 — (형용사절 찾기) — (인/하는/의) a severe disease이다.

Adjective clause(relative pronoun) = that cripples the body's immune system so severely that other diseases are able to ravage the body.

(형용사절: 관계대명사절)

에이즈는 인체의 면역시스템을 손상시키는 심각한 병이다.

Writing a topic sentence

AIDS, or acquired immune deficiency syndrome, is a severe disease that cripples the body's immune system so severely that other diseases are able to ravage the body.

c) Writing a complete sentence with a topic sentence(단락완성하기)

이와 같이 먼저 브레인스토밍을 통하여 관련 아이디어들의 목록을 작성하고, 이를 토대로 주제문을 보완하여 완성한다. 주제문이 완성되면 주제문의 핵심어를 중심으로 앞서 배운 방법대로 지지문장(본론)을 전개하여 나가면 된다. 끝으로, 결론문장은 주제문을 재진술하거나 단락의 주요 내용을 요약하여 마무리하면 정의 단락의 글을 완성할 수 있다.

*** Topic** **AIDS**

*** Topic sentence** AIDS, or acquired immune deficiency syndrome, is a severe disease that cripples the body's immune system so severely that other diseases are able to ravage the body.

AIDS, or acquired immune deficiency syndrome, is a severe disease that cripples the body's immune system so severely that other diseases are able to ravage the body. The term AIDS applies to the most advanced stages of HIV infection. More specifically, the Centers for Disease Controls says that a person has AIDS when his or her T4 cell count drops to less than 200. Tangible signs that indicate that an individual might have this illness include coughing and shortness of breath, serious weight loss, extreme fatigue, brain tumors, various cancers, and other health problems. All of these effects are serious and, without proper treatment, can kill the person. While there are no drugs to cure AIDS, there are medicines to prevent or treat some of the related problems. With more than 775,000 cases of AIDS respond n the United States since 1981 and more than 18.8 million cases worldwide, AIDS continues to be a serious threat to the world's population. (Blueprints 1: p 96)

2) Topic = Hurricane

a) Brainstorming(Topic = Hurricane)(주제 브레인스토밍하기)

What is a hurricane?

- A hurricane is huge wind with a great deal of rain.
- Storm, dangerous, heavy rain, ferocious, fierce, furious, destroy, ruin, natural disaster…etc

Why are hurricanes dangerous?

- Big flood, tidal surge, ruin, attack, swallow towns near coast. kill people, cause big damages…etc

Where does a hurricane come from mostly?

- North Atlantic Ocean, Caribbean sea, gulf of Mexico, Texas, Florida…etc

When does a hurricane occur?

- Between April and November, especially August and September.

Other problems?

- A hurricane has attacked and surprised people and residential areas.

b) Organizing a Topic sentence of a Paragraph

브레인스토밍을 통해 얻은 관련 아이디어들 중에서 꼭 필요한 내용을 중심으로 요점을 간추리고 정리한다. 주제문에 가장 적절하다고 판단되는 관련 명사를 선택하고, 이를 중심으로 key word(핵심어)를 설명할 형용사절(관계대명사절)을 작성한다. 정의단락에서 특히, 형용사절은 명사를 설명 또는 정의하는데 도움을 주므로 주제문을 작성하는데 매우 중요한 역할을 한다. 끝으로 핵심어와 형용사절을 이용하여 주제문을 작성한다.

Ex) A hurricane은 — (형용사절 찾기) — (인/하는/의) a dangerous storm이다.

Adjective clause(relative pronoun) = that features high winds and heavy rains.
(형용사절: 관계대명사절)

Hurricane는 강한 바람과 비를 동반하는 특징을 가진 a dangerous storm 이다.

Writing a topic sentence

A hurricane is a dangerous storm that features high winds and heavy rains.

c) Writing a complete sentence with a topic sentence

이와 같이 먼저 브레인스토밍을 통하여 관련 아이디어들의 목록을 작성하고, 이를 토대로 주제문을 보완하여 완성한다. 주제문이 완성되면 주제문의 핵심어를 중심으로 앞서 배운 방법대로 지지문장(본론)을 전개하여 나가면 된다. 끝으로, 결론문장은 주제문을 재진술하거나 단락의 주요 내용을 요약하여 마무리하면 정의 단락의 글을 완성할 수 있다.

*** Topic** **Hurrican**

*** Topic sentence** A hurricane is a dangerous storm that features high winds and heavy rains.

A hurricane is a dangerous storm that features high winds and heavy rains. In addition, areas along the coast may experience a tidal surge that can flood whole towns. Hurricanes in the Atlantic Ocean occur mostly between April and November. However, the months which have the most hurricanes are August and September. Modern technology has now made it possible for people who live in a given area to known in advance if there is danger of a hurricane striking their region. However, this was not always the case for example, a hurricane that surprised the residents of Galveston, Texas, in 1900 resulted in thousands of deaths. Though we know much more about hurricanes now and can their movements, hurricanes continue to be one of the most dangerous weather phenomena. (Great paragraphs: p 92)

3) Topic = Seward's Folly

*** Topic sentence** A folly is a costly action that has a bad or an absurd result.

A folly is a costly action that has a bad or an absurd result. Did you know that the purchase of Alaska, which is the largest oil-producing state in the United States, was once considered a folly? In fact, Alaska was called "Seward's Folly." This name refers to Secretary of State William Seward, who convinced Congress that buying Alaska from Russia in 1867 was a good idea. At that time, many Americans thought it was a waste of money to buy a cold, barren land for several million dollars. However, they were wrong. Alaska is not a cold, barren place all the time, and it was not a waste of money. Large amounts of gold and other minerals have been found in Alaska. Alaska is an important source of oil for the United States. In addition, thousands of people visit Alaska each year to see the natural beauty of the state. The purchase of Alaska in 1867 may have seemed like a bad decision at that time, but today we know that buying Alaska was certainly not a folly. (Writing academic English p 250)

?! Questions

① What is a topic sentence?

(a proper answer) = A folly is a costly action that has a bad or an absurd result.

② What is an adjective clause in a topic sentence?

(a proper answer) = that has a bad or an absurd result.

③ What is a writer's opinion about the topic?

(a proper answer) = ?

④ Are supporting sentences well connected with a topic sentence?

(a proper answer) = (yes)

⑤ What is a concluding sentence?

(a proper answer) = The purchase of Alaska in 1867 may have seemed like a bad decision at that time, but today we know that buying Alaska was certainly not a folly.

[참고] 이상에서 공부한 정의단락의 특징을 말한다면, 어떤 사물의 본질적인 속성이 어떠하다는 것을 정확하고 명백하게 밝혀 규정(정의)하는 글을 말한다. 따라서 정의단락을 쓸 때 작가의 목적은 "What something is. (어떤 것이 무엇이다.)" 또는 "What something do. (어떤 것이 어떠하다.)" 라는 것을 독자들에게 정확하게 설명하고 전달해야 한다. 특히, 주제문을 비롯하여 어떤 사물을 설명하고 규정하는 형식의 글이므로 은 형용사절(관계대명사절)이 많이 쓰인다 것이 다른 단락과 크게 다른 점이라고 할 수 있다. 정의 단락은 과학 논문이나 언어학 또는 신학 등의 논문을 작성할 때 자주 사용된다.

1. What is a descriptive paragraph?

A descriptive paragraph gives an impression of something. It describes how something or someone looks or feels. So when you describe something, such as a beach or a garden, you create a picture with words for your readers.

우리말 설명

■ 묘사(서술)단락은 작가가 어떤 대상(사물이나 사람 또는 현상)을 보고 인식한 것을 서술하는 글을 말한다. 따라서 작가들은 대개 감각(오감)을 통해 느낀 점을 독자들에게 보여주고자 한다. 묘사단락을 쓸 때, 좋은 작가는 오감(five senses), 즉 sight(시각), hearing(청각), touch(촉각), smell(후각), taste(미각), 그리고 특히, feeling / emotion(정서 / 감정)적으로 떠오르는 impression(인상), 심지어 intuition(직관), imagine(상상) 등을 통한 다양한 인식작용으로 어떤 대상(사물이나 사람 또는 현상)을 서술한다. 그런 점에서 묘사단락은 사물의 본질적인 속성에 관하여 설명하는 정의단락과는 분명히 다른 의미를 가지고 있다. 정의단락과 묘사단락의 차이점은 어떤 사물의 속성을 있는 그대로 설명(정의)을 하느냐, 아니면 어떤 사물에 대해 인식한 것을 개인의 감정이나 생각을 서술하느냐에 있다. 그리고 definition paragraph(정의단락)와 descriptive paragraph(묘사단락)은 광의적으로 Expository paragraph(설명문 단락)에 포함된다고 할 수 있다. 물론 엄밀히 따지자면 설명문노 한 패턴으로 따로 정리 할 수 있겠지만, 여기서는 정의-묘사단락에 설명문을 포함시키기로 한다.

■ 묘사의 글에도 두 가지 종류가 있다. 즉, Expository description(설명적인 묘사)와 Suggestive description(암시적인 묘사)이다. 먼저 설명적 묘사

는 작가가 서술하고자 하는 대상을 객관적, 논리적이면서도 체계적으로 reason[logical mind](이성)에 호소하면서 독자의 이해를 돕는다. 한편, 암시적인 묘사는 대상에 대한 illogical(비논리적)이면서 감각적, 감정적 표현으로 섬세하면서도 생동감 있게 표현함으로써 독자가 간접적인 체험을 하는데 도움을 주게 된다.

2. Two kinds of descriptive paragraphs

1) Expository description(설명적인 묘사)

설명적인 묘사는 대개 사물의 외형에 관점을 둔 시각적 묘사와 가깝다. 작가가 어떤 사물의 형태를 보고 느낀 점을 묘사할 때 설명적인 묘사를 사용하게 된다.

❶ From his appearance he seems very wealthy.

❷ Her appearance is like a rose flower.

❸ The abbey was surrounded by a peristyle reminiscent of the Parthenon.
그 수도원은 파르테논 신전을 연상케 하는 열주 식 안뜰로 둘러싸여 있었다.

2) Suggestive description(암시적인 묘사)

암시적인 묘사는 사물의 외형이 아니라 내면묘사, 즉 인물의 심리나 감정상태 등 겉으로 보이지 않는 부분의 느낌을 그려내는 것을 말한다.

a) She had a look expressive of happiness.
그녀는 행복을 나타내는 표정을 하고 있었다.

b) The moment I saw the white porcelain, "Dalhangari", I had a feeling that a full moon was high in the sky.
백자 달 항아리를 보는 순간, 나는 둥근 보름달이 하늘 가운데 높이 솟아 오른 느낌을 받았다.

c) His negative experiences include anger, stress, sadness, physical pain, and worry.
그의 부정적 경험에는 분노, 스트레스, 슬픔, 신체적 고통, 걱정을 내포하고 있습니다.

3. Adnominal words and clauses

묘사단락의 글은 대상을 서술하는 것이 글의 주조를 이루므로 명사를 수식하는 Adjective(형용사), 또는 명사 뒤에서 꾸며주는 Relative pronoun(관계대명사절) 등의 수식하는 어구와 절 등이 많이 사용된다. 따라서 정의단락에서 주제문에 주로 핵심어를 정의 또는 설명하는 형용사절을 이루고 있는 것과는 약간 comparison(비교)를 나타낸다.

1) A kind of adjectives(형용사류)

명사를 수식하는 형용사류는 다음과 같다.

a) Attributive(한정형용사)

Ex) We need a radical reform of the NIC.
우리는 국정원의 근본적인 개혁이 필요하다.

They make use of the latest information available.

b) Predicative(서술형용사)

Ex) She is always late for school.
I am afraid of snakes.

c) Present participle(현재분사)

Ex) Who is that man wearing an exotic hat?
I saw him snatching a handbag and running.

d) Past participle(과거분사)

Ex) He acted like one overwhelmed.
The woman invited at the party was very beautiful.

e) Infinitive(부정사의 형용사적 용법)

Ex) She was the first woman to reach the party.

There are many sights to see there.

2) Adnominal clause(수식절/ 형용사절)

명사를 수식하는 절은 다음과 같다.

a) Relative pronoun(관계대명사)

Ex) He picked up the man who he thought was honest.

That beautiful woman who comes from New York is my wife.

b) Relative adverb(관계부사)

Ex) I like to climb the mountain where there are lots of trees.

The reason why she was absent was very sick yesterday..

c) Appositive clause(동격 명사절 및 동격 명사)

Ex) The fact that she is honest is known to everybody.

Miss Kim, a pharmacist, is my daughter.

4. The examples of a descriptive paragraph

묘사단락을 쓰는 방법을 쉽고도 구체적으로 배우기 위하여 다음 묘사단락에 대한 몇 개의 예문을 읽고 공부하기로 한다.

| Model 1 |

*** Topic** **Danger from the Sky**

The long slender tornado began to descend from the swirling clouds. When the deadly funnel finally touched the ground, pieces of debris were hurled through the air. The tornado ripped the roof from an old house and threw the contents of the home across the neighborhood. All the while, the tornado's ferocious winds roared like a wild beast. It was hard to believe that something that looked so delicate could cause so much destruction. (Great paragraph: p 116)

| Explanation(해설) |

이 단락의 글은 토네이도가 급습하는 위험한 장면을 포착하여 모든 움직임(동작)을 매우 현실감 있게 묘사하고 있다. 주제문은 밑줄 친 첫째 문장이고 결론은 마지막에 밑줄 친 문장으로 지지문장이 마치 한 폭의 그림과 같이 표현된 묘사문의 한 단락이다. 따라서 이 글은 설명적인 묘사의 글에 대한 사례를 잘 보여주고 있다. 글의 시제는 과거형을 사용하고 있다. 이 글은 오감 중에서 다음 두 가지, 즉 sight(시각)과 hearing(청각)을 사용하고 있다.

?! Questions

① What are the five senses?

(proper answers)

Sight(시각) : the swirling clouds(회전하는 구름) / touched the ground(지면을 급습하는) pieces of debris were hurled(부스러기 조각들이 빨려 들어 갔다) / ripped the roof(지붕을 찢어버리고) / 물건들을 날려버렸다 등

Hearing(청각) : roared like a wild beast(무서운 맹추처럼 포효했다)

Touch(촉각) : nothing / Smell(후각) = nothing / Taste(미각) = nothing / Emotion and Intuition(감정 및 직관) = nothing:

② Are there adjectives in the paragraph?

(proper answers)

Adjectives(형용사) = long / slender / old / swirling / deadly / ferocious / hard / delicate.

| Model 2 |

*** Topic** **Coming Home**

My first trip to my ancestral hometown of Chania in Greece gave me a feeling of total peace. On the morning I arrived, the town was deserted. From my window overlooking the port, I could see a freighter off in the distance. I imagined my grandfather working as a cabin boy on a ship just like that one. On my right, the sun was streaming in through the white lace curtains fluttering in the early morning breeze. At this time of the day, it was still a friendly sun and as bright and cheerful as my grandfather said it would be. It shone on the wooden boat pulled up on the beach below, making their pink, purple, green, and yellow colors stand out in contrast to the white sand. On my left, the harbor road curved around to the lighthouse at the tip of the peninsula. I realized that this was the same lighthouse where my great-grandfather had worked all his life. Not a car could be seen on the road, and not a single sound broke the stillness of the morning. The merchants, such as my great-aunt, had not yet opened their ocean-blue shutters, and the cafe chairs were still stacked on top of the tables with their legs pointing up to the endless sky. <u>I had a serene feeling of being at home in a place I'd never been before</u>. (Writing to communicate: p 6-7)

| Explanation(해설) |

이 단락은 작가가 처음 여행한 조상의 고향을 보고 느낀 것을 묘사하는 글이다. 주제문은 밑줄 친 첫 번째 문장이고, 결론문장은 마지막에 밑줄 친 문장이다. 주제문의 핵심어를 중심으로 지지문장을 잘 전개하고 있으며, 결론문장도 주제문을 재진술하면서 잘 마무리하고 있다. 작가는 조상의 고향마을을 한마디로 압축하여 평화로움으로 묘사하고 있다. 즉, 모든 것이 정지된 듯한 조상 마을의 정경을 고요를 넘어 적막함으로까지 표현하고 있다. 이 글은 주로 작가의 느낌을 묘사하는 형식으로 글을 전개하고 있다. 또한 이 글은 오감 중에서도 sight(시각)과 느낌(feelings) 등을 주로 사용하고 있다.

?! Questions

① What are the five senses?

(proper answers)
Sight(시각) = so many times
Feelings / Emotion, and Intuition and imagine = a feeling of total peace as bright and cheerful as my grandfather said it would be / such as my great-aunt
Touch(촉각) = nothing
Smell(후각) = nothing
Taste(미각) = nothing
Hearing(청각) = nothing

② Are there adjectives in the paragraph?

(proper answers)
Adjectives(형용사) = ancestral / total / deserted / overlooking(present participle) / working(present participle) / white / fluttering(present participle) / friendly / bright / cheerful / wooden / pulled(past participle) / pink / purple / green / yellow / curved(past participle) / single / ocean-blue / pointing(present participle) / endless / serene /

| Model 3 |

*** Topic** **Riding the train to New York**

I saw the world from a new perspective when I rode a train for the first time. My friend and I waited in the railway station with people going home from work. We must have looked like students with our jeans and backpacks. I smelled perfume and cigars in the crowd as they walked by us to board the train into the city. People were fairly polite when they stepped up to board the train into the city, with no pushing or shoving. I noticed that most people were carrying briefcases and wore tan trench coats with suits underneath. After we found empty seat, we put our backpacks on the metal shelf above us and sat down. The seats felt surprisingly soft and roomy, and we enjoyed relaxing in them. Through the window, we watched small billboards speed past us that advertised Broadway shows, designer clothes, and cigarettes. Then, my friend and I looked around the train car and listened while some businessmen spoke in loud, booming voices. They shared jokes and stories about their workday. As the ride went on, some passengers fell asleep or read newspapers, while others got on and off at stations. Finally, the train came out of the tunnel, and we saw fewer trees and more people and buildings on these streets than in our hometown. This first train ride certainly nothing like our bus rides home from school. (Blueprints 1: p 42)

Explanation(해설)

이 단락의 글은 밑줄 친 첫 문장이 주제문이고, 밑줄 친 마지막 문장이 결론이다. 결론은 주제문을 재진술하면서 본론을 요약하며 마무리하고 있다. 그리고 지지문장(본론)은 주제문의 핵심어와 관련하여 처음 열차를 타면서 보고 느낀 현상들을 있는 그대로 묘사하고 있다. 여기서는 주로 sight(시각), hearing(청각), smell(후각), Touch(촉각) 등을 이용하여 묘사단락을 전개하고 있다. 묘사 단락은 수필이나 기행문 또는 일기체 등에서 자주 사용될 수 있다. 특히 대입수능 영어에서 출제되는 "필지의 심경"을 묻는 문제 등에서도 자주 나타난다.

?! Questions

① What are the five senses?

(Proper answers)
Sight(시각) = so many times
Hearing(청각) = Speak in loud/ booming voices/ jokes and stories
Smell(후각) = smell perfume and cigarette(향수 및 담배 냄새)
Touch(촉각) = feel soft
Feelings, Emotion, and Intuition and Imagine
Taste(미각) = nothing

② Are there adjectives in the paragraph?

(Proper answers)
Adjectives = new / many / polite / empty / soft / roomy / high / asleep / fewer

1. What is a Narrative Paragraph?

Narrative paragraph tells a story to readers. It can be fun to write because writers tell a story or relate an event. So this paragraph has a beginning, a middle, and an ending. Whenever people go to a movie or read a fiction book, they are looking at a narrative. Narrative paragraphs often describe events from the writer's life. Anyway, the most important feature of a narrative paragraph is that it tells a story.

우리말 설명

■ 이야기 단락이란 어떤 사건이나 경험, 생각 등에 대하여 줄거리(a story)를 잡아 글을 쓰는 것을 말한다. 자칫 묘사단락과 혼동을 일으킬 수도 있으나, 사실은 구분이 명확하다. 앞서 배운 정의-묘사-이야기 단락은 모두 무엇을 표현하고 설명한다는 점에서는 서로 유사한 부분이 있지만 본질적으로 다른 요소를 내포하고 있다.

■ 특히, 정의단락이 어떤 것에 대한 본질의 속성만을 주로 나타내고 설명하는 것에 비해, 묘사단락은 무엇이 어떠하다는 느낌이나 인상에 대한 것을 설명하고, 이야기단락은 줄거리(a story)를 가진 이야기를 표현한다는 점에서 서로 다른 점을 가지고 있는 것이다. 그런데도 어떤 작가들은 종종 묘사와 이야기 단락을 하나로 묶기도 한다. 이는 무엇이 또는 어떤 상황이 어떠하다는 것을 기술하는 것이기 때문이다. 하지만 중요한 것은 이야기단락은 반드시 어떠한 사건(events)에 대한 이야기(a story)를 가지고 있다는 것이 묘사 단락과 다른 점이다.

2. The basic structure of a Narrative paragraph

1) 이야기 단락의 기본구성

이야기 단락은 묘사와 단락과는 달리 이야기의 시작(a beginning), 즉 주제문(대개 배경)과 서론(introduction), 중간(middle), 그리고 끝(ending)의 분명한 four steps(네 가지 단계)를 가지고 있다. 우리가 영화를 보러 가거나, 소설책 등을 읽을 때는 언제나 이야기단락을 접하게 된다. 이야기단락은 종종 작가의 인생을 묘사할 때도 있다. 결론적으로 이야기를 전해주는 이 단락은 독자들에게 재미를 전해주거나 정보나 지식 등을 알려주는데, 이러한 면이 묘사와는 또 다른 점이기 때문에 대개 구별을 지어 설명한다.

2) 이야기 단락의 구성을 압축하면 다음과 같다

First step = 이야기 단락의 배경이야기(= 주제문, 대개 background story)
Second step = 이야기 단락의 서론(introduction)
Third step = 이야기 단락의 본론(middle)
Fourth step = 이야기 단락의 결론(ending)

이처럼 이야기 단락의 특징은 네 가지로 단계로 구성되는 데, 단락을 쓰기를 시작하면서 먼저 배경이야기(background story)를 던지게 된다. 그리고 이 배경이야기가 바로 일반 단락의 주제문장의 역할을 하고 있다. 따라서 작가는 이 배경이야기, 즉 주제문장을 통해 무슨 이야기를 할 것인가를 암시하고 독자들의 궁금증을 자아내게 만들기 때문에 첫째 단계인 배경이야기가 매우 중요하다. 개인의 일상 생활이나 여행 등에서 보고 느낀 소중한 경험이나 교훈 등을 다음 내용을 전달할 때 작가는 대개 이야기 단락으로 글을 쓰게 된다. 대입 수능 영어시험에 출제되는 "복합 문단의 이해"는 모두 이야기 단락이므로 여기서 공부해두면 많은 도움이 된다.

3. The examples of a Narrative Paragraph

이야기단락을 쓰는 방법을 쉽고도 구체적으로 배우기 위하여 다음 이야기단락에 대한 몇 개의 예문을 읽고 공부하기로 한다.

Model 1

***Topic** **One day in a Kindergarten Class**

I learned a lot about planning and organizing a kindergarten class during my observation day at Matell Park Elementary School last November, At 8:00 a.m., Mrs. Anderson, the teacher, welcomed me and proudly showed me her classroom. (Background of story[topic sentence])
Before the students arrived, I helped her arrange the low tables and chairs for that day's groups. At 8:15, she opened the door and let the 30 five-year-olds inside. They quietly put their book bags away and went to sit down in a circle. Then, Mrs. Anderson greeted each child by name and asked the group what day, and month it was. After this, they all counted together how many days they had been in school so far. Next, she called out the names of the students and told them where to sit. (Beginning of story)
At this point, her aide arrived and started helping one group with an assignment in tracing letters. Each group of five children had a different job to do. After group time, they all went to the computer room, where they practiced drawing shapes on the computer. Next was music time, and the children clapped their hands and sang a few songs. Following this, they went outside for a snack while Mrs. Anderson and I set up the room for art. When the children came back in, they were allowed to choose which art activity they wanted to do, and they went to the tables they chosen. The final part of the day was story time, when Mrs. Anderson read

two stories. (Middle of story)
Because of her excellent organization of both the room and the time, Mrs. Anderson taught me that 30 children can indeed learn, cooperate, behave politely, and enjoy themselves all at the same time. (End of story)
(Writing to Communicate: p 5-6)

Explanation(해설)

(1) 이 이야기 단락(글)의 배경이야기(주제문)은 주인공인 내가 한 유치원에 관찰자로 참여하여 경험한 것에 대한 이야기를 담고 있다. 대개 주요 행위는 주제문 다음, 즉 서론에서 시작된다. 그리고 모든 이야기단락이 반드시 행위만을 포함하는 것은 아니다. 또 다른 이야기단락들은 문제점이나 갈등 등에 대한 내용을 가질 수도 있다.

(2) 이야기 단락의 서론은 주요 행위(문제점 또는 사건)를 가지고 시작된다. 주인공인 나는 학생들이 오기 전에 담임 선생님을 도와 테이블을 정리한 뒤에 다섯 살짜리 30명의 아이들이 들어와 자리를 잡고 앉자 선생님은 수업준비를 마치고 출석을 부르고 있다.

(3) 본론에서는 주요 행위(문제점 또는 사건)는 무엇이며, 또한 어떤 일이 발생했는지를 이야기하고 있는데, 수업준비가 완료되자 보조교사가 들어왔고, 그는 아이들을 그룹별로 나누는 것을 도와 각각 5명이 한 그룹이 되도록 했다. 그리고 첫째는 컴퓨터실에서, 그리고 다음에는 음악실에서, 마지막에는 이야기 시간으로, 하루 일과를 마치는 것을 보고 경험했다.

(4) 결론에서는 관찰자인 나는 안데르센 선생이 교실과 시간을 매우 잘 편성하는 하는 것을 보고 30명의 어린 아이들이 정말로 잘 학습할 수 있다는 것을 배우고 경험했다. 아이들은 한결같이 예의 바르게 협력하고 행동하며 수업시간 내내 그들 스스로 만족하는 것을 봤다.

❙Model 2❙

*** Topic** **Speech**

I never thought I could do it, but I finally conquered my fear of public speaking.
(Background of story[topic sentence])

My English teacher gave the assignment(to speak for three minutes in front of my class) at the beginning of the semester, and I worried about it for to months. I have always been afraid of making a speech in public. I wrote all of my ideas on note cards. I practiced my speech with my notes in front of a mirror, in front of my dog, and in front of my husband. Would I be able to make my speech in front of my class? (Beginning of story)

When the day of my speech came, I was ready. As I reached the podium, I looked at my audience and smiled. Then, I looked down at my note cards. At that moment, I realized that I had the wrong information. These were the notes for my biology test, not the information about my speech! I closed my eyes and took a deep breath. Suddenly, I began the speech. To my surprise, the words flowed from my mouth. (Middle of story)

Three minutes later, it was over. Everyone applauded my speech that day, and I left the podium feeling like a winner. (End of story)
(Great paragraphs: p 142)

❙Explanation(해설)❙

(1) 이 단락(글)의 주제문장은 주인공인 내가 평소 두려워해오던 연설을 극복한 것에 대한 이야기를 담고 있다. 대개 주요 행위는 주제문장 다음, 즉 서론에서 시작된다. 그리고 모든 이야기단락이 행위만을 포함하는 것은 아니다. 또 다른 이야기단락들은 문제점이나 사건(갈등) 등에 대한 내용을 가질 수도 있다.

(2) 이 단락의 서론은 주요 행위(문제점 또는 사건)를 가지고 시작된다. 주인공은 학급 동료들 앞에서 연설을 해야 하는데, 평소에 이 연설을 매우 두려워하고 있다. 하지만 이 두려움을 극복하기 위해 세 가지 다른 상황에서 연설 연습을 하는 것으로 서론을 마친다.

(3) 본론에서는 주요 행위(문제점 또는 사건)는 무엇이며, 또한 어떤 일이 발생했는지를 이야기하고 있는데, 주인공은 실제상황, 즉 학급에서 연설을 하려고 준비했을 때 발생한 문제, 연설 카드가 바뀌어 생물시험을 준비한 노트카드를 들고 나와 순간 당황했지만 이를 잘 극복한 이야기를 담고 있다.

(4) 결론에서는 평소 열심히 준비를 했기 때문에 연설 노트 없이도 이를 잘 극복해 냄으로써, 행복한 결말을 맺는 것으로 마무리를 한다. 그리고 주인공은 여기서 여러 사람 앞에서 연설을 할 수 있다는 자신감을 배우게 된다.

| Model 3 |

*Topic The Trick That Failed

Twin brothers Freddie and Felix often played tricks at school. // One day they decided to try to cheat on a French exam. Freddie was very good at learning languages and was always the best student in both Spanish and French. Felix, however, excelled in mathematics. He was not interested in languages at all. When Felix discovered that he had to take a standardized exam in French, he asked his brother for help. // The day of Felix's test, they met in the boys' restroom during lunch and switched clothes. Freddie went to his brother's French class and took the test for him. Meanwhile, Felix followed Freddie's schedule. After school, the twins laughed about their trick and headed home. As they entered the house, their mother called them into the kitchen. She was furious! She had received a phone call from the school principal. The French teacher found out about the trick! "How did he know?" cried Felix. "Easily" replied his mother. "Everyone at the school knows that one obvious difference between you and your brother is that you are right-handed and Freddie is left-handed. While the French teacher was grading the tests, he noticed that the check marks on the test were made by a left-handed person." // Felix and Freddie got into a lot of trouble that day, but they learned a valuable lesson—and they never cheated again. (Great paragraphs: p 156)

?! Questions

① Write a topic sentence with controlling ideas.

② Write supporting sentences for the beginning of story.

③ Write supporting sentences for the middle of story.

④ Write the end of the story.

⑤ Explain each story.

| Model 4 |

* Topic My trip to Mexico City

(These sentences form a narrative of a personal experience with death. Read the sentences and number them from (a) to (g) to indicate the best order.)

a) At 7:18 the next morning, a severe earthquake measuring 8.1 on the Richter scale hit Mexico City. I was asleep, but the violent movement of my bed from side to side woke me up. Then I could hear the rumble of the building as it was shaking. 4

b) As I tried to stand up, I could hear the stucco wall of the building cracking. I was on the third floor of a six-story building, and I thought the building was going to collapse. I really believed that I was going to die. 6

c) I flew to Mexico City on September 17. The first two days were uneventful. 2

d) My trip to Mexico City in September 1985 was not my first visit there, but this unforgettable trip helped me realize something about life. 1

e) I visited a few friends and did a little sightseeing. On the evening of the eighteenth, I had a late dinner with some friends that I had not seen in several years. It was a very peaceful evening. 3

f) In the end, approximately 5,000 people died in this terrible tragedy, but I was lucky enough not to be among them. This unexpected disaster taught me that life can be over at any minute, so it is important for us to live every day as if it is our last. 7

g) When I looked at my room, I could see that the floor was moving up and down like water in the ocean. Because the doorway is often the strongest part of a house, I tried to stand in the doorway of the bedroom, but I could not even stand up. 5 (Great paragraphs: p 148-149)

?! Questions

① After reading sequencing sentences, correctly arrange them.

② Write a topic sentence with controlling ideas.

③ Write supporting sentences for the beginning of story.

④ Write supporting sentences for the middle of story.

⑤ Write the end of the story.

⑥ Explain each story.

(A proper answer is d-c-e-a-g-b-f.)

[참고] 한 단락의 문장을 복잡하게 흩어놓고 바르게 문장을 배열하는 것을 찾는 것은 쉽지가 않다. 하지만 먼저 주제문을 찾으면 문제 해결이 가벼워진다. 주제문은 앞서 배운 것처럼, 작가가 글을 쓰고자 하는 계획을 담고 있다는 점을 염두에 두면 찾기가 쉬울 것이다. 주제문을 찾으면 주제문의 핵심어를 중심으로 문장을 배열해 나가면 그렇게 어려운 것은 아니다.

1. What is a Process Paragraph?

A process analysis paragraph shows a logical progression of stages that lead to a finished product or end result. A writer lists or explains the steps in chronological, or time, order. Special time words or phrases allow the writer to tell the reader when a particular step occurs. The process analysis paragraph ends with a specific result like the best way.

So, readers are very familiar with a common kind of process analysis writing: recipe. For the result to be a success, the steps in a recipe must be clear, in the correct order or time. In academic writings, process analysis paragraphs are commonly used in science classes and labs, information technology courses, and many other disciplines.

우리말 설명

- 과정(분석)단락이란 종종 어떤 "방법(how-to)"을 가르치는 단락을 말한다. 어떤 방법이나 행위를 과정을 통해 독자들을 안내한다. 묘사나 서술적인 단어를 사용하지 않고 구체적이고 명확한 시간과 관련한 단어나 어구를 쓴다. 그리고 분명히 다음에 일어날 행위를 설명할 시간의 순서에 따라 사실(facts)나 세부항목(details)을 제시한다. 그리고 특정한 결과, 즉 어떤 해법을 가지고 결론을 맺는다.

- 과정분석단락은 뭔가를 어떻게 할 것인가를 놓고 적절한 방법이나 계획 등을 정확한 순서에 따라 설명할 때 주로 사용된다. 즉 소총을 분해 및 조립하는 방법이나 지진이 어떻게 발생하는가와 같은 것을 설명할 경우, 우리는 그 순서나 사건에 관해 말하기 위하여 진행 과정을 사용한다.

따라서 과정분석 단락은 이러한 순서(차례)의 과정을 설명하는 문장의 그룹을 말한다.

또한 매운탕을 끓이거나 비빔밥을 요리하는 것과 같이 어떤 요리의 방법을 설명할 때도 그 단계를 순서대로 정확히 설명해야 하며 무엇보다 간결해야 한다. 특히, 학문적 환경에서 과정분석의 글을 쓴다는 것은 일반적으로 과학수업이나 실험실, 정보기술 과정, 그리고 다양한 연습이나 훈련 등에서 자주 사용된다.

2. Three features of a process analysis paragraph

1) Chronology(시간순서)

모든 행위는 하나 둘 셋의 단계 적인 방법으로 설명을 하게 된다. 단계적인 방법이란 하나의 행위가 이루어지고 나면 다음에 어떤 것을 해야 하는 가를 순서대로 설명하는 것을 말한다.

2) Clarity(명확성)

지시나 설명은 분명하고 간결한 말로 해야 한다. 만약 올바르게 글이 구성이 된다면, 과정분석단락은 묘사나 주관적인 언어로 표현되지 않을 것이다. 또한 개인의 견해가 들어있는 문장들을 피해야 한다.

3) Explanation(설명)

이 과정분석 단락은 어떻게 특정한 결과가 성취될 수 있는가를 정확하고 분명하게 설명해야 한다. 따라서 주관적인 설명이 아니라 객관성과 논리성, 합리성을 가지고 있어야 한다.

3. The examples of a process analysis paragraph

(예문을 보면서 과정분석단락 배우기)

Model 1

*** Topic** **Scrabble**

*** Topic sentence** Scrabble is my favorite game, but it is not an easy one, so I will explain the rules.

Scrabble is my favorite game, but it is not an easy one, so I will explain the rules. First of all, Two to four people can play. Each player takes seven letters. Your letters might be A, S, T, E, B, P and L. Second, you can spell many words with these letters. You can spell TABLE with five of them, and you can spell LAP, LET, SAT, BAT, and others with three of them. But you cannot use names of persons, countries, or cities. Third, each player spells a word on the board and then takes new letters to replaces the used letters. Finally, you have to be careful. Some letters are worth more points than others. For example, A, E, L, S, and T count one point each. B and P count three points each. The number of points can be different for words with the same number of letters. SAT will give you only three points, and BAT will give you five. TABLE will give you seven points: earn more points, and you might win the game. At the end of the game the players add up their points. The one with the most points wins. (Lado English Series, book 3: p 70)

Explanation(해설)

이 단락의 Topic sentence(주제문)-supporting sentences(본론)-a concluding sentence(결론문장)으로 잘 짜여 있어, 일반 단락의 세 가지 구성요건을 갖추고 있다. 지지문장들은 다소 복잡한 게임의 룰(방법)을 간결하면서도 쉽게 한 단계 한 단계 설명하면서 글을 전개하고 있다. 마지막으로 결론문장은 전개한 본론 문장을 토대로 게임의 승리자가 되기 위한 해법을 제시하면서 마무리하고 있다.

?! Questions

① What is a topic sentence?

(Proper answers) = Scrabble is my favorite game, but it is not an easy one, so I will explain the rules.

② 이 단락의 전개는 어떻게 진행되고 있는가?

(Proper answers) = 간결하면서도 쉬운 방법으로 단계별로 게임 룰을 설명하고 있다.

③ 지지문장들이 모두 주제문과 연결되어 있는가?

(Proper answers) = (yes)

④ What is a concluding sentence?

(Proper answers) = At the end of the game the players add up their points. The one with the most points wins.

⑤ What games do you like to play? If so, can you explain them like this way?

(Proper answers) = 각자 써보기 :

| Model 2 |

*** Topic** **Polygraph Testing**

*** Topic sentence** Many people know the terms polygraph and lie detector test, but many are not familiar with how this test actually works.

Many people know the terms polygraph and lie detector test, but many are not familiar with how this test actually works. The test uses a process that analysis the physiological reactions in a person's body while he or she answers questions. First, a device called a pneumograph is attached to a person's chest to record breathing patterns. Any abnormalities in respirator patterns are recorded during an official interview. Next, a machine similar to those used in doctor's offices is attached to the person's upper arm to measure blood pressure. During this part of the polygraph test, the pulse and changes in blood pressure and heartbeat are recorded. Finally, skin responses are used as part of the lie detection examination. Usually, the tips of a person's fingers are attached to electrodes. An abnormal amount of sweating is an indicator that the person may be lying. After the preceding steps have been followed, polygraph experts analyze the result. From the data, the experts may conclude that the person is telling the truth, or they may decide that the person is probably lying. (Blueprints 1: p 67)

| Explanation(해설) |

이 단락의 과정분석을 보면 글의 구성은 주제문-본론(지지문장들)-결론문장으로 짜여 있고 일반 단락의 세 가지 요건도 잘 갖추고 있다. 본론 문장은 거짓말 탐지에 대한 네 가지 방법을 간결하게 잘 설명하고 있고 결론은 이들 단계를 분석하여 내리고 있다.

?! Questions

① 이 단락의 주제문은?

(Proper answers) = 많은 사람들은 거짓말 탐지기와 거짓말 탐지 테스트를 알고 있지만, 실제로 이 테스트가 어떻게 행해지고 있는지에 대해서는 잘 모르고 있다.

② 이 글의 전개는 어떻게 진행되고 있는가?

(Proper answers) = 거짓말 탐지기를 어떤 방법으로 사용하는 거짓말을 탐지해 내는가를 탐지 방법을 네 가지 단계로 나눠 설명하고 있다.

③ 지지문장들이 모두 주제문과 연결되어 있는가?

(Proper answers) = (yes)

④ 결론은 본론의 단계들을 토대로 종합하여 거짓말을 판단하는 것으로 맺고 있다.

| Model 3 |

*** Topic** **Experiment**

(The following sentences make up a paragraph. Number them from (a) to (j) to indicate the best order. In addition, add commas where necessary. Hint: There are five mistakes. Read the sentences and number them from (1) to (10) to indicate the best order.)

a) First put the water and the plants in the jar.

b) One week later check the fish.

c) The fact that the fish is still alive shows that oxygen was added. If you look carefully at a plant stem when it is in sunlight, you can see the tiny bubbles of oxygen escaping from the plant.

d) When you do this be sure to leave about an inch of empty space.

e) Keep the jar in a cool place indoors, but be sure that it receives some direct sunlight for a few hours each day.

f) When you are sure that the water in the jar is at room temperature add the fish.

g) Here is a simple science experiment that proves that plants produce oxygen.

h) For this experiment, you will need a clean quart jar with a tight lid, some tape, a goldfish, some water, and a few plants.

i) Put the lid on as tightly as you can.

j) After that wrap the lid with several layers of tape so that you are sure no air can pass through it. (Great paragraphs: p 108-109)

?! Questions

① After reading sequencing sentences, correctly arrange them.

② Write a topic sentence with controlling ideas.

③ Write supporting sentences.

④ Write a concluding sentence.

⑤ Where are the comma's places.

(Correct answers:)

1) g-h-a-d-f-i-j-e-b-c.

2) Here is a simple science experiment that proves that plants produce oxygen.

3) Supporting sentences are h, a, d, i, j, e, b.

4) The fact that the fish is still alive shows that oxygen was added. If you look carefully at a plant stem when it is in sunlight, you can see the tiny bubbles of oxygen escaping from the plant.

5) a, b, d, f, j 문장 속에 각각 comma를 넣어야 한다.

1. What is a Comparison and Contrast Paragraph?

In a comparison and contrast paragraph, you explain the similarities and the differences between two items. You might write about two people, two ideas, two items, or two things. To compare them, you explore both their similarities and differences. A comparison then can include the things that are the same and the things that are different. If you contrast the two things, you include only the differences between them.

Comparing and contrasting are strategies that help to explain and analyze people, ideas, or things. You can use the skills of comparing and contrasting in many aspects of your lives. Especially, in an academic setting you might need to decide which of two theories or ideas you agree with. Therefore, in academic courses you will often be asked to write comparison and contrast responses to paragraph or essay questions.

1) "Comparison(비교)"라는 말은 대개 두 사물이 얼마만큼 비슷한가를 보여주는 데 쓰고, "Contrast(대조)"라는 말은 두 사물의 다른 점을 주로 지적해서 서로 어떻게 차이가 나는가를 드러내는 데 쓴다. 비교와 대조는 반드시 같이 쓰이지는 않는다. 사안에 따라서 비교만을 또는 대조만을 써서 소주제문을 풀이할 수도 있다. 비교와 대조가 주된 구실을 하고 있는 경우에 우리는 이를 a Comparison and Contrast Paragraph이라고 한다.

비교 대조 단락에서는 두 사람, 두 아이디어, 두 개의 사물을 가지고 글을 쓰게 된다. 비교하고 대조를 하는 것은 사람, 아이디어, 아이템, 또는 사물을 설명하거나 분석하는 것을 돕는 전략이다. 그래서 우리의 삶 가운데서 다양한 양상에서 비교하고 대조하는 기술을 사용할 수 있는데, 특히 학문적 배경에서 비교/대조를 통하여 글을 쓰게 되는 경우가 흔하다.

Ex) 예를 들면, "말과 글"을 비교/대조할 경우에 우리의 생각과 느낌을 상대방에게 나타내거나 전달하는 표현수단이라는 점에서는 비슷한 바가 있다. 따라서는 이 때는 서로 Comparison(비교)을 할 수 있다. 그러나 다르다 점에서는 보면 하나는 소리를 수단으로 의사 전달 기능하고 다른 하나는 글자를 그 수단으로 의사 전달 기능을 하기 때문에 contrast(대조)를 할 수 있을 것이다.

2) 비교법과 대조법은 또한 어떤 모르는 사항을 이미 알려진 사항과 견주어서 설명할 때에 쓴다. 이를테면, 상대방이 잘 모르는 "곰바우"라는 아이를 설명하는 경우에, 이미 알려진 "철수"라는 아이와 견주어 비슷한 점과 다른 점을 일러주어 상대방으로 하여금 알아차리게 하는 경우에 이 비교 대조법이 쓰이게 되는 것이다.

Ex) 곰바우라는 아이는 네가 잘 아는 철수와 키가 비슷하고 얼굴 모습도 닮은 데가 있다. 그 눈이 샛별처럼 반짝반짝 하는 것도 그 둘은 같다. 또 말소리도 둘 다 굵다(Comparison: 비교). 반면, 곰바우는 철수보다 얼굴이 조금 검은 편이고 머리도 약간 짧게 깎고 다닌다. 또한 곰바우는 철수처럼 친구들과 어울려 다니지 않고 혼자 다니는 일이 많다(Contrast: 대조).

이렇게 잘 모르는 곰바우를 이미 아는 철수와 비교하고 대조하다 보면 "아, 그러한 애구나!" 하는 소리가 나오는 수가 있다. 비교와 대조는 이런 구체적인 설명의 효과를 거두고자 쓰이는 것이다.

3) 이밖에 차를 사고자 할 때 어떤 차를 살 것인가를 결정할 경우, 또는 사업분야에서 두 개의 주식이나 다른 투자기회를 고를 때, 학문적 배경이나 환경에서는 두 개의 이론 중에서 어느 것을 신댁할 것인가, 또는 두 개의 아이디어에서 어느 것에 동의를 것인가 필요로 할 것이다. 끝으로 대학의 강좌에서 비교 대조로 보고서나 연구서 등을 제출할 것을 자주 요구 받을 수 있을 만큼 중요한 글쓰기 유형이라고 할 수 있다. 따라서 비교 대조 단락이나 에세이는 SAT나 TOEFL에서 빈번하게 등장하는 매우 중요한 글쓰기의 한 방법이다.

2. The way of writing a Comparison Contrast

(비교 대조 단락을 구성하는 방법은 대개 다음 3가지로 나눌 수 있다.)

1) Comparison and Contrast Paragraphs

공통점(비교)과 차이점(대조)을 적절하게 논의한다.

a) Topic sentence : 비교 대상의 유사점과 차이점을 밝힌다.

b) Supporting sentences : 유사점과 차이점, 또는 차이점과 유사점을 밝힌다.

c) Concluding sentence : 유사점과 차이점을 이끌어내 주제문장을 재진술하거나 전체 글을 요약하여 글을 마무리한다.

2) Only Comparison Paragraph

주로 두 주제의 비슷한 점을 논의해야 한다.

a) Topic sentence : 비교 대상의 유사점을 밝힌다.

b) Supporting sentences : 비슷한 점만 비교 한다.

c) Concluding sentence : 비슷한 점을 재진술하면서 작가가 말하고자 하는 유사점의 장점을 주장하는 경향이 있다.

3) Only Contrast Paragraph

주로 두 주제 사이의 차이점에 초점을 맞춰 논의한다.

a) Topic sentence : 비교 대상의 차이점을 밝힌다.

b) Supporting sentences : 차이점만 말한다.

c) Concluding sentence : 두 주제의 차이점을 통해 작가가 말하고자 하는 주요 내용을 밝혀 주장 또는 강조하는 형식을 취하는 경향이 있다.

그리고 어떤 주제를 비교하거나 대조할 때, 비교나 대조 방법은 두 가지가 있다. 하나는 한 항목씩 비교 대조하는 방법(the point by point method)이고, 다른 하나는 비교 대조 대상을 한데 묶어 비교하는 덩어리 방법(the block method)이다. 대개 논리성과 명확성 때문에 과학적 사고 유형에는 대개 한 항목씩 비교하는 방식(the point by point method)을 주로 선택하는 경향이 있다. 반대로 수필과 같은 일반 산문에서는 비교 대조 대상을 덩어리로 묶어 쓰는 것이 일반적이다.

끝으로, 비교 대조 단락을 구성하고 계획하기 위해, 먼저 브레인스토밍을 통해 두 주제를 비교하거나 대조할 요점을 목록화하는 것이 중요하다. 만일 공통점과 차이점이 서로 엇비슷하면 공통점과 차이점을 논의하는 비교 대조 단락을 쓰는 것이 적절할 것이다. 또한 차이점보다 비슷한 점이 더 많다면 비교 단락을, 공통점보다 차이점이 많으면 대조 단락을 구성하는 것이 바람직하다.

3. The examples of a comparison contrast paragraph

| Model 1 |

*** Topic** **Football vs. Rugby**

*** Topic sentence** American football and rugby have more differences than similarities.

American football and rugby have more differences than similarities. For instance, football requires eleven players, whereas rugby requires thirteen to fifteen. Also, a football field is longer than a rugby field but is less wide. Football has four quarters of fifteen minutes each, but rugby has two forty-minute halves. A touchdown in football is worth six points; however, a goal in rugby is worth four points. There are also a few basic similarities. Both games are played with a leather, oval-shaped ball, and both are based on soccer. In short, while football and rugby have some similarities, their differences help make them two unique games. (Writing to Communicate: p 9)

| Explanation(해설) |

이 단락은 미식축구와 럭비의 차이점과 유사점에 대한 대조/비교를 한 글이다. 대조와 비교대상을 한데 묶어 비교하는 덩어리방법(the block method)으로 전개하고 있다. 단락의 전반부에는 차이점을, 그리고 후반부에는 비슷한 점을 서술하고 있다.

?! Read and answer the questions

① What is a topic sentence?

(Correct answer) = 밑줄 친 첫 번째 문장

② What is a concluding sentence?

(Correct answer) = 마지막 밑줄 친 문장

③ What is a controlling idea?

(Correct answer) = 미식축구와 럭비의 차이점과 비슷한 점

| Model 2 |

*** Topic** **Crocodiles and Alligators**

*** Topic sentence** ?

〈brainstorming〉

1) Same = Both are dangerous reptiles.

Both belong to the family crocodilian.

Both live in warm, swampy areas in the United States. Both have jaws that are hinged on the bottom.

2) Different

a) crocodiles = Live in salt water and have salt-extracting glands.
Fourth tooth on lower jaw sticks out.
Very aggressive.
Can live to be 100 years old.

b) alligators = Are unable to live in salt water for long periods.
All teeth are hidden when month is closed.
Not as aggressive.
Can live to be 50 years old.

〈Example sentences: 브레인스토밍을 통해 주어진 아이디어들로 문장 만들기〉

1) The alligator does not live as long as the crocodile.

2) The jaws of an alligator work in the same way as the jaws of a crocodile.

3) Crocodiles are very aggressive, but alligators are not. etc…

(이상 브레인스토밍한 내용으로, 각자 Crocodiles과 Alligators의 유사점가 차이점을 가지고 직접 비교 대조단락(글)을 한번 써보자!)

| Model 3 |

*** Topic** **Males and Femles**

*** Topic sentence** In Bedling's ground squirrels, males leaves home and females maute in their natal rea.

In Belding's ground squirrels, males leave home and females mature in their natal area. This male-biased dispersal creates an imbalance in the way males and females are related to those individuals around them—females find themselves surrounded by relatives, while males are generally in areas with complete strangers. This asymmetry translates into females who warn close kin by emitting alarm calls, while males generally do not emit calls since their dispersal from their natal areas means their blood kin typically do not benefit from such a warning. Further support for the kinship-based alarm-calling hypothesis includes Sherman's finding that in the rare instance when females do move away from their natal groups and into groups with far fewer relatives, they emit alarm calls less frequently than do native females. (2013년 수능(홀) 25)

?! Read and answer the questions

① What is a topic sentence?

(Correct answer) = 밑줄 친 첫 번째 문장

② What is a concluding sentence?

(Correct answer) = 마지막 밑줄 친 문장

③ What is a controlling idea?

(Correct answer) = 벨딩의 땅다람쥐 수컷과 암컷의 성장환경에서 오는 차이점

| Explanation(해설) |

이 단락은 벨딩의 땅다람쥐의 수컷과 암컷은 서로 다른 환경에서 성장을 하게 된다. 수컷은 태어나서 낯선 지역으로 이동을 하여 자라게 되고, 암컷은 자신이 태어난 곳에서 성장을 하게 된다. 따라서 서로 다른 환경에서 자라면서 오는 차이점만을 가지고 대조단락을 쓴 글이다. 게다가 차이점만을 가지고 한 항목씩 비교하는 방식(the point by point method)을 선택하여 쓴 대조단락의 모델이다.

Book VI Opinion Paragraph(의견제시 단락)

1. What is an Opinion Paragraph?

An opinion paragraph gives the writer's opinions about a topic. A good writer will include not only opinions, but also facts to support his or her opinions. For example, if a writer says "Smoking should not be allowed anywhere," the writer must give reasons for the opinion. One reason could be a fact, such as "Thirty thousand people died in the United States and Canada last year because of lung cancer –a known result of smoking." This fact supports the writer's opinion. (Great paragraphs: p 128)

우리말 설명

■ 의견제시 단락의 글은 어떤 일이나 사건에 내해 자신의 의견이나 견해를 직접 밝히는 것을 말한다. 의견제시는 "찬성과 반대" 또는 "선호와 비선호" 등을 포함하므로 매우 광범위한 글쓰기 형태일 뿐 아니라, 가장 많이 쓰이는 글쓰기 유형이므로 매우 중요하다. 특히, 토플 등 일반 논술 시험에서 가장 많이 출제되는 의견제시 논술의 전 단계이므로 여기서 공부해두면 많은 도움이 될 수 있다.

■ 좋은 작가는 자신의 의견을 제시할 뿐만 아니라, 자신의 의견을 지원(뒷받침)해주는 Facts(신빙성 있는 사례나 통계자료, 정보, 확실한 정황증거)도 함께 포함시킨다. 이들 사실은 작가의 의견을 설득력 있게 하는데 매우 유용하기 때문이다.

■ 의견제시단락은 작가 자신의 의견을 말하거나 타인의 견해를 지지하는 글의 공식적인 한 유형이다. 따라서 이 의견단락의 목표는 무엇보다

독자들이 작가의 견해에 동의하도록 설득하는 것이 가장 중요하다. 작가의 견해를 지지하는 몇 개의 주요 사실(facts)을 가지고 설명함으로써, 독자들이 작가의 견해가 사실이라는 것을 믿도록 설득해 해야 글의 목적이 성취되기 때문이다.

2. The Way of writing an Opinion Paragraph

1) What is a good opinion paragraph?

무엇보다 좋은 의견제시 단락을 쓰기 위해서는 주제문(Topic sentence)은 반드시 논쟁의 소지를 가지고 있어야 한다. 또한 독자들을 설득하기 위해 작가는 주제의 논쟁의 양면을 제공해야 한다. 반론을 하는 것은 작가가 반대의견을 잠재우는 데 도움을 준다. 작가는 한 방향으로 자신의 의견을 몰아가야 한다. 그렇지 않다면, 독자를 설득하기가 어렵다.

2) What are good supporting sentences?

단순하게 사실(facts)을 소개하고 나서 다음 단계로 넘어가지 마라. 그 사실이나 인용문이 어떻게 작가의 견해가 사실이라는 것을 입증(prove)하도록 설명해야 한다. 따라서 작가는 적어도 3-5개의 팩트(facts)를 제공하고 그 사실들이 어떻게 작가의 견해를 지지하는 가를 보여줘야 한다.

3) What is a good concluding sentence?

결론문장 또는 마지막 문장은 주제문을 다시 한 번 강조하면서 재진술을 하는 것이지, 새로운 아이디어나 다른 것을 소개해서는 안 된다. 이는 작가 주장이 확실하다는 것을 정당화하고 이를 독자들로부터 인정하게 하는 것이다.

3. The examples of an Opinion Paragraph

[의견제시 단락은 다음과 같은 몇 가지 특성을 가지고 있다.]

① 의견제시는 주제에 관한 작가의 의견을 제시해야 한다.
② 의견제시는 사실(facts)을 가지고 제시된 의견을 설명 또는 뒷받침한다.
③ 의견제시는 종종 논란이 되는 문제(issues)를 야기시킬 수도 있다.
④ 의견제시는 독자들이 생각을 하게 만든다.
⑤ 의견제시는 양측의 주장이나 의견을 고려하게 한다.

| Model 1 |

*** Topic** **Dying with dignity**

*** Topic sentence** Studies show that there has been an increase in the number of people who support "medicine," which happens when people withterminal diseases choose to end of their lives rather than continue living.

Studies show that there has been an increase in the number of people who support "medicine," which happens when people with terminal diseases choose to end of their lives rather than continue living. One common argument for this growing support is that people should not be forced to continue living if they are in severe pain and cannot live with this constant pain. A second reason is that staying in the hospital for a long time often causes a financial burden on the family. Terminally ill people often worry about the hardship that this will cause their families. Family, people who are dying sometimes lose hope. Even if they are alive, they can often only lie in bed, and for some people, this is not "life." [While many people believe that medicine is an "unnatural way to die" and should remain illegal,] sick people should certainly have the right to end their lives if they want. (Great paragraphs: p 129)

| Explanation(해설) |

이 단락은 존엄사에 대한 작가의 견해를 나타내고 있다. 작가는 죽음을 벗어날 수 없는 병을 가진 사람이 스스로 죽음을 선택할 경우 이를 존중해야 한다는 분명한 자기 견해를 가지고 있다.

?! Read and answer the questions

① What is a topic sentence?

(Proper answers) = 밑줄 친 첫 문장

② What are the three kinds of reason for choosing dignity dying?

(Proper answers) = 첫째, 고통을 가지고 살아갈 수 없다. 둘째, 가정 경제적인 문제. 셋째, 삶에 희망을 잃는다.

③ What is the author's opinion?

(Proper answers) = 작가는 존엄사를 지지한다.

④ What is the argument sentence?

(Proper answers) = 대괄호[──]안의 문장이 논박문장이다. 논박문장은 반대견해를 완전히 무력화하기 위해 쓰는 데, 주로 의견제시 단락이나 / 의견제시 논술에서 자주 쓴다.

| Model 2 |

*** Topic** **School Uniforms**

*** Topic sentence** School uniforms should be mandatory for all students for a number of reasons.

School uniforms should be mandatory for all students for a number of reasons. First, they make everyone equal. In this way, the "rich" kids are on the same level as the poor ones. In addition, getting ready for school can be much faster and easier. Many kids waste time choosing what to wear to school, and they are often unhappy with their final choices. Most important, some studies show uniforms make students perform better. [Many people might say that uniforms take away from personal freedom, but I believe that the benefits are stronger than the drawbacks.] (Great paragraphs: p 132)

Explanation(해설)

이 의견제시단락은 작가가 학생들의 유니폼 착용에 대한 의견을 제시고 있다. 먼저 현재 논의되고 있는 학교 교복착용의 도입 필요성을 몇 가지 설득력 있는 견해로 제시하고 있다. 밑줄 대괄호 [---]안의 문장이 논박문장이다. 이 논박문장을 무력화하면서 학교교복착용을 주장하고 있다.

Read and answer the questions

① What is a topic sentence?

(Proper answers) = 밑줄 친 첫 문장

② What is the author's opinion?

(Proper answers) = 작가는 유니폼 착용을 주장하고 있다.

③ What is the argument sentence?

(Proper answers) = 대괄호 [——]안이 밑줄 친 문장

?! Question 1

Read the following sentences. Which ones are good topic sentences for opinion paragraphs? And explain the reasons for good topic sentences.

① A hospital volunteer usually has many duties.

② Soccer is a much more interesting game to play and watch than golf.

③ The largest and best-known city in all of France is Paris.

④ Eating a vegetarian diet is the best way to stay healthy.

⑤ Walt Disney World is the best place for a vacation.

⑥ The U.S. government uses a system of checks and balances.

⑦ The Nile River splits into the White Nile and Blue Nile in Sudan.

⑧ Security alarms are the most effective way to protect homes from burglaries. (Great paragraphs: p 133)

Read and answer the questions

① What are the good topic sentences for opinion paragraphs?

(Proper answers) = 2, 4, 5 and 8

② Why are they good topic sentences for opinion paragraphs?

(Proper answers) = 1, 3, 6 and 7

③ What are not the good topic sentences for opinion paragraphs?

(Proper answers) = 1, 3, 6 and 7

④ Why are they not good topic sentences for opinion paragraphs?

(Proper answers)

Question 2

The following sentences make up a paragraph. Read the sentences. Then number them from (a) to (f) to indicate the correct order. And put an O or an F on the line after the sentences to indicate whether the sentences contain fact (F) or opinion (O).

a) The damage of these rays may not be seen immediately in children, but adults who spent a lot of time in the sun when they were children have a much higher chance of developing skin cancer than adults who did not spend time in the sun.

b) Too much time in the sun can cause severe skin damage, especially in young children.

c) This disease, which can be deadly if it is not treated quickly, is a direct result of the sun's harmful ultraviolent rays.

d) In conclusion, the information in this paragraph is enough evidence to persuade parents not to let their children play outside in the sun.

e) Although many people enjoy playing in the sun, parents should limit the number of hours that children play outside.

f) The most serious example of this is skin cancer. (Great paragraphs: p 137-138)

?! Read and answer the questions

Orderly complete the sentences and make a complete paragraph.

(Proper answer) = e-b-f-c-a-d // e = O/ b = F/ f = F/ c = F/ a = F/ d = O

1. Paraphrase(의역)

1) What is a paraphrase?

Paraphrase is to use different languages to say the same ideas. These days, paraphrase is very important because plagiarism is a serious issue in academic circles. Plagiarism is passing off someone else's writing and ideas as your own. Nevertheless, if you use a good paraphrase, you can not suffer terrible consequences such as academic probation or even expulsion from a college or university, because a good paraphrase gives the same ideas and information as the original sentence but in different words.

우리말 설명

■ 요약이 본문의 내용을 압축하여 전달하는 것이라면, 의역하기는 문자 그대로 같은 내용을 다른 말로 바꾸어 쓰는 것을 말한다. 그리고 종합하기는 두 가지 또는 그 이상의 출처로부터 나온 정보를 결합하여 표현하는 것을 말한다.

■ 여기서 다루고자 하는 것은 같은 내용이나 정보를 전달하기 위하여 다른 언어를 사용하는 것을 말하는(paraphrase) 것인데, 이것은 매우 중요하다. 요즘 전 세계적으로 문제가 되고 있는 표절(plagiarism)에는 바꾸어 쓰기를 하지 않고 같은 내용을 그대로 옮겨 쓰는 것이 그 원인이다.

■ 이를테면, 각종 논문을 쓸 때, 그 누구도 하늘에서 뚝 떨어진 창조적인 것만을 쓰기란 불가능하다. 그런데 어떤 사람들은 남의 글을 인용할 때, 토씨 하나 틀리지 않게 도용하고도 출처를 밝히지 않고 마치 자기의 아

이디어인양 쓰는 경우가 있으므로 최근 표절이 자주 문제가 되고 있는 것이다. 굳이 출처를 밝히지 않으려면 적어도 그 내용을 자기 것으로 소화하여 다른 언어로 바꾸어 쓰는 것이 필요하다. 그럴 경우 표절 시비에서 벗어날 수 있기 때문에 의역이 매우 중요한 역할을 하게 된다.

환골탈태(換骨奪胎)란 말이 있는데, 이는 뼈대를 바꾸고 태를 바꾸어 쓴다는 뜻으로, 선인(先人)의 시문(詩文)을 본떠서 더욱 아름답고 새로운 글로 만들어 냄을 이르는 말이다. 이처럼, 의역(Paraphrase)-종합(Synthesis)-요약(Summary)도 이와 마찬가지로 주어진 본문을 바탕으로 먼저 이를 읽고 이해하고 나서 요약은 요약대로, 의역은 의역대로, 종합은 종합대로 그 방법에 따라 환골탈태하면 되는 것이다.

2) Examples of good paraphrases

의역이란 무엇이며 어떻게 쓸 것인가를 배우는 최선의 방법은 몇 개의 예문을 직접 읽고 쓰면서 배우는 것이다.

Example 01

(Original text)

After we found empty seats we put our backpacks on the metal shelf above us and then sat down.

(Paraphrase)

We followed the lead of the passengers with briefcases and stashed our backpacks on the shelf above our seats before sitting down.

Example 02

(Original text)

As many as one in three individuals with HIV is not aware that he or she is infected.

(Paraphrase)

About one-third of people who are infected with HIV may not know that they have this disease.

Example 03

(Original text)

According to a report in the New England Journal of Medicine, "Senior citizens who have experienced acute chest pains at least twice in the past six months often find themselves back in the hospital within a month if they have not sought professional."

(Paraphrase)

The New England Journal of Medicine reported that elderly patients who have suffered chest pains two times in six months must get medical treatment or they may end up in the hospital within thirty days. (Blueprints 1: p 14-15)

Explanation(해설)

좋은 의역은 본문과 같은 아이디어나 같은 정보를 전달하면서도 다른 단어를 선택하여 사용하는 경우를 말한다. 위의 [예문]에서처럼, 의역의 길이는 본문과 비슷할 수 있다. 그러나 문장구조나 문법상으로는 대개 같지 않다. 주요단어, 즉 전문용어는 종종 같을 수 있다. 왜냐하면 그것을 설명할 다른 방법이 없기 때문이다.

그러나 의역을 하지 않고 다른 사람의 글이나 아이디어를 자신의 것처럼 속여 사용하는 것을 표절(plagiarism)이라고 말한다. 현재 표절은 학계에서 심각한 문제로 인식하고 있다. 그리고 대학에서도 자기 자신의 글이 아닌 것으로 남의 글을 표절 또는 도용하여 과제물을 제출한다면, 근신처분이나 심지어 대학당국으로부터 제적을 당하기까지 하는 가혹한 결과로 고통을 받을 수 있다.

2. *Synthesis*(종합)

1) What is a Synthesis?

Synthesis is to combine information from two or more sources to answer a specific question of interest. When you synthesize, you take information from different sources and blend them smoothly into your paragraph. So, synthesis is an important skill for academic writers. They often use more than one source when writing papers.

우리말 설명

종합이란 두 가지 또는 그 이상의 정보를 서로 다른 정보를 결합하여 어떤 결론에 이르는 것을 말한다. 따라서 요즘 자주 출제되고 있는 대학의 논술고사에서 서로 내용이 다른 제시문을 주고 이들이 공통적으로 주장하는 바를 쓰라고 하는 문제는 실제로 종합하기 문제이다. 즉, 내용을 분석하고 요약하여 종합하는 것이기 때문에 대학에서는 매우 중요한 글쓰기 가운데 하나이다.

2) The good way of synthesizing
(종합하는 좋은 방법)

〈Basic steps for Synthesizing〉

a) Carefully read the material from all of the sources, and understand it well.

b) Choose the important ideas, and you must analyze the information. Then decide which pieces of information are most important in accomplishing what the writer intends.

c) Group together the ideas that are related and that support each other.

d) Combine the ideas in each group into sentences, using your paraphrasing skills. You must write information in your own words.

3) Examples of Synthesis

?! Question

다음 [A와 B]의 두 글을 읽고 요약 종합하시오.

[Source A: (81words)]

Switzerland has a great example of linguistic diversity because there are three different national languages. People in the central and northern areas speak German. People in the western area speak French. People in the southeastern area of the country speak Italian. Most Swiss can speak more than one language. One interesting fact is that the name of the country on its coins and stamps is not in any of these languages. Instead, "Helvetia," the Latin name for this country, is used.

Main ideas to keep

- Geographical areas of Switzerland speak different languages.
- Central and northern regions = German
- Western part = French, Southeastern region = Italian
- The Latin name for Switzerland is used as well.

[Source B: (54words)]

You might think that most of the people in Switzerland speak the same language because it is a rather small country. However, you would be wrong. Yes, the country is tiny, but there are four national languages. German is spoken by more people than any other language. The second most commonly spoken language is French, and Italian is third. A very small percentage of the people speak Romansch.

Main ideas to keep

- Most Swiss speak German, then French, then Italian, and finally a few people in Switzerland speak Romansch.

Combining the ideas in each group into sentences

[각 그룹의 주요 아이디어를 문장으로 조합하기]

❶ It had ideas from both sources

Ex) German is spoken in the central and northern regions. The most common language is German.

❷ The ideas are woven together

Ex) The most commonly spoken language is German, which is used in the central and northern regions.

❸ The sequence of the material is logical. (first, second, third, fourth most common languages)

[Good synthesis: (116words)]

Although Switzerland is a small country, several languages are spoken there. In fact, this tiny country has four national languages. The most commonly spoken language is German, which is used in the central and northern regions. The second most widely spoken language is French, which used in the western area of the country. The third most commonly used language is Italian, which is spoken in the southeastern area of Switzerland. A fourth language, Romansch, is spoken by only a very small percentage of the population. (Blueprints 1: p 22-23)

| Explanation(해설) |

완성된 예문을 통하여 두 글을 읽고 종합하는 방법을 공부했다. 종합하기는 요즘 다양한 분야에서 중요하게 쓰이고 있다. 따라서 앞서 배운 방법대로 연습을 한다면 결코 어려운 것이 아니다. 한번 더 핵심 포인트를 언급하면 다음과 같다.

첫째, 주어진 두 개의 지문을 꼼꼼히 읽고 핵심 내용을 파악한다. 둘째, 두 개의 지문에서 주요 내용을 선정하여 글을 쓴 작가가 의도한 정보를 조합하여 그룹화 한다. 셋째, 글의 중심이 될만한 중요한 몇 가지 내용을 가지고 자신의 생각과 언어로 글을 정리하면 된다.

3. *Summary*(요약)

1) What is a Summary?

Do we need to summarize articles or essays? Yes, it should be needed at school life, but it can be a very boring and dull activity. Usually, we are asked to summarize for school projects or homework. Being able to summarize is a very useful tool. Not only do you need to summarize for school purposes, but this skill comes in handy for many other reading and writing projects. Read further for some easy tips and steps on how to summarize an article or an essay.

Summary is to express the same idea in fewer words. Summarizing is a very important skill for a good author. It is especially important when you are taking information from long sources. So a summary is always shorter than the original writing. A five or six paragraphs' essay should be less than one paragraph.

우리말 설명

■ 요약이란 주어진 글을 읽고 파악한 뒤, 추출한 핵심 내용을 독자 개인의 간결한 문장으로 전환하는 과정이라고 설명할 수 있다. 어떤 글을 요약한다는 것은 읽은 글에 대한 이해력과 이해한 내용을 자신의 생각과 언어로 표현하여 글을 쓰는 능력을 말하기 때문에 매우 중요한 글쓰기의 한 분야이다.

■ 글을 요약하는 과제를 수행할 경우, 독자의 글 이해 정도에 따라 요약한 글의 구조와 내용이 달라진다. 요약 글쓰기는 글에 중요한 내용을 위주로 재조직화하는 역할을 하므로 글을 통한 학습에 있어 중요한 의미를 갖는다. 이해가 우수한 독자는 상위 수준, 즉 꼭 필요한 핵심내용을 위주로 짜임새 있는 요약을 하고, 이해가 부족한 독자는 그러하지 못한 경우가 많다.

2) The way of summarizing

A) How to summarize an article or an essay

a) Read the entire article carefully: paragraphs or essays.

b) Identify the main idea, major subordinate ideas, and their relationship to each other.

B) There are three easiest ways to summarize articles.

a) Topic = It is what the passage is about

b) Main idea = So the topic is the what then the main idea is the why important. The main idea is always written as a fact. It is never a question.

c) Supporting Details = The supporting details are the rest of the most relevant facts left in a passage or article. They should answer the rest of the "W" questions.

우리말 설명

요약을 잘하려면 먼저 핵심어(a key word)를 찾아내야 한다. 그리고 핵심어를 중심으로 글의 중심 내용과 지엽적인 내용으로 구분을 한 다음, 주로 그 핵심적인 내용을 중심으로 독자 개인의 간결하고 논리적인 문장으로 옮기면 된다. 이러한 방식으로 요약한 글을 요약문(要約文) 이라 한다. 결론적으로 요약을 한다는 것은 다른 사람의 글을 읽고 정확하게 이해하는 독해능력과 이해한 내용을 한 편의 압축된 글로 표현할 수 있는 능력을 말한다.

그리고 우리는 종종 문제 풀이의 바탕이 되도록 주어진 글(지문)을 읽고 이를 바탕으로 전달할 어떤 정보를 써야 하는 때가 있다. 이 경우 요약하기(to summarize), 바꾸어 쓰기(to paraphrasc), 그리고 종합하기(to synthesize)의 세 가지 방법으로 주어진 지문을 다르게 변형시켜 그 정보를 전달한다. 먼저 여기서는 요약이란 무엇이며 어떻게 요약할 것인가를 배우는 최선의 방법은 몇 개 단락의 예문을 직접 읽고 연구하며 "요약하기 원리"를 배우는 것이다. 요약에는 먼저 단락 요약과 논술문 요약이 있다. 요즘 대입수능 영어에서도 "문단 요약하기"가 매년 출제되고 있다.

3) Summarizin Paragraphs

(단락 요약하기: 핵심어 또는 핵심문장을 찾아라)

A) 핵심어 찾기(핵심어를 어떻게 찾을 것인가?)

a) 반복되어 강조되는 말

b) 사용된 낱말 가운데 가장 포괄적인 내용(의미)를 담고 있는 말

c) 문장을 해석하는 데 단서가 되는 말

d) 개념을 정의할 때 피정의항의 중심이 되는 말 등이 핵심어가 된다.

e) 문장을 다시 설명하거나 바꾸어 쓰기 위해 필요한 말 등이 핵심어가 된다.

B) 핵심어 찾기 예문

a) 반복되는 말

내가 관심이 많은 여자에 대한 글을 쓴다면 "그녀는 ~하다"라는 식으로 "그녀(she)"라는 어휘를 반복해서 쓸 것이다. 그리고 이 경우 그녀가 핵심어가 되는 것이다.

b) 포괄적인 내용(의미)

Ex) "21세기 세계화 시대에는 인권(human right)이 보편적 가치로 자리잡아가고 있다." 이 주제문에서는 "세계화(globalization)" 또는 "인권(human rights)"같은 포괄적인 의미를 담고 있는 말이 핵심어가 될 것이다.

c) 이밖에 단락 글의 단서가 되는 말, 피정의항의 중심이 되는 말, 재설명 또는 바꾸어 쓰기에 필요한 말 등이 단락 글의 핵심어가 될 수 있다. 그리고 중요 연결부사, 그러나, 사실은, 결론적으로 등의 말과 주요 형용사, 필수적인, 근본적인, 최상의, 우선적인 등의 말에도 주목을 해야 한다.

d) 간단한 단락을 요약할 경우 각 단락의 제일 앞부분과 마지막 부분을 주목하라.

대다수 두괄식의 글은 대체로 각 단락의 맨 앞부분이 주제문장이고 마지막 부분이 결론문장으로 구성된다. 특히, 결론은 주제문장에 대한 자신의 견해를 재진술(재정리)하기 때문에 중심내용을 담고 있는 문장이 배치된다. 반면에 본론(지지문장)은 이에 대한 부연설명이나 뒷받침이 이어지고 있기 때문에 대부분 중요한 내용이 아니다. 그러므로 본론문장에서는 주제문장을 뒷받침하는 아주 핵심적인 내용만 한 줄 정도 참고하면 된다.

[요약비결 재정리]

위에서 단락요약을 공부한 바와 같이 결론적으로 요약을 잘하려면 먼저 핵심어(a key word)를 찾아내야 한다. 그리고 그 핵심어를 중심으로 글의 중심 내용과 지엽적인 내용으로 구분을 한 다음, 주로 그 핵심적인 내용을 중심으로 독자 개인의 간결하고 논리적인 문장으로 옮기면 된다.

논술 등 각종 시험에서 어떤 글을 요약하라는 문제가 출제되면, (a) 먼저 '지문을 읽고 내용을 정확히 파악'한 다음, (b) '핵심어(영어의 main idea)를 찾는 것'이 무엇보다 중요하다. 핵심개념어를 찾아야 글 전체의 중심개념을 파악할 수 있기 때문이다. 그리고 (c) 그 핵심개념과 관련된 '글쓴이의 주장'을 5W-1H(육하원칙)에 따라 간결하게 독자 개인의 생각을 옮기면 된다. 이 여섯 가지 요소는 '누가(who)', '무엇을(what)', '언제(when)', '어디서(where)', '어떻게(how)', '왜(why)'이다. 글을 요약할 때 이 육하원칙을 반드시 모두 사용하는 것이 아니다. 경우에 따라서는 3-4 가지로도 충분히 글을 요약할 수 있다.

대개 사람이 글의 주인공일 경우: (Five W's and one H: 즉, 육하원칙(六何原則: 5W1H)에 맞추어 누가–언제–어디서–무엇을–어떻게–왜 등의 물음을 가지고 간결하게 주요 내용을 서술해 나가면 된다. 그러나 사물이 주인공일 경우에는 무엇이–누구에게–언제–어디서–어떻게–왜 등의 질문을 가지고 주요 내용을 서술하면 된다. 잘된 요약이란 요약(Summary)된 글만 읽고도 그 글의 줄거리(story)를 충분히 이해할 수 있게 하는 글이다.

| Model 1 |

*Topic **My mother's special garden**

My father constantly teased my mother about the amount of time she spent in her beautiful rose garden. He told her that she treated the garden as if it were a human being. However, Mom ignored his teasing and got up very early morning to take care of her special plants. She ripped out any weeds that threatened her delicate beauties. She also trimmed the old flowers to make room for their bright replacements. Any unwanted pets were quickly killed. When she was finished, she always returned from the garden with a wonderful smile and an armful of fragrant flowers for us all to enjoy. (Great Paragraphs: p 118)

Explanation(해설)

이 단락의 글은 "묘사단락"으로 밑줄 친 첫 문장이 주제문이고, 밑줄 친 마지막 문장이 결론이다. 결론은 주제문장을 재진술하면서 작가의 확신을 담은 주장을 하며 마무리하고 있다. 그리고 여기서 핵심어는 아름다운 장미정원을 정성껏 가꾸는 "어머니"가 반복되고 있다. 그리고 중심내용은 핵심어인 어머니와 밀접하게 관련된, 즉 "장미정원에 대한 애정과 관심"이다. 이처럼 단락의 요약은 먼저 핵심어를 찾고 핵심어와 관련된 중심 내용과 지엽적인 내용을 구분하여 핵심적인 내용을 중심으로 독자 자신의 간결한 문장으로 옮기면 된다. 그리고 본론문장은 대부분 지엽적인 내용으로, 어머님께서 어떻게 정원을 사랑하시는 가에 대한 구체적인 사례[보기], 즉 잡초를 솎아내고, 살충제로 해충들을 제거하는 등등의 내용이므로 이 글의 중심 내용이 될 수 없으므로 삭제한 것이다. 대개 요약한 글의 분량은 전체의 글의 내용과 분량에 따라 다를 수 있다. 따라서 대개는 본래 내용의 5-25% 정도가 알맞다.

[육하원칙에 따른 요약]

Who(mother and father)-When(present / always)-Where(Rose garden)-What(flowers and plants)-How()-Why(to be happy for her family)

[Summarizing]

어머니는 아버지가 장난 삼아 놀리실 정도로 늘 장미정원에 많은 시간과 애정을 쏟고 있다. 그녀는 정원을 마치 가족의 일원처럼 아끼며 돌보다, 일을 마치고 가족을 위해 향기로운 꽃을 안고 올 때는 행복한 미소를 지을 만큼 어머니께 정원은 소중하다. (이 글을 스스로 영작문해보자)

| Model 2 |

*** Topic** **The trick that failed**

(a) Twin brothers Freddie and Felix often played tricks at school. One day they decided to try to cheat on a French exam. Freddie was very good at learning languages and was always the best students in both Spanish and French. Felix, however, excelled in mathematics. He was not interested in languages at all.
(b) When Felix discovered that he had to take a standardized exam in French, he asked his brother for help. The day of Felix's test, they met in the boy's restroom during lunch and switched clothes. Freddie went to his brother's French class and took the test for him. Meanwhile, Felix followed Freddie's schedule.
(c) After school, the twins laughed about their trick and headed home. As they entered the house, their mother called them into the kitchen. She was furious! She had received a phone call from the school principal. The French teacher found out about the trick! "How did he know?" cried Felix. "Easily," replied his mother. "Everyone at the school knows that one obvious difference between you and your brother is that you are right-handed and Freddie is left-handed."
(d) While the French teacher was grading the tests, he noticed that the check marks on the test were made by a left-handed person." Felix and Freddie got into a lot of trouble that day, but they learned a valuable lesson—and they never cheated again. (Great Paragraphs: p 156)

| Explanation(해설) |

이 글의 핵심어는 자주 반복되는 "Twin brothers Freddie and Felix"이다. 그리고 핵심어와 관련된 중심내용은 "often played tricks at school"인데, 그러다 이번에는 프랑스어 시험을 놓고 부정행위를 하다 큰 어려움에 부딪히는 것이 중심내용을 이루고 있다. 이 단락의 글을 “Narrative paragraph”의 글이므로, (a)는 사건의 배경을 말하는 주제문장이다. (b)는 서론부분 (c)는 본론부분으로 주제문장의 핵심어와 관련된 중심내용이 아닌, 지엽적인 내용이다. 따라서 이야기단락의 서론과 본론은 요약을 할 때 주요 내용을 참고할 수 있다. 즉, 프랑스어를 잘하는 형 철수가 동생 영수를 대신하여 시험을 치르는 부정행위와 형 철수가 왼손잡이여서 들통이 나는 사건 정도이다. (d)는 결론문장으로 주제문장을 재진술하는 내용이므로 핵심어와 관련이 있는 중심내용이다.

[육하원칙에 따른 요약]

〈Who(Freddie and Felix)-When(present)-Where(school)-What(using twin’s brother)-How(cheating)-Why(for themselves)〉

[Summarizing]

철수와 영수 형제는 자신들이 쌍둥이라는 점을 이용하여 학교에서 자주 농간을 부리곤 한다. 이번에는 프랑스어를 잘 못하는 동생 영수 대신에 부정행위를 한다. 하지만 형 철수는 왼손잡이, 동생 영수는 그 반대라는 사실을 잘 알고 있는 프랑스어 선생에 의해 부정행위가 적발당한다. 두 형제는 어려움에 부닥치게 되고 다시는 그런 행위를 해서는 안 된다는 것을 절실히 깨닫는다.

Model 3

[Original article: (190 words)]

Selling product successfully in another country often requires changes in the original product. Domino’s Pizza offers mayonnaise and potato pizza in Tokyo and pickled ginger pizza in India. Heinz varies its ketchup recipe to satisfy the needs of specific markets. In Belgium and Holland, for example, the ketchup is not as sweet as it is in the United States. When Haagen-Dazs served up one of its most popular American flavors, Chocolate Chip Cookie Dough, to British customers, they left it sitting in supermarket freezers. What the premium ice-cream maker learned is that chocolate chip cookies are not popular in Great British and that children do not have a history of snatching raw dough from the bowl, so the company had to develop flavors that would sell in Great British. After holding a contest to come up with a flavor the British would like, the company launched "Cool Britannia," vanilla ice cream with strawberries and chocolate-covered Scottish shortbread. Because dairy products are not part of Chinese diets, Frito-Lay took the cheese out of Chee-tos in China. Instead, the company sells Seafood Chee-tos. Without a doubt, these products were so successful in these foreign lands only because the company realized that it was wise to do market research and make fundamental changes in the products.

[Main ideas]

1. Companies must change their products to succeed.
2. Examples of companies that did this: Domino's, Heinz, Haagen-Dazs, Frito-Lay.

[Good summary: (36 words)]

Companies must adapt their products if they want to do well in foreign markets. Many well-known companies, including Domino's Heinz, Haagen-Dazs, and Frito-Lay have altered their products and proved this point. (Blueprints 1: p 19)

4) Summarizing Essays
(에세이 요약하기)

A) 에세이의 첫 단락인 서론과 마지막 단락 결론을 주목하라.

① 두괄식의 글은 대체로 첫 단락이 주제문을 담고 있는 서론(도입부)이고 마지막 단락이 결론으로 구성되는 데 대개 두괄식에서는 이 단락들이 중심단락이 된다. 특히, 결론단락은 주제문에 대한 자신의 견해를 재진술하기 때문에 대개 중심내용을 담고 있는 문장이 배치된다. 반면에 본론 단락들은 이에 대한 부연설명이나 뒷받침이 이어지고 있어 중요한 내용이 아니다. 하지만 각 본론단락의 첫째 문장은 단락의 주제문장이므로 요약을 할 때 관심을 가져야 할 부분이다.

② 특히, 중심문장의 형태는 일반적인 진술이고, 뒷받침문장은 구체적인 진술로 되어 있는 경우가 대부분이다. 일단 중심문장과 뒷받침문장이 구분되면, 뒷받침문장에서는 가장 중요한 것만 남기고 삭제한 후 중심문장과 결합하여 간결하게 요약하면 된다.

B) 중요한 연결부사 또는 형용사에도 주목하라.

① 그러나(but, however, though), 그럼에도 불구하고(nevertheless, nonetheless) 등은 이미 서술한 내용보다 다음에 더 중요한 이야기가 등장한다는 신호다.

② 참으로(indeed), 사실은, 실제로(in fact, actually) 등은 글쓴이(작가)가 정작 하고 싶은 이야기가 나온다는 신호다.

③ 결국(finally), 결론적으로(in conclusion), 그러므로(therefore) 등은 결론적인 주장이 등장한다는 신호다.

④ 필수적인(necessary), 근본적인(essential), 필수불가결한(indispensable), 중요한(important, significant), 결정적인(crucial), 우선적인(first, prior), 최상의(best) 등이 들어가는 어구는 필자가 특히 강조하는 내용이라는 신호다.

C) 글 전체의 중심단락을 찾아라.

① 먼저 각 단락의 요지를 찾는다.

두괄식 문장에서는 글 전체의 중심단락이 서론에 있지만, 두괄식이 아닌 다른 글의 경우에는 우선 각 단락별로 요지를 먼저 파악한다. 특히 각 단락마다 여러 번 반복되는 말은 글의 전체 주제 또는 핵심어와 관련이 되므로 글의 요지와 관련이 깊다고 할 수 있다.

② 글 전체의 중심단락을 찾는다.

한 단락이 중심문장과 뒷받침문장으로 나누어지듯, 글 전체는 중심단락과 보조단락으로 나뉜다. 중심단락은 논술문의 결론처럼 글 전체의 주제를 가장 잘 반영할 뿐만 아니라, 글의 결론을 담고 있다. 때문에 요지를 작성할 때는 중심단락에 많은 부분을 할애해야 한다. 참고로, 두 단락으로 이루어진 제시문의 경우엔 뒤 단락이 중심단락인 경우가 많고, 뒤 단락의 첫 문장이나 마지막 문장이 핵심문장인 경우가 많다.

[Example Summary of an Essay]

한 편의 에세이를 읽고 요약이란 무엇이며 어떻게 요약할 것인가를 배우는 최선의 방법은 에세이의 예문을 직접 읽고 앞서 배운 "요약하기의 원리"를 통하여 직접 요약을 해보는 것이다.

[Summarizing the following Essay]

The dog is generally considered the first domesticated animal. The domesticated dog has lived with human beings as a working partner and household pet in all eras and cultures since the time people lived in caves. It is generally believed that the direct ancestor of the domestic dog is the wolf, originally found throughout Europe, Asia, and North America. Archeologists have found remains of dogs that are 10,000 years old. In these ancient societies, as well as in our modern one, there are three main relationships that dogs have with people.

First, we have the working dogs. These dogs, such as Siberian huskies and collies, serve people almost like employees. The dogs help pull heavy loads, round up cattle, and keep a sharp eye out for strangers. To a sheep farmer, for example, a good sheepdog is his most valuable partner. Sheepdogs, such as Border collies, standard collies, and Shetland sheepdogs, are very intelligent and can learn to respond to hand signals as well as spoken words. Sheepdogs in Scotland, for instance, move sheep along with barely a glance from the shepherd. As a result, working dogs know their worth to their master, and they are proud of it.

Other dogs are known primarily for their excellence in sports. The sleek and supremely fast greyhound is used in dog races. These races take place on specially prepared tracks where the competitors chase a mechanical rabbit. People gamble on these athletes' performance. Bird dogs are a type of hunting dog. Settlers and pointers, for example, recognize a bird's scent long before it makes a sound and show their owner where the bird is by standing rock still. Retrievers, such as golden retrievers or Labrador retrievers, will throw themselves into an icy cold lake to pick up the bird their owner has shot. These special hunting dog often compete in hunting trials. Clearly, sporting dogs are the athletes of the dog world.

Third, many people enjoy a dog as a companion. All kinds of dogs can be excellent companions. Both the working dogs and the hunting dogs have great patience and are very good with small children. Most of these dogs will allow children to climb all over them and are great baby-sitters because of their loyalty to their owner and their family. A few breeds are kept only for the purpose of being a companion. Some of these are the toy dogs, such as a Chihuahua or Lhasa apso. Since these dogs are so tiny, they are great to have if you live in a small apartment. In short, all dogs, including the toy dogs, are wonderful companions.

Although there are a great many breeds of dogs, they can be classified into these three main types by their relationships to their owners. Even if you have no interest in sports and no farm to run, you can have a great companion in a dog. Because of the relationships they have with people, dogs are often called "man's best friend."

[Summarized Paragraph]

There are three main relationships that dogs have with people. First, we have working dogs. These dogs, such as Siberian huskies and collies, serve people almost like employees. To a sheep farmer, for example, a good sheepdog is his most valuable partner. Other dogs are known primarily for their excellence in sports. The sleek and supremely fast greyhound is used in dog races, and many hunting dogs, like setters, retrievers, and pointers, often complete in hunting trials. Third, many people enjoy dogs as companions. All kinds of dogs can be excellent companions, but a few breeds are kept only for this purpose. Some examples are the toy dogs, such as a Chihuahua or a Lhasa apso. Because of the relationships they have with people, dogs are often called man's best friend.

"단원 I"의 본래 목적은 영어식 글의 형성구조와 전개과정을 완벽하게 파악하여 좋은 단락을 쉽게 쓰는 방법(the way of writing a paragraph)을 설명하는데 초점을 두었다. 그럼에도 불구하고 이 단원을 공부할 경우, 글을 쓰는 능력뿐만 아니라, 대입수능 영어시험에서 해마다 출제되는 대부분 문제들을 이해하고 해결하는 부수적인 효과도 거둘 수가 있었다. 따라서 이 단원의 "Book VIII"은 결론적으로 대입수능 영어시험에서 듣기 문제를 제외한 나머지 대부분 문제를 신속하고 정확하게 해결하는 데 필수적인 장(Chapter)이 된 것이다.

이 장은 "필자의 주장 찾기", "목적 추론하기", "요지 찾기", "주제 찾기", "제목 찾기"를 비롯하여 출제 문항 수 가장 많을 뿐 아니라, 대부분 수험생들이 매우 어렵게 생각하는"빈칸완성하기", 그리고 "지칭추론하기", "내용 일치 및 불일치", "심경(심정) 추론하기", "연결어 고르기", "무관한 문장 고르기", "글의 순서 정하기", "주어진 문장 넣기", "문단 내용 요약하기", "장문이해" 등 대입영어 수능시험에 출제되는 거의 모든 문제를 빠르고 정확하게 해결하는데 반드시 필요하다고 믿는다. 왜냐하면 수능영어문제는 한결같이 단락(글)의 구조와 전개과정의 맥락과 직접적인 연관을 가지고 있기 때문이다. 그리고 이들 주요 관련 문제를 예시하여 직접 비교 분석한 뒤, 문제를 해결하는 방법을 상세하게 해설해 놓았다. 물론 이 책의 "단원 I"을 먼저 학습한 다음 이 장 "Book VIII"에 해설해 놓은 수능영어 기출문제들을 공부다면 이해하기가 훨씬 더 쉬울 것이다. 그리고 대입수능 영어시험의 어떤 문제라도 지금껏 공부한 방식보다는 쉽고 정확하게 답을 찾는데 많은 도움이 될 수 있다고 확신한다.

이 책이 영어수능에 큰 도움이 되는 것은 서론, 본론, 결론으로 구성된 영어단락의 분명한 구조(Organization)에 대한 이해와 단락이 어떻게 전개(Development)되어 나가는가를 잘 설명하고 있기 때문이다. 영어 단락의 글은 대부분 첫째 한두 문장이 주제문(topic sentence)이다. 그리고 필자는 이 주제문을 통해 자신이 쓰고자 하는 글의 목적(방향)이나 주장을 드러낸다. 그리고 이어지는 본론(Body)은 주제문을 논리적으로 뒷받침한다. 끝으로, 결론(Conclusion)은 주제문을 재진술하면서 본론의 핵심을 압축하여 주제문이 제시하는 글의 목적과 방향을 보다 구체적으로 드러내는 경향이 있다.

이를테면, "A는 B하다." 또는 "A는 B이다."라는 식의 주제문이 정해지면 다음에 이어지는 본론 문장들은 "왜 그런지?", "그래서 어떤 영향을 미치는지?", 또는 "어떤 결과가 나타나는지?"와 같은 궁금증에 답하기 위해 예증을 하게 된다. 예증은 대개 주제문과 관련된 필자 개인의 신념이나 경험, 일반적으로 검정된 사례나 근거, 통계 및 분석자료, 과학적 이론, 전문가의 견해, 또는 역사적 사실, 명언 등을 통하여 주제문을 설득력 있게 논리적으로 전개해나간다. 또한 이들 모든 문장은 한결같이 주제문과 연관관계를 가지고 있어야 한다. 마지막으로 단락의 글을 마무리하는 결론은 주제문을 재진술하면서 본론에서 가장 핵심이 되는 내용을 덧붙여 필자의 주장을 더욱 구체하한다.

좋은 단락의 글은 모두 어떤 식으로든 앞뒤 문장들이 서로 연관관계를 가지고 전개된다는 점에 주목해야 한다. 대부분 앞 문장의 핵심어(a key word)나 중심내용(main ideas)과 관련하여 다음 문장이 이어짐을 알 수 있다. 이와 같이 글의 구성양식과 전개(형성) 과정을 이해하고 글을 가만히 비교 분석해보면, 좋은 글은 모두 서론에서부터 본론, 결론에 이르기까지의 전체 흐름과 맥락이 일관성과 통일성을 유지하고 있다는 것을 알게 된다. 다시 말해, 좋은 단락의 글은 앞뒤의 문장과 문장이 서로 논리적으로 물고 물리는 흐름을 가지고 있다는 것을 파악할 수 있다.

이와 같은 단락의 구조와 전개과정을 학습하면 모든 단락을 제대로 이해할 수 있을 뿐만 아니라, 좋은 글을 쓸 수 있는 능력까지 갖추게 된다. 그리고 이런 흐름과 맥락을 파악하게 되면 단어 하나하나에서부터 모든 문장들이 막연히 쓰여지는 것이 아니라, 앞뒤 문장이 서로 물고물리면서 전개된다는 것을 알게 된다. 특히, 영어는 고유명사를 제외하고 가능한 같은 단어의 사용을 꺼리는 경향이 있다. 따라서 명사는 대명사나 같은 의미를 가진 다른 명사로, 형용사-부사-동사는 비슷한 의미를 가진 다른 단어로 바꿔 쓴다. 이를 간파하면 간혹 모르는 단어나 구문 등이 등장해도 충분히 유추하여 이해할 수 있는 능력이 길러지게 되고, 비로소 영어를 우리글처럼 이해하는 단계에 도달할 수 있게 되는 것이다. 따라서 수능영어는 물론, 앞으로 공부해야 할 토플(TOEFL) 지문의 독해(reading)와 작문(writing) 능력 등을 키우는 데도 매우 유용하리라는 것을 확신한다.

1. 필자의 주장 찾기

우리말 설명

이 책의 "단원 I"은 단락을 설명하면서 논술이나 논문(essay or paper) 등에 종속된 단락이 아닌 독립된 단락은 대부분 첫째 문장이 글의 주제문임을 밝혔다. 주제문은 이미 배운 것처럼, 필자가 쓰고자 하는 글의 계획, 즉 필자가 무엇을 쓸 것인가에 대한 것을 직-간접적으로 알리는 문장이다. 대개 첫 한두 문장이 바로 주제문인데, 이를 파악하고 나면 필자가 말하려고 하는 글의 방향(목적)과 흐름을 대강 추론할 수 있다. 하지만 추론만으로 필자의 주장을 명확하게 알 수는 없다.

따라서 주제문을 파악하고 난 뒤에 마지막 결론 문장을 읽으면 우리는 거의 필자가 하고자 하는 주장을 알 수 있다. 왜냐하면 단락을 공부하면서 배운 것처럼, 독립단락의 결론문장은 주제문을 재진술하면서, 본론의 핵심 내용을 요약하여 필자의 견해를 더욱 구체화하면서 글을 마무리하는 경향이 강하기 때문이다. 이러한 방식으로 대입수능 영어시험에서 자주 출제되는 "필자의 주장으로 가장 적절한 것을 찾는 문제"는 아주 쉽게 해결할 수가 있다. 다음은 그 동안 출제된 대입수능영어 기출문제, 그리고 평가원 및 교육청 출제문제 중에서 "필자의 주장"을 찾는 문제를 직접 다뤄보기로 한다.

[영어독해 B형 필자의 주장 찾기 문제]

1. 다음 글에서 필자가 주장하는 바로 가장 적절한 것은? [2점]

2014년(예비) / 평가원 기출문제

One of the rules for success is that it doesn't matter where you're coming from; all that matters is where you're going. Almost everyone has the uneasy feeling that they have wasted a good deal of their time and their potential in the past. Unfortunately, many people use these feelings of regret as brakes that they set on their own lives. Instead of rededicating themselves to the exciting months and years ahead, they allow themselves to be overwhelmed with the mistakes that they made in the past. Don't let this happen to you. Instead, think about the future and where you are going. Think about what you can do to create the kind of future you imagine for yourself. **Your resolve to be future-oriented will give you energy and enthusiasm. And your future is limited only by your imagination.**

- 주제문: 성공을 위한 규칙들 중 하나는 당신이 어디로부터 오고 있는가는 중요하지 않다는 것이다. 중요한 것은 당신이 어디로 가고 있는가 하는 것뿐이다.
- 결론문장: 미래지향적이고자 하는 당신의 결심이 당신에게 힘과 열정을 줄 것이다. 그리고 당신의 미래는 당신의 상상력에 의해서만 제한된다.

[해설]

필자의 주장은 대개 결론문장에서 나타난다. 하지만 어떤 글이든 먼저 주제문을 읽고 파악하는 것이 중요하다. 또한 다행히도 이 문제는 주제문만 파악을 해도 요구하는 해답을 구할 수가 있다. 이 경우 주제문의 핵심내용인 밑줄 친 부분 "중요한 것은 당신이 어디로 가고 있는가 하는 것"에서 충분히 답을 얻을 수 있다. 그래도 확신이 서지 않을 경우 결론문장을 보면 밑줄 친 부분 "미래지향적이고자 하는 당신의 결심이 당신에게 힘과 열정을 줄 것"이란 부분을 참고하면 정답으로 과거에 집착하지 말고 미래에 집중하라는 ④번을 선택할 수가 있을 것이다.

① 상상력을 억압하지 마라.

② 잠재력을 최대한 활용하라.

③ 실현 가능한 목표를 뚜렷이 설정하라.

④ 과거에 집착하지 말고 미래에 집중하라.

⑤ 과거의 경험으로부터 일의 우선순위를 정하라.

2. 다음 글에서 필자가 주장하는 바로 가장 적절한 것은? [2점]

2012년(4월) / 고3 교육청 기출문제

No one can overestimate the grave consequences of the soaring population of senior citizens. Now more and more elderly people find it difficult to lead a decent life due mainly to financial hardship. That is, poverty is posing a major challenge to them. The nation's welfare budget for the elderly represents only 16.8 percent of the total welfare spending, hitting the second lowest among the OECD states. The statistics show how vulnerable senior citizens are to poverty. It is necessary for the government to make a sufficient welfare budget for the elderly. Otherwise, the government cannot avoid criticism that it has done little to tackle the worsening problem. **It is time for the government to try to increase the welfare spending for the elderly hit by poverty.**

- 주제문: 급증하는 노인 인구의 심각한 결과를 아무리 과대평가해도 지나치지 않다.
- 결론문장: 정부가 빈곤에 처한 노인들을 위한 복지 지출을 확대하기 위해 노력해야 할 것이다.

[해설]

주제문을 통해 이 글이 노인인구 증가에 관한 것이라는 점을 파악하고, 결론문장을 보면 밑줄 친 부분 "빈곤에 처한 노인들을 위한 복지지출을 확대하기 위해 노력해야"라는 내용으로 정답이 ④번인 것을 알 수 있다.

① 노인고용을 확대하기 위한 새로운 정책을 마련하자.

② 노년층의 체육 및 여가활동을 위한 시설을 확충하자.

③ 출산장려 정책을 통해 고령화 사회의 문제에 대비하자.

④ 경제적 어려움에 처한 노인을 위한 복지예산을 확대하자.

⑤ 빈곤층의 사회적응능력 강화를 위한 프로그램을 마련하자.

3. 다음 글에서 필자가 주장하는 바로 가장 적절한 것은? [2점]

2012년(9월) / 평가원 기출문제

Effective leaders set the tone for the entire organization. It's not a matter of knowing more than everyone else. There are plenty of leaders who are not the biggest experts in their companies. But it does mean working hard, something anyone can do. Be the first person to arrive at the workplace and be the last one to leave. If you can do that, you will already be light years ahead of most managers in the respect you will gain from your team activities. If you expect your sales force to make 50 calls each day, make 100 calls yourself. It is not rocket science. It is just basic "lead by example" management. **No one can really discredit leaders who are the hardest working individuals in their organizations.**

- 주제문: 능력 있는 지도자는 전체 조직을 위한 분위기를 정한다.
- 결론문장: 조직에서 가장 열심히 일하는 사람인 지도자들의 신뢰는 아무도 떨어뜨릴 수 없다.

[해설]

주제문을 통해 이 글은 지도자에 관한 문제라는 것을 파악한 뒤, 결론문장을 보면 정답이 ②번인 것을 충분히 짐작할 수 있다.

① 부서별 경쟁을 활성화하라.

② 열심히 일하고 솔선수범하라.

③ 전문성과 유연성을 겸비하라.

④ 중간관리자의 역할을 존중하라.

⑤ 친화력으로 직장 내 화합을 도모하라.

4. 다음 글에서 필자가 주장하는 바로 가장 적절한 것은? [2점]

2011년(6월) / 평가원 기출문제

Every writer is starting from a different point and is bound for a different destination. Yet many writers are paralyzed by the thought that they are competing with everybody else who is trying to writer and presumably doing it better. This can often happen in a writing class. Inexperienced students are children to find themselves in the same class with students whose articles have appeared in the college newspaper. But writing for the college paper is no great credit; I have often found that the hares who move studiously toward the goal of mastering the craft. The same fear hangs around freelance writers, who see the work of other writers appearing in magazines while their own keeps returning in the mail. **Forget the competition and go at your own pace.**

- 주제문: 모든 작가들은 서로 다른 지점에서 시작하고 서로 다른 목적지로 향한다. 하지만 많은 작가들은 글을 쓰려고 애쓰고 있고 아마도 더 잘 쓰고 있는 다른 사람들과 경쟁하고 있다는 생각에 무력해진다.
- 결론문장: 경쟁자를 잊어라. 그리고 각자 자신만의 페이스로 나아가라.

[해설]

이 글의 경우 첫 문장 뒤에 Yet이란 등위접속사로 다음 문장이 이어져 있기 때문에 두 번째 문장까지 주제문으로 간주하는 것이 바람직하다. 그리고 두 번째 문장에 더욱 관심을 갖는 것이 현명하다. 이 문제는 주제문을 통해 작가들의 경쟁의식에 관한 것이라는 점을 염두에 두고 결론 문장을 보면 바로 정답이 ④번임을 파악할 수 있다.

① 글쓰기를 두려워하지 마라.

② 글을 빨리 쓸 수 있도록 연습하라.

③ 대학시절에 다작하는 습관을 형성하라.

④ 경쟁의식을 버리고 소신껏 글쓰기를 하라.

⑤ 좋은 글을 쓰는 연습을 통해 인성을 함양하라.

[참고]

이상 4개 예문의 답을 구하면서 한 가지 요령(tip)을 말한다면, 흔히 우리가 알고 있는 등위 접속사 "and, but, yet, or, so, for" 등으로 연결이 될 경우는 비록 분리된 문장이라 하더라도 이를 하나의 개념으로 보는 것이 바람직하다. 문자 그대로 등위, 같은 급의 접속사로써 앞 문장과 대등한 의미를 함축하고 있기 때문이다. 그 중에서도 특히, 역접 접속사인 "but, yet"은 반드시 주목해야 한다. 실제로 작가가 하고자 하는 것은 이들의 접속문장에 있다. 마지막 문제인 4번 글은 첫 문장 뒤에 Yet이란 등위접속사로 다음 문장이 이어져 있기 때문에 두 번째 문장까지 주제문으로 간주하는 것이 바람직하다.

지금까지 비교 분석한"필자의 주장 찾기" 예문 4개는 모두 "수능영어 독해 B" 부문 중에서도 난이도가 높은 문제를 선택하여 예를 들었다. 특히, 학생들의 이해를 돕기 위해 주제문과 결론문장을 직접 해석하여 놓고 그 중에서도 정답과 직접 연관이 있는 부분을 굵은 글씨로 밑줄을 쳐서 비교 분석하면서 해설을 달았다. 따라서 누구든지 주제문과 결론문장만 정확히 이해하면 필자의 주장을 묻는 문제는 거의 올바른 답을 구할 수가 있다는 것을 알게 될 것이다. 그리고 답지에서 두 개 정도가 서로 헷갈릴 경우에는 주제문과 결론에서 언급되지 않은 내용이 들어간 것을 정답에서 제외하면 된다.

2. 글의 요지 찾기

우리말 설명

■ 요지(要旨)란 어떤 글이나 말속에서 핵심이 되는 중요한 뜻을 말하는데, 글의 요지 찾을 때는 대개 단락의 첫 한두 문장에 나타나 있는 주제문에서 요지의 핵심을 착안해야 한다. 그리고 주제문 중에서도 핵심어(key word) 또는 중심내용(main controlling ideas)에 주목할 필요가 있다. 글의 요지는 거의 주제문의 키워드나 핵심내용에 함축돼 있기 때문이다. 하지만 핵심어나 중심내용이 종종 암시적일 경우가 있는데, 이때는 주제문만으로 요지가 불분명할 수 있으므로 반드시 결론부분을 참고한 뒤 요지를 분명하게 찾아야 한다.

■ 여기서 한 가지 조심해야 할 점은 모든 단락의 글이 반드시 첫째 문장이 주제문이 아닌 경우가 있다는 것이다. 간혹 첫째 문장이 후크(독자들의 관심을 유도하는 문장)일 때도 있는데, 이 경우에는 문장 자체가 중요한 의미를 함축하고 있지 않다는 것을 알 수가 있다. 앞서 단락에서 주제문을 공부한 사람은 이를 쉽게 간파할 수 있다. 그럴 때는 다음 문장이 주제문이므로 한 문장만 더 읽어 내려가면 된다. 그리고 특별히 단락의 글이 장문일 경우에는 주제문이 있는 서론부분을 첫 두세 문장으로 확대하고, 결론부분도 마찬가지로 마지막 한두 문장 더 확대하여 파악하는 것이 좋다.

■ 간혹 주제문과 결론 단락을 모두 읽고 파악했는데도 요지가 불분명하다는 생각이 들거나, 또는 두 개 정도의 문항이 헷갈릴 경우에는 먼저 결론부분을 확대하여 한 문장 정도 더 읽어보면 보다 분명한 답을 구할 수 있다. 가능성이 매우 낮은 경우이긴 하지만 그래도 헷갈릴 때에는 문장 가운데, "However, But, Although"와 같은 역접의 연결 부사나 접속사가 들어 있는 문장을 주목하면 분명한 답을 구하는데 도움이 될 것이다.

[영어독해 B형 글의 요지 찾기 문제]

1. 다음 글의 요지로 가장 적절한 것을 고르시오. [2점]

2014년 수능(홀) 기출문제

In our efforts to be the good child, the uncomplaining employee, or the cooperative patient, many of us fall into the trap of trying to please by going along with whatever they want us to do. At times, we lose track of our own boundaries and needs, and the cost of this could be our life, both symbolically and literally. When we are unable to set healthy limits, it causes distress in our relationships. But when we learn to say no to what we don't feel like doing in order to say yes to our true self, we feel empowered, and our relationships with others improve. **So don't be afraid to say no. Try to catch yourself in the moment and use your true voice to say what you really want to say.**

- 주제문: 좋은 어린이, 불평하지 않는 근로자, 혹은 협력하는 환자가 되려는 노력의 일환으로, 우리들 중 많은 사람들은 우리가 하도록 바라는 일은 무엇이든 그들을 기쁘게 해야 한다는 함정에 빠져들게 된다.
- 결론문장: 그래서 노(아니오)라고 말하는 것을 두려워하지 마라. 그 순간에 여러분 자신 스스로를 파악하여 실제로 말하기를 원하는 여러분의 진실한 목소리를 사용하도록 해라.

[해설]

주제문을 통하여 이 필자는 우리들 가운데 많은 사람들이 다른 사람들이 원하는 것을 기쁘게 하려다 함정에 빠져들게 된다는 핵심 내용을 파악한 뒤에, 마지막 결론 부분의 두 문장을 이해하면 원하는 답이 ③번임을 확실하게 찾을 수 있다.

① 난관을 극복할 때 성취감이 생긴다.

② 항상 타인의 입장을 먼저 고려해야 한다.

③ 자신이 원하지 않는 일은 거절할 필요가 있다.

④ 자신의 의견을 고집하면 대인관계가 악화된다.

⑤ 제안을 승낙하기 전에는 그 의도를 파악해야 한다.

2. 다음 글의 요지로 가장 적절한 것을 고르시오. [2점]

2013년 수능(홀) 기출문제

What's dangerous about the Internet is, because it has the aura of technology around it, it has a totally undeserved instant credibility. The fact that information is conveyed in this high-tech manner somehow adds authority to what is conveyed, when in fact the Internet is a global conveyer of unfiltered, unedited, untreated information. It is the greatest tool we have not only for making people dumber faster. Rumors published on the Internet now have a way of immediately becoming facts. **This is particularly true among people who might not themselves have access to the Internet but hear a piece of news or gossip from the people around them who do have access.**

- 주제문: 인터넷이 위험한 것은 그것이 기술이라는 아우라(위광)을 가지고 있어서 전혀 가치 없는 것이 즉각적으로 신뢰를 가지게 된다는 것이다. 〈이 문제는 주제문 해석만으로도 바로 분명한 답을 찾을 수 있다.〉
- 결론문장: 이것은 스스로는 인터넷에 접속할 수 없지만, 인터넷에 접속하는 주위 사람들로부터 소식이나 소문을 들을 수 있는 사람들에게 특히 그러하다.

[해설]

이 문항의 요지 찾기는 주제문을 정확하게 파악하는 것만으로도 바로 분명한 답이 ⑤번임을 알 수 있다.

① 신속한 정보 보급을 위해 인터넷 접근성의 개선이 요구된다.

② 인터넷은 근거 없는 소문을 유포하여 사회불안을 조장한다.

③ 인터넷은 다양한 정보를 빠르게 제공하는 훌륭한 도구이다.

④ 인터넷은 지적 능력의 향상과 저하를 동시에 가져온다.

⑤ 인터넷은 검증되지 않은 정보를 사실처럼 믿게 만든다.

3. 다음 글의 요지로 가장 적절한 것을 고르시오. [2점]

2013년 수능(홀) 기출문제

Although praise may encourage children to continue an activity while an adult is watching, according to recent studies, they are less likely to continue the activity when the adult leaves or to repeat the activity in the future. Rather than increasing children's commitment to positive behavior, praise encourages children to find ways to get futurc verbal "goodies" from important adults. In other words, praise is like the large pink icing rose in the center of a cake. It is appealing and at first bite its sweetness tastes wonderful. A couple more bites still might taste good, but quickly becomes overly sweet. It has only one simple flavor, we soon tire of it and if we eat very much at any one time, we might even feel slightly ill. **It may provide some quick energy but it provides no nourishment and doesn't support growth or health.**

- 주제문: 칭찬은 어른이 지켜보는 동안에는 아이들이 어떤 행동을 계속하도록 만들지는 모르지만, 최근의 연구에 따르면 그 어른이 떠나게 되면 그 동행을 계속하거나 이후에 그 행동을 반복할 가능성은 낮다.
- 결론문장: 그것은 약간의 즉각적인 에너지를 줄지는 모르지만 자양분을 주는 것은 아니며, 성장이나 건강에 도움이 되지 않는다.

[해설]

이 문항의 요지 찾기도 주제문을 정확하게 파악함으로써 바로 분명한 해답이 ①번임을 찾을 수가 있다.

① 칭찬은 어린이게 장기적으로는 효과가 없을 수 있다.

② 칭찬받는 어린이는 정신적으로 건강하게 성장한다.

③ 칭찬은 어린이의 바람직한 행동을 유발할 수 있다.

④ 어린이를 칭찬할 때는 달콤한 언어를 삼가야 한다.

⑤ 어린이를 칭찬하는 어른은 일관성을 유지해야 한다.

4. 다음 글의 요지로 가장 적절한 것을 고르시오. [2점]

2012년 수능(홀) 기출문제

Standard English allows access to certain educational and economic opportunities, which is the primary reason for teaching it. Students realize this when they interview for a first job or when they plan for post-high school education. So, what should teachers do when a student says, "I ain't got no pencil," or brings some other nonstandard dialect into the classroom? Opinions vary from 'rejection and correction' to complete acceptance. The approach most consistent with culturally responsive teaching is to first accept the dialect and then build on it. For example, when the student say, "I ain't got no pencil," the teacher might say, "Oh, you don't have a pencil. **What should you do, then?" Although results won't be apparent immediately, the long-range benefits—both for language development and attitudes toward school—are worthwhile.**

- 주제문: 표준영어는 어떤 교육적이고 경제적인 기회에 접근할 수 있게 해주는데, 그것이 표준영어를 가르치는 주된 이유이다.
- 결론문장: 비록 결과가 곧바로 분명하게 나타나지는 않겠지만 장기간의 이점은 언어 발달과 학교에 대한 태도 둘(표준어와 비표준어) 다에 있어서 시간을 들일만한 가치가 있다.

[해설]

이 문항의 경우에는 주제문만으로 글의 요지를 분명하게 파악하기 어렵다. 따라서 간혹 이럴 경우에는 주제문을 통해 이 글이 표준어에 관한 내용 정도로 이해한 뒤, 결론을 정확히 파악하면 분명한 요지를 찾을 수가 있다. 이 문항은 글이 난해하기보다는 분명한 요지를 찾기가 조금 헷갈릴 수 있다. 하지만 결론문장에서 both라는 어휘가 표준어와 비표준어를 지칭하고 있다는 것을 알면 답은 ②번임이 분명해진다.

① 표준어 사용의 경제적 측면을 고려해야 한다.
② 비표준어 사용을 수용하면서 표준어를 교육해야 한다.
③ 단기효과를 얻을 수 있는 교수 학습법을 개발해야 한다.
④ 면접에서 표준어를 사용하도록 취업교육을 강화해야 한다.
⑤ 비문법적 표현이 고착되지 않도록 지체 없이 교정해야 한다.

3. 글의 주제와 제목 찾기

우리말 설명

주제란 필자가 다루고 있는 글의 중심생각(main idea)을 말한다. 이를테면, "무엇에 관한 글인가?"라는 물음에서 "무엇"에 해당하는 내용이 바로 글의 주제가 되는 것이다. 우리가 단락(paragraph)에서 배운 바에 따르면 주제는 주제문의 중심생각을 말하는 것이기 때문에 먼저 주제문을 정확히 읽고 해석하면 글의 주제를 충분히 추론할 수가 있다

그럼에도 불구하고 주제문으로 정확한 주제를 찾기가 애매할 경우에는 마지막 결론 문장을 읽으면 더욱 주제가 명확해진다. 이는 결론문장이 대개 주제문을 재진술하기 때문에 필자가 글을 쓰게 된 의도를 더욱 분명하게 밝히는 경향이 있기 때문이다.

그리고 글의 제목 찾기도 주제 찾기와 같은 범주에 넣어도 무방하다. 이를테면, 어떤 글의 제목이란 "글의 내용을 압축하여 나타내 보이거나 대표하여 붙이는 이름"이기 때문이다. 따라서 글의 제목 찾기도 주제 찾기와 마찬가지지만 무엇보다 주제문의 핵심어(key word)를 정확히 파악하면 대개 분명한 해답을 구할 수가 있다. 그래도 의심스러우면, 결론부분을 참고하면 더욱 분명해진다.

[영어독해 B형 글의 주제 찾기 문제]

1. 다음 글의 주제로 가장 적절한 것은?

2014년 수능(홀) 기출문제

In order to successfully release himself from the control of his parents, a child must be secure in his parents' power, as represented by their loving authority. The more effectively they communicate that authority, the more secure the child feels, and the better able he is move away from them toward a life of his own. During this lengthy process, whenever he feels threatened, he turns back toward the safety of his parents' love and authority. In other words, it is impossible for a child to successfully release himself unless he knows exactly where his parents stand, both literally and figuratively. That requires, of course, that his parents know where they themselves stand. **If they don't know where they stand-if, in other words, they are insecure in their authority-they cannot communicate security to their child, and he cannot move successfully away from them. Under the circumstances, he will become clingy, or disobedient, or both.**

- 주제문: 부모님의 통제로부터 성공적으로 벗어나기 위하여, 어린이는 부모님의 사랑이란 이름의 영향력에서 나타나는 권위에서 안전해야만 한다.
- 결론문장(범위 확대): 만약 부모님들이 자신이 서 있는 위치를 모른다면, 다른 말로 그들이 부모로서의 권위에서 불안전하다면, 그들은 아이에게 안전함을 전달할 수 없다. 그리고 아이는 성공적으로 부모님으로부터 벗어나 독립할 수가 없다. 그런 상황에서, 아이는 부모에게 집착하거나, 반항하거나, 또는 둘 다가 될 것이다.

[해설]

주제문을 정확히 파악해도 주제를 대강 추론할 수가 있다. 이를 조금만 의역하면 아이가 성공적으로 부모님으로부터 독립하기 위해서는 부모님의 사랑이란 영향력을 안전하게 느낄 수 있어야 한다는 의미가 된다. 그래도 정답을 고르기가 의심스럽다면, 더 분명한 주제를 찾기 위하여 결론문장을 한 문장 더 확대하여 해석하면 정확한 답을 구하는데 도움이 될 것이다.

① importance of communicating parental authority to children for their independence.

② requirements for preventing children from being disobedient to the their parents.

③ consequences of offering parental supervision for children's independence.

④ roles of parental authority in children's social skills development.

⑤ necessity of parental intervention in ensuring children's safety.

2. 다음 글의 주제로 가장 적절한 것을 고르시오. [2점]

2013년 수능(홀) 기출문제

Scientists should be careful to reduce bias in their experiments. A bias occurs when what the scientist expects changes how the results are viewed. This expectation might cause a scientist to select a result from one trial over those from other trials. Scientists can lessen bias by running as many trials as possible and by keeping accurate notes of each observation made. Valid experiments also must have data that are measurable. This allows others to compare the results to data they obtain from a similar experiment. Most importantly, the experiment must be repeatable. **Findings are supportable when other scientists perform the same experiment and get the same results.**

- 주제문: 과학자들은 그들의 실험에서 편견을 줄이도록 조심해야 한다.
- 결론문장: 연구의 결과는 다른 과학자들이 동일한 실험을 해서 같은 결과를 얻을 때 지지를 받을 수 있다.

[해실]

이 문항의 경우는 주제문을 정확히 파악해도 충분히 주제를 추론할 수가 있다. 실험실에서 편견을 줄인다는 것은 결론적으로 객관적이 될 것을 요구하는 것이기 때문이다. 더 분명하게 하기 위해서는 결론을 참조하면 정답은 ③번임을 알 수 있다.

① necessary conditions of repeatable experiments

② importance of identifying bias in scientific research

③ requirements for objective scientific experiments

④ guidelines for collecting measurable data in experiment

⑤ effective strategies for keeping accurate notes on data

3. 다음 글의 주제로 가장 적절한 것을 고르시오. [2점]

2013년 (6월) 평가원 기출문제

What everyday rules for behavior guide parents' efforts socialize their toddlers and preschool-age children? To answer this question, Gralinski and Kopp observed and interviewed mothers and their children in these age groups. They found that for fifteen-month-olds, mothers' rules and requests centered on ensuring the children's safety and, to a lesser extent, protecting the families' possessions from harm; respecting basic social niceties ("Don't bite"; "No kicking"); and learning to delay getting what they wanted. As children's ages and cognitive sophistication increased, the numbers and kinds of prohibitions and requests expended from the original focus on child protection and interpersonal issues to family routines, self-care, and other concerns regarding the child's independence. **By the time children were three, a new quality of rule emerged: "Do not scream in a restaurant, run around naked in front of company, or pick your nose."**

- 주제문: 어떤 일상적 행동 규칙이 이제 막 걷기 시작하는 아이들과 취학 전 아이들을 사회화 시키려는 부모의 노력을 이끄는가?.
- 결론문장: 아이들이 세 살쯤 되면, "식당에서 소리지르지 마라, 다른 사람이 있는 데서 벗고 뛰어다니지 마라, 또는 코를 파지 마라."와 같은 새로운 성질의 규칙이 생겨난다.

[해설]

주제문의 핵심어가 바로 취학 전 아이들의 사회화이다. 그래서 주제문의 핵심어를 통해서는 ②번과 ⑤번이 해답으로 가능성이 있다고 할 수 있다. 그러나 주제문에서 아이들을 사회화시키기 위한 부모님의 노력이 무엇인가? 라는 점에 천착하면 아이들의 사회화를 위한 훈련의 한계를 유추할 수 있을 것이다. 그러나 ⑤번은 아이들의 사회화에 영향을 미치는 사고능력의 효과라는 말은 해당되지 않음을 알 수 있다. 그래도 의심스러워 결론을 보면 아이들에게 새로운 규칙들이 생겨나게 됨을 통해 한계라는 것을 유추할 수 있으므로 정답은 ②번이 된다.

① changes in maternal rules according to children's age

② limitations of discipline for children's socialization

③ parents' concerns about children's independence

④ importance of parents' anger management skills

⑤ effects of thinking ability on children's socialization

4. 다음 글의 주제로 가장 적절한 것을 고르시오. [2점]

2013년 (6월) 평가원 기출문제

All of us use the cultural knowledge we acquire as members of our own society to organize our perception and behavior. Most of us also naïve realists: we tend to believe our culture mirrors a reality shared by everyone. But cultures are different, and other people rarely behave or interpret experience according to our cultural plan. For example, an American anthropologist attempted to tell the classic story of Hamlet to Tiv elders in West Africa. She believed that human nature is pretty much the same the whole world over; at least the general plot and motivation of the great tragedy would always be clear. **But, at each turn in the story when she told it, the Tiv interpreted the events and motives in Hamlet using their own cultural knowledge. The result was very different version of the classic play.**

■ 주제문: 우리 모두는 사회의 구성원으로서 습득한 문화적 지식을 우리의 인식과 행동을 체계화하기 위해 사용한다.

■ 결론문장: 그러나 그 이야기 속의 모든 전환점에서 그녀가 그것을 말했을 때, Tiv 사람들은 햄릿 속의 사건이나 동기를 그들 자신의 문화적 지식을 이용해서 해석했다. 결과적으로 매우 다른 종류의 고전 희곡이 되어버린 것이다.

[해설]

이 문항은 주제문의 핵심어인 문화지식과 우리의 인식과 행동을 통해 어느 정도 주제를 유추할 수는 있지만 정확한 답을 찾기가 좀 애매하다고 할 수 있다. 그런데 이 글은 기승전결의 전형적인 것으로 결론문장 바로 앞 문장의 역접부사 "But"에 주목하면 해답의 실마리를 찾을 수 있다. But 앞의 내용이 무엇이든 상관없이 뒤집기를 하고 있다는 점에 착안하면서 보면. 그 문장의 핵심내용은 사람들은 햄릿 속의 사건이나 동기를 (But 앞에 열거한 내용과는 다르게) 자신의 문화적 지식을 이용해서 해석했다고 한다. 그리고 결론문장을 보면 "그 결과 매우 다른 종류의 고전 희곡이 되어버린다"는 내용으로 정확한 답이 ①번임을 찾을 수가 있다.

① cultural differences in perception and interpretation

② tragic characteristics of classic West African plays

③ the positive function of culture as a minor of reality

④ human nature and its role in developing culture

⑤ the process of acquiring culture knowledge

5. 다음 글의 제목으로 가장 적절한 것을 고르시오. [2점]

2012년 수능(홀) 기출문제

Emotional eaters manifest their problem in lots of different ways. For many people, one of the classic signs of emotional eating is night eating. Night eaters are often eating in response to anxiety or to the emotional turmoil they've experienced throughout the day. Boredom and loneliness are also more likely to come to the surface when the rush of the day is done and the night stretches ahead. Sometimes emotional eating is a reaction to a specific situation. You had a bad day at work. The kids have been so demanding that you're completely worn out. You and your significant other are fighting. <u>**It doesn't matter what the circumstances are; the end result is that 99 times out of 100 you end up on the couch with a bowl of chips or bag of cookies in your hand, telling yourself it's the only way you can relax.**</u>

*turmoil: 혼란

- 주제문: 정서적으로 식사를 하는 사람들은 그들의 문제를 많은 다양한 방식으로 드러낸다. 많은 사람들에게 있어서 정서적인 식사의 고전적인 표시들 중 하나는 야식이다.
- 결론문장: 어떤 상황이 나는 중요하지 않다. 마지막 결과는 십중팔구 소파에서 손 안에 한 사발의 감자튀김이나 한 봉지의 쿠키를 들고 그것이 당신이 마음을 풀 수 있는 유일한 방식이라고 스스로에게 말하는 것으로 끝이 난다.

[해설]

이 글의 주제문의 핵심어는 정서적인 식사(Emotional Eating)이다. 따라서 주제문의 핵심어로 충분히 제목을 유추할 수가 있다. 그래도 의심스러우면 결론문장을 참고하면 더욱더 분명한 제목을 쉽게 찾을 수가 있다. 정답은 ②번이다.

① contrast in timekeeping between ancient and modern society

② significance of making a calendar in human history

③ astronomy and the western religious rituals

④ measuring time in ancient civilization

⑤ observing stars in prehistoric ears

4. 글의 목적 추론하기

우리말 설명

■ 글의 목적을 추론하는 문제는 앞서 배운 "필자의 주장, 글의 요지, 그리고 주제 찾기"와 좀 다른 측면이 있다. 어떤 글의 목적을 추론하는 문제의 유형은 주로 광고(advertising), 홍보(public relationship), 안내(information), 통지(notice) 등으로 종종 제시되고 있다. 따라서 필자는 주로 편지(letter)라는 형식을 빌어 상대방에게 필자 자신이 필요하거나 원하는 것, 다시 말해 어떤 목적(purposes)을 가지고 촉구(urging) 또는 요청(request), 설명(explanation)하는 형식의 글로 문제를 출제한다.

■ 이러한 글의 유형은 이 책에서 언급한 일반적인 단락(paragraph)과는 그 성격과 양상이 조금은 다르다. 따라서 이런 단락에는 주제문이 따로 존재하지 않는 대신 일반 단락에 비하여 대체로 글이 쉬운 편이다. 따라서 점수도 대개 1점인 경우가 많다. 하지만 팁(tip)으로, 이런 유형의 글의 형태에 대해 간략하게 설명하고 문제를 해결하는 방법을 제시하고자 한다. 먼저 첫 문장을 읽고 대충 감이 잡히면 다음의 3가지 팁을 연상하면서 목적을 추론하면 쉽게 답을 구할 수 있다.

■ 첫째, 요구, 요청, 촉구 형식의 글은 대개 자신의 입장이나 처지를 먼저 알리면서 글을 시작한다. 그리고, "however, but" 등으로 문제를 제기한 뒤에, 중간에서 목적을 밝히는 경우도 있지만 대개 제일 마지막 부분 한두 문장에서 강력하게 자신의 목적을 요구하거나 주장하면서 글을 맺는 것이 일반적이다.

■ 둘째, 안내, 홍보, 또는 내용 설명 형식의 글은 처음부터 필자가 글을 쓰게 되는 이유나 목적을 간략하게 밝히므로, 이런 형식의 글은 일반 단락고도 매우 유사하다고 할 수 있다. 그래도 대개는 마지막 부분에서 글의 본래 목적을 뚜렷하게 설명하면서 자신의 목적을 독자들에게 각인시

키려 한다. 따라서 이런 유형의 글도 앞서 공부한 일반 단락처럼 처음과 마지막 부분 한두 문장을 잘 파악하면 문제를 해결할 수 있다.

셋째, 편지 글은 대개 앞부분이 인사, 그리고 상대방의 사정이나 형편 등에 대한 안부, 그리고 중간 이후에 글의 목적이 들어간다. 그리고 마지막에도 서로 간의 염려나 안부로 끝을 맺는 것이 일반적이다. 그리고 편지는 대부분 처음 시작이 Dear Mr.처럼 Dear로 시작되므로 이 경우는 일반 편지라는 것을 간파하고 글의 목적은 중간 이후에서 찾아야 문제를 정확하고 신속하게 해결할 수 있다. 끝으로 이런 목적을 추론하는 문제의 유형을 익혀두면 일상 생활에서도 많은 도움이 된다. 특히, 영어권 국가에 유학을 하거나 지사 근무 등으로 외국에서 장기 체류를 할 경우 종종 이러한 상황에 부딪칠 때 자신의 불편이나 어려움을 호소하는 데 매우 유용하게 활용될 수 있다.

[영어독해 B형 글의 목적 추론하기 문제]

1. 다음 글의 목적으로 가장 적절한 것은? [1점]

2013년 수능(홀) 기출문제

As you are well aware, a great tragedy took place in our city last week. Some faulty electrical wiring led to a fire breaking out and eventually destroying an entire block of homes in the suburbs. Form the very beginning it was fanned by strong winds, but it would not have spread so far and so quickly, if our firefighters had been able to arrive at the scene in time. **Our city has only one fire station located downtown. Would you please establish a new fire station in our area, since you are mayor of our city? We are in urgent need of one. I took forward to your response.**

■ 마지막 부분 해석: 당신은 우리의 시장이니 우리 지역에 새 소방서를 건설해 주겠습니까? 우리는 소방서가 시급하게 필요합니다. 당신의 답변을 기다리겠습니다.

① 소방서 신설을 건의하려고

② 강풍대비 훈련을 통보하려고

③ 전기시설의 교체를 촉구하려고

④ 소방시설의 현대화를 제안하려고

⑤ 소방관의 조속한 파견을 요정하려고

2. 다음 글의 목적으로 가장 적절한 것은? [1점]

2014년 (예비) 평가원 기출문제

To Whom It May Concern,

I recently acquired a Toigeur Airways(TA) return ticket from Los Angeles to Incheon using 35,000 reward miles. Due to an unexpected event, I suddenly had to change my return flight from a 09: 15 flight to a later 20: 45 flight. I contacted the airplane as soon as I could in order to change my flight. However, I was told by a TA employee that it was the airline's policy not to allow a passenger to make changes to a ticket purchased with reward miles. **In the end, I had to buy a new ticket and I don't think that was fair. I strongly insist that your policy be changed for the convenience of the customers.**

■ 마지막 부분 해석: 결국 저는 새 항공권을 사야만 했는데, 그것은 공정하지 않다고 생각합니다. 저는 승객의 편의를 위해서 귀사의 방침이 바뀌어야 한다는 것을 강하게 주장합니다.

① 항공사 방침의 개선을 요구하려고

② 마일리지 적립방법을 문의하려고

③ 변경된 탑승시간을 확인하려고

④ 항공사 직원교육을 통지하려고

⑤ 출발시간 지연에 대해 항의하려고

3. 다음 글의 목적으로 가장 적절한 것은? [2점]

2013년 (9월) 평가원 기출문제

In this digital age, images are essential units of information, and knowing how to use photography effectively is more important than ever. Fortunately, enrolling at the Hobbiton Institute of Photography is one of the easiest, most cost-effective ways to take your photography to the next level. You will be assigned a personal adviser, have your work evaluated by experienced experts, and receive insightful suggestions on how to make it better. **You'll also learn to think on your feet and develop the eye of a photographer. You can pursue your passion with us, and your photography will never be the same.**

- 마지막 부분 해석: 당신은 또한 스스로 생각하는 것과 사진가의 눈을 계발하는 것을 배울 것이다. 당신은 당신의 열정을 우리와 함께 추구할 수 있고 당신의 사진술은 결코 이전과 같지 않을 것이다.

① 사진 전문 강사진을 소개하려고

② 사진 전문 교육기관을 홍보하려고

③ 디지털 사진 촬영 기법을 설명하려고

④ 사진 분야 취업정보를 제공하려고

⑤ 디지털 사진술 활용을 권장하려고

4. 다음 글의 목적으로 가장 적절한 것은? [2점]

2013년 (6월) 평가원 기출문제

The descriptions of sound production have been rewritten in this edition so as to update the theory on which they were based and to provide better practical advice regarding pronunciation problems. Several figures have been redrawn in order to achieve greater accuracy and clearer detail. The authors have tried to eliminate traces of gender-biased attitudes wherever they were detected, and a definite attempt has been made to balance female and male references. **The most significant kind of change in the new edition, however, is the result of the effort we have made to introduce more use of language for real communicative purposes in the learning activities suggested for students to carry out.**

■ 마지막 부분 해석: 하지만 이번 개정판에서 가장 중요한 종류의 변화는 학생들이 수행하도록 제시된 학습활동에서 실질적인 의사소통 목적을 위한 언어의 더 많은 사용을 소개하기 위해 우리가 기울인 노력의 결과이다.

① 개정판의 주요 변화를 설명하려고
② 새로운 언어 학습법을 제시하려고
③ 새 책의 출판 일정을 안내하려고
④ 새로운 편집규정을 통보하려고
⑤ 최근의 발음 이론을 소개하려고

5. 다음 글의 목적으로 가장 적절한 것은? [1점]

2013년 (6월) 평가원 기출문제

Dear Mr. Johnson.

I can't tell you how sorry I was to learn that the flood caused almost total damage to your home. I can only imagine what a terrible loss it must be. The very prospect of losing everything and having to start all over again would be overwhelming for anybody. **That is why I want to provide you with any assistance that I can. I have an extra bedroom that you are welcome to use. As your friends and neighbors join forces to support you in your time of need, I'm sure that everything will seem a little brighter with each new day. In the meantime, please take good care of yourself**.

With all good wishes,
Richard Jackson

■ 중간부분 해석: 그런 이유로 저는 당신에게 제가 할 수 있는 어떤 도움이라도 제공하고자 합니다. 저에게 여러분의 침실이 있는데, 당신이 자유롭게 사용해도 됩니다. 당신의 친구들과 이웃들이 어려운 시기에 처해있는 당신을 돕기 위해 힘을 모으고 있어서——.

[해설]

이 글은 Dear Mr.로 시작되는 것으로 보아 편지형식의 글임을 알 수 있다. 따라서 바로 목적을 추론하기 위해서는 중간 이후 부분부터 파악에 들어가면 분명한 목적을 신속 정확하게 답이 ①번임을 알 수 있다. 글의 목적을 묻는 문제는 해석한 부분만 봐도 답을 알 수 있으므로 따로 해설이 필요 없을 것 같아 생략하였다.

① to offer help

② to ask for advice

③ to express thanks

④ to give a warning

⑤ to make an apology

5. 빈칸 완성하기

우리말 설명

■ 빈칸 완성하기는 지문의 첫 한두 문장인 서론이나 중간부분인 본론, 또는 마지막 한두 문장인 결론부분에 빈칸을 주고 그곳에 들어갈 적절한 문장이나 어구, 또는 어휘를 고르는 문제이다. 특히, 출제 문항 수가 7-8개 정도로 가장 빈도가 높고, 또한 대부분 학생들이 가장 어려워하는 문제로 파악하고 있다. 하지만 빈칸을 추론하는 문제도 글의 형성구조와 글이 전개되는 과정(흐름)에 대한 이해가 있으면 매우 쉽게 문제를 해결할 수 있다. 이 책의 "단원 I의 Book VII"에서는 글의 구조와 함께 글이 전개되는 과정에 대한 방법을 매우 소상하게 제시해놓았다. 좋은 글은 한결같이 주제문을 지지하기 위해 필자 개인의 신념이나 경험, 일반적으로 검증된 사례나 근거, 통계 및 분석자료, 과학적 이론, 전문가의 견해, 또는 역사적 사실, 명언 등 다양한 관련 예증들을 통하여 반드시 주제문과 연관을 가진 내용으로 앞뒤 문장이 서로 핵심어나 핵심 내용을 물고 전개된다.

■ 좋은 단락의 지문은 대개 첫 한두 문장이 주제문이다. 필자는 주제문에서 무언가 자신이 이야기하고자 하는 내용을 직-간접으로 드러내고 있기 때문에 주제문을 읽고 나면 누구든 글의 방향과 흐름을 대강 짐작할 수 있다. 그리고 주제문의 핵심어(key word)나 핵심내용(controlling ideas)을 반드시 주목해야 한다. 다음에 이어지는 이야기는 모두 이를 중심으로 전개되기 때문이다. 그리고 요즘 출제되는 수능영어 문제를 정확하게 해결하기 위해서는 반드시 서론을 파악하는 데서 시작해야 한다. 따라서 이 책을 착실히 공부한다면 다음 세 가지 팁(tips)만으로도 어렵다고 생각하는 빈칸 완성하기 문제를 쉽게 해결하는데 큰 도움이 되리라 확신한다.

■ 첫째, 빈칸이 첫 주제문에 있을 때는 주제문의 핵심어(key word)와 핵심 내용을 이해한 뒤에 이어지는 문장을 먼저 정확하게 파악하면 빈칸을 추론할 수 있다. 그래도 확신이 서지 않으면 결론문장을 주목해야 한다. 좋

은 단락은 대개 수미상관을 이루고 있으므로 필자는 결론문장에서 서론을 재진술하면서 자신의 견해를 더욱 구체화시키는 경향이 있어, 결론으로 서론의 빈칸을 추론하는데 도움이 될 수 있다.

둘째, 빈칸이 중간부분인 본론에 있을 경우는 빈칸이 들어 있는 문장의 앞과 뒤를 정확히 파악해야 한다. 모든 글은 그냥 전개되는 것이 아니라, 반드시 앞뒤 문장과 상관관계를 가지고 있기 때문이다. 그리고 빈칸문제가 중간부분에 있다고 해도 먼저 주제문을 파악해야 한다. 경우에 따라서는 빈칸이 뒷문장과 더 깊은 관련이 있으므로 앞의 한두 문장을 파악하고도 추론이 미심쩍을 땐 뒷문장을 살펴보는 것이 도움이 될 수 있다.

셋째, 빈칸이 마지막 결론부분에 있을 때는 먼저 결론부분을 한두 문장 확대하여 읽어보아야 한다. 그래도 빈칸의 해답을 추론하기가 쉽지 않다고 판단되면 다시 서론부분의 핵심어와 핵심내용을 파악하면 빈칸을 추론할 수 있는 실마리를 찾을 수 있게 될 것이다. 좋은 글의 서론과 본론은 서로 상관관계를 가지고 있기 때문이다.

[영어독해 B형 글의 빈칸 완성하기 문제]

1. 다음 글의 빈칸에 들어갈 말로 가장 적절한 것을 고르시오 [3점]

2014년(예비) 평가원 기출문제

A good place for business leaders to start the process of building trust is by becoming more (———) to their employees. Getting out of the office and mixing with employees is a simple solution to a very common trust problem. In organizational improvement workshops, we often ask, "What is the single greatest barrier to improving communication and trust between you and your manager?" In many cases, the first response is, "I never see her. She is always in a meeting." The employees cannot develop a perception of trust with higher-ups when some don't even know what they look like. If leaders seldom come out the office, choosing to communicate through email instead, they are no longer of a part that organization.

[해설]

이 문제는 서론 도입부에 빈칸이 주어져 있다. 따라서 빈칸 문장을 먼저 파악하고 난 뒤, 이어지는 문장을 한두 개 더 확대하여 읽어보면 빈칸을 추론할 수 있다.

- 빈칸문장: 사업지도자들이 신뢰감을 쌓는 과정을 시작하기 전에 적절한 환경은 직원들에게 더 (———) 함으로써, 될 수 있다.
- 다음문장(연결문장): 사무실 밖으로 나와 직원들과 함께 어울리는 것은 매우 흔한 신뢰감 문제에 대한 간단한 해결책이다.
- 결론문장: 지도자들이 사무실에서 좀처럼 나오지 않고, 대신에 E메일을 통해 의사소통하기를 선택한다면 그들은 더 이상 그 조직의 일부가 되지 못한다.

① similar ② visible ③ frank ④ grateful ⑤ subjective

2. 다음 글의 빈칸에 들어갈 말로 가장 적절한 것을 고르시오 [2점]

2014년 수능(홀) 기출문제(33번)

Policymaking is seen to be more objective when experts play a large role in the creation and implementation of the policy, and when utilitarian rationality is the dominant value that guides policy. Through the use of the scientific method to determine the facts of any given policy situation, the power of social constructions is supposedly diminished, and solutions to social problems are discovered in an objective way. This process creates an illusion of neutrality and implies a transcendence of the pitfalls and inequalities commonly associated with policymaking. From this perspective, scientists and professionals emerge as the appropriate experts to be consulted in policymaking, while local citizen input and knowledge is often viewed as unnecessary. Scientific and professional policy design does not necessarily escape the pitfalls of degenerative politics. Scientific and professional often relies on a particular type of knowledge that is limited to utility and rationality considerations. This approach to policy typically does not consider values and cultural factors that cannot be measured empirically. Scientifically designed policies can serve interests that run counter to the public interest. They ______________________

*transcendence: 초월

[해설]

이 문제는 결론문장의 주어 다음에 빈칸이 주어져 있다. 따라서 빈칸 문장을 먼저 파악하고 난 뒤, 앞 문장을 한두 개 더 확대하여 읽어보면 빈칸을 추론할 수 있다.

- 앞 문장: 과학적으로 계획된 정책들은 대중적 이익에 반하는 이익에 기여할 수 있다. 여기서 바로 우리는 빈칸을 추론할 수 있다. 왜냐하면 과학적으로 계획된 정책들을 빈칸의 주어 They가 받고 있음을 알 수 있다. 그리고 이 정책들은 "대중적인 이익에 거스르는 것"이므로, 대중적 이익에 반하는 것이야 말로"불공평하고 부당한 관계"임을 유추할 수 있기 때문이다." 따라서 답은 ②번이다. 이 문제는 생각보다 쉽게 해결할 수 있는데도 많은 학생들이 어려웠다고 하는 이유를 모르겠다. 어쩌면 빈칸 완성하기를 추론하는 방법을 모르고 있는데다, 지문이 길고 해석이 난해한 때문일 수도 있다.

① reveal objective solutions to social problems.

② can reinforce unequal and unjust relationships.

③ may be free from the inequalities of policymaking.

④ do stress cultural values rather than utilitarian ones.

⑤ use empirically proven theories to reflect locals' input.

3. 다음 글의 빈칸에 들어갈 말로 가장 적절한 것을 고르시오 [2점]

2014년 수능(홀) 기출문제(34번)

Like many errors and biases that seem irrational on the surface, auditory looming turns out, on closer examination, to be pretty smart. Animals like rhesus monkeys have evolved the same bias. This intentional error functions as an advance warning system, manned by the self-protection subself, providing individuals with a margin of safety when they are confronted with potentially dangerous approaching objects. If you spot a rhinoceros or hear an avalanche speeding toward you, auditory looming will motivate you to jump out of the way now rather than wait until the last second. The evolutionary benefits of immediately getting out of the way of approaching dangers were so strong that natural selection endowed us – and other mammals-with brains that ____. Although this kind of bias might inhibit economically rational judgment in laboratory tasks, it leads us to be behave in a deeply rational manner in the real world. Being accurate is not always smart.

*avalanche: 눈사태

[해설]

이 문제는 빈칸이 중-후반부에 주어져 있다. 이런 경우에는 앞서 설명한 대로 먼저 빈칸 문장을 정확히 파악한 뒤에 앞뒤 문장을 모두 살펴보면 답을 추론할 수 있다.

- 빈칸문장: 닥쳐오는 위험으로부터 즉각적으로 벗어나는 진화의 이점들은 너무도 강력하여 자연도태(선택)가 우리 인간, 그리고 다른 포유동물에게 that 이하(―――――)를 가진 두뇌를 선사했다.
- 주제문(앞 문장): 만약 여러분이 코뿔소를 발견하거나 여러분을 향해 빠르게 다가오는 눈사태 소리를 듣게 된다면, 청각적 편견(희미함)이 여러분들로 하여금 마지막 순간까지 기다리게 하기보다는 지금 그 상황으로부터 뛰어서 벗어나도록 자극할 것이다.
- 뒷 문장: 비록 이런 종류의 편견이 실험실에서 임무를 수행할 때는 경제적으로 합리적인 판

단을 방해할 수도 있을지라도, 실제 세계에서는 매우 합리적인 방법으로 그것이 우리를 행동하도록 유도할 것이다. 정확하다는 것이 항상 재치가 있거나 효과적인 것만은 아니다. 앞 문장에서 빈칸을 추론할 수가 있다. 청각적 편견(불분명함)이 여러분을 위험으로부터 벗어나도록 자극한다. 이는 곧, 의도적으로 부정확하게 보고 듣도록 하는 두뇌와 논리적으로 연결될 수 있을 것이다. 답은 ①번이다. 〈p 34, Model Ⅳ 해설 참조〉

① intentionally see and hear the world inaccurately

② are geared to evaluate aural information precisely

③ deliberately make rational yet ineffective decisions

④ prompt us to overlook dangers without thinking rationally

⑤ accurately detect, but irrationally ignore, approaching danger

4. 다음 글의 빈칸에 들어갈 말로 가장 적절한 것을 고르시오 [2점]

2014년 수능(홀) 기출문제(35번)

Mathematics will attract those it can attract, but it will do nothing to overcome resistance to science. Science is universal in principle but in practice it speaks to very few. Mathematics may be considered a communication skill of the highest type, frictionless so to speak; and at the opposite pole from mathematics, the fruits of science show the practical benefits of science without the use of words. But those fruits are ambivalent. Science as science does not speak; ideally, all scientific concepts are mathematized when scientists communicate with one another, and when science displays its products to non-scientists it need not, and indeed is not able to, resort to salesmanship. When science speaks to others, it is no longer science, and the scientist become or has to hire a publicist who dilutes the exactness of mathematics. In doing so, the scientist reverses his drive toward mathematical exactness in favor of rhetorical vagueness and metaphor, thus ______________________________.

[해설]

이 문항은 빈칸이 결론문장의 마지막에 주어져 있다. 따라서 이 경우에는 먼저 결론문장을 파악한 뒤, 앞 문장으로 확대해석을 하면서 연관관계를 유추하면 해답의 실마리를 얻을 수 있을 것이다.

- 결론문장 및 빈칸문장: 그렇게 함으로써, 과학자는 수사학적인 모호함과 은유적 표현에 편승하여 수학적인 정확성에 대한 자신의 욕구를 뒤집는다. 그래서 (————————) 앞 뒤 문장의 논리성을 따질 때는 가장 먼저 접속사가 역접인가, 순접인가를 본다. 그리고 문장의 의미관계를 보는데, 이때 주목해야 할 품사가 바로 동사이다. 여기서 앞 문장의 동사 뒤집는다(reverse)와 호응할 수 있는 다음 빈칸문장의 동사적 의미는 분사(violating)가 매우 적절하다.
- 앞 문장: 과학이 다른 사람들에게 말을 할 때, 과학은 더 이상 과학이 아니다. 그리고 과학자는 수학의 정확성을 희석시키는 홍보담당자가 되거나, 홍보담당자를 고용해야 한다. 이들 두 문장을 통하여 빈칸에 들어갈 논리적으로 적절한 말은 "과학자로서 그를 규정하는 지적 행위의 규칙을 어기면서…"라는 내용이 들어가야 자연스런 흐름이 되면서 답은 ⑤번이 된다.

① degrading his ability to use the scientific language needed for good salesmanship

② surmounting the barrier to science by associating science with mathematics

③ inevitably making others who are unskillful in mathematics hostile to science

④ neglecting his duty of birding the gap between science and the public

⑤ violating the code of intellectual conduct that define him as a scientist

5. 다음 글의 빈칸에 (A), (B)에 들어갈 말로 가장 적절한 것을 고르시오 [3점]

2014년 수능(홀) 기출문제(36번)

F. Scott Fitzgerald thought that the test of first-rate intelligence was the ability to hold two opposed ideas in mind at the same time and still function. The eons shaped our brains in the ___(A)___ direction. Confirmation bias is a term for the way the mind systematically avoids confronting contradiction. It does this by overvaluing evidence that confirms what we already think or feel and undervaluing or simply disregarding evidence that refutes it. Testimony from members of the Crow tribe about the destruction of their culture provides an extreme and tragic example of this. A man named Plenty Coups reported that "when the buffalo went away, the hearts of my people fell to the ground and they could not lift them up again. After this nothing happened." He was not alone in describing the depth of despair as the end of history. "We just lived." The emotion was so strong that the brain __(B)__ evidence of the continued existence of normal, everyday life that might have eased it.

*eon: 무한히, 영겁

[해설]

한 지문에 (A), (B) 두 개의 빈칸이 주어질 경우는 대개 문장이 어렵지 않은 경향이 있는데, 이때는 전체를 대강 훑어보면서(skimming) 빈칸 문장의 앞을 정확하게 파악하면 원하는 답을 쉽게 유추할 수가 있다.

- (A)의 앞 문장 : 스캇이라는 사람의 생각은 일급 지능 테스트는 마음에 서로 상반되는 두 개의 아이디어를 동시에 가지는 능력이며, 그리고 여전히 기능을 하는 것이다.
- (A) 빈칸문장 : 이런 오랜 세월이 (——빈칸[한]——) 방향에서 우리의 두뇌를 형성시켰다. 여기서 우리는 서로 상반되는 두 아이디어를 통해 빈칸에 들어갈 말이 opposite이라는 어휘가 글의 흐름상 적절하다는 것을 짐작할 수 있다.
- (B)의 앞 두어 문장 : 그는(부족 중 한 사람) 역사가 끝나는 것처럼 깊은 절망을 설명할 때 혼자가 아니었다. 부연하면 이는 곧 주변 대부분 사람들이 이런 생각에 공감했다는 것을 말한다. "우리는 단순히 그냥 살았다." 그런 감정(절망감)은 너무나 강력해 우리의 두뇌가 그런 절망감을 덜어(완화해)줄 정상적이고 일상적인 생활이 계속될 것이라는 생존의 근거를 (—[빈칸]했다—). 여기서 우리는 rejected라는 동사가 흐름상 적절하다는 것을 추론하게 된다.
- 이 글은 서론에서 인간이 두 개의 아이디어를 인지하는 지능의 형성을 말하면서 편집확증(confirmation bias)에 관한 설명을 하기 위해 한 부족의 미신(들소가 달아나 버림으로써 그들의 역사가 모두 끝난다)으로 이를 예증하고 있다 답은 ②이다.

	(A)	(B)
①	opposite	retained
②	opposite	rejected

③ wrong	validated
④ same	falsified
⑤ same	overlooked

6. 글의 순서 정하기

우리말 설명

순서 정하기는 글의 논리적인 흐름과 맥락을 파악하는 능력을 평가하는 유형의 문제이다. 이러한 문제는 미국의 학교 교과서(textbook)나 참고서(reference book) 등에서도 문장 배열 문제(the question of sentence sequencing)로 자주 다루고 있다. 주어진 글 뒤에 이어질 글의 순서를 논리적으로 나열하는 것인데, 이는 글을 읽고 이해하는 것뿐만 아니라, 글을 쓰는 데도 매우 중요한 역할을 한다.

이런 유형의 문제는 글의 원리, 즉 구조와 흐름을 잘 파악하지 못하는 사람들에게는 매우 어렵게 느껴질 수 있다. 그러나 글의 구조와 전개 방식을 학습하면 이러한 유형의 문제는 해결이 매우 간단해진다. 먼저 이 책의 "Book VII"에서 글의 전개 요령을 공부한 뒤에, 주어진 "문장배열하기(Sentence sequencing)"에 관한 예문을 읽고 공부하면 더욱 큰 도움이 될 것이다. 그런데 한 가지 안타까운 것은 우리의 영어교육현장에서 아직도 영어식 글의 구조와 전개 요령 등에 대한 정확한 이해를 하고 있는 분들이 드물다는 것이다. 때문에 대부분 학생들이 이런 문제를 어려워하고 있다. 다음 3개 팁(tips)으로 이런 유형의 문제를 어렵지 않게 해결하는 방법을 제시한다.

첫째, 좋은 영어식 글은 이 책에서 여러 번 반복하여 설명한 것처럼, 주제문을 중심으로 논리적으로 전개되는 선형구조를 형성하고 있다. 따라서 먼저 주제문이 포함된 주어진 글을 읽고 핵심 내용을 정확히 파악한다. 그리고 가장 중요한 포인트는 주어진 글의 마지막 문장을 정확히 파악하는 것이다. 마지막 문장의 핵심어(key word)를 지시하는 지시어나, 부정관사, 정관사 등에 관심을 가지는 것이 매우 중요한 포인트가 된다.

■ 둘째, 주어진 글의 마지막 문장의 핵심내용(main idea)이나 핵심어(key word)에 주목한다. 그러면 다음 문장은 거의 이 마지막 문장의 핵심내용이나 키워드에 대한 이유, 결과, 원인, 예시 등을 통한 설명으로 글이 이어지게 된다.

■ 셋째, 이런 유형의 문제는 대개 주어지는 글이 3개 정도 되기 때문에 마지막에 배치되는 글은 전체 글의 결론문장이 된다. 따라서 결론문장은 앞에서 배운 것처럼, 주제문을 재진술하거나 본론부분의 요약 또는 필자의 주장이 들어가게 되므로 이런 점에 착안하면 어떤 글이 마지막에 오게 될 것인가를 쉽게 찾을 수 있다. 다시 말해 마지막에 오는 글은 어딘가 모르게 결론의 흔적을 나다내고 있음을 알 수 있다.

[영어독해 B형 글의 순서 정하기 문제]

1. 주어진 글 다음에 이어질 글의 순서로 가장 적절한 것은? [3점]

2014년 수능(홀) 기출문제(38번)

[주어진 글] We tend to perceive the door of a classroom as rectangular no matter from which angle it is viewed. Actually, the rectangular door of a classroom projects a rectangular image on our retina only when it is viewed directly from the front.

(A) Slowly the trapezoid becomes thinner and thinner, and all that is projected on the retina is a vertical line, which is the thickness of the door.

These changes we can observe and distinguish, but we do not accept them.

(B) Similarly, a round coin is seen as round even when viewed from an angle at which, objectively, it should appear elliptical. In the same way, we see car wheels as round, even thought the retinal image is oval when viewed from an angle other then directly from the front.

(C) At other angles, the image will be seen as a trapezoid. The edge of the door towards us looks wider than the edge hinged with the frame.
* trapezoid: 사다리꼴 * elliptical: 타원형의

[해설]

주어진 글의 주제문의 핵심 내용은 교실 문짝은 어느 각도로 보든 우리가 직사각형으로 인지하게 되는데, 실제로는 정면으로 바라볼 때만 직사각형이지, 다른 측면에서 보면 직사각형이 아닌데도 그렇게 인지를 하는 것은 교실의 직사각형 문짝이 우리의 망막에 직사각형 이미지를 투영하기 때문이다.

주어진 글, 주제문 후반부에는 a rectangular image라는 어휘가 핵심어임을 인지하면 다음 이어질 글을 쉽게 찾을 수 있다. 다음은 반드시 이 이미지에 대한 설명으로 이어질 것이기 때문이다. 따라서 (C)의 글을 보면 이 a rectangular image를 받아 the image 라는 말로 글이 이어지고 있다. 이에 착안하여 내용을 봐도 글의 흐름이 논리적으로 전개되고 있음을 알 수 있다.

그러면 (C) 글을 보면 다른 각도에서 그 이미지가 사다리꼴로 보이는 데 이는 이러이러하기 때문이라고 설명한다. 그리고 (A) 문장은 바로 이 사다리꼴을 받아 설명이 이어지고 있다. 마지막으로 (A) 글을 보면 이와 유사하게 원에 대한 설명이 이어지면서 자동차 바퀴도 정면에서 보면 원이지만 다른 각도에서는 실제로 타원으로 보이는데도 자동차 바퀴는 늘 원으로 이미지화 되는 것은 망막의 이미지화 때문이라는 것이다.

[정답]= (C)-(A)-(B)

2. 주어진 글 다음에 이어질 글의 순서로 가장 적절한 것은? [2점]

2014년 (6월) 평가원 기출문제

[주어진 글] Here is an uncomfortable math problem: By 2045 Earth's population will likely have swelled from seven to nine billion people.

(A) Julian Cribb, author of The Coming Famine, says higher yielding crop varieties and more efficient farming methods will be crucial. So will waste reduction, Cribb and other experts urge cities to reclaim nutrients and water from waste streams and preserve farmland.

(B) Poor countries, they say, can improve crop storage and packing. And rich nations could cut back on resource-intensive foods like meat. In fact, wherever easy access to cheap food means people buy more than they consume, we could all start by shopping smarter-and cleaning our plates.

(C) To fill all those-while accounting for shifting consumption patterns, climate change, and a finite amount of farmland and drinkable water-some experts say global food production will have to double. How can we make the numbers add up?

[해설]

주어진 글이 주제문이다. 주제문의 핵심 내용은 "지구 인구증가문제"에 있다. 따라서 다음 문장은 당연히 이 핵심내용과 관련되는 문장이 나와야 하며 이에 관한 설명이 있어야 한다.

이러한 엄청난 인구 증가로 인해 일어날 것을 뒷받침하는 문장은 (c)이다. (c)는 이런 예기치 않는 급격한 인구증가에 따른 문제를 언급하고 있기 때문이다. 그리고 (c) 마지막 문장에 주목해야 한다, "어떻게 우리는 그 숫자들(필요한 식량의 양)이 늘어나게 할 수 있는가?"

(c)의 마지막 문장의 물음에 대한 적절한 문장은 당연히 어떤 전문가의 말을 직간접적으로 인용하는 것이 순서일 것이다. 따라서 (A)가 다음에 올 수 있는 개연성이 가장 높다. 그래도 우리는 정확한 답을 찾기 위해 (B)도 함께 내용을 살펴봐야 한다.

그런데 (B)의 마지막 문장의 내용이 다행스럽게도 주제문(주어진 글)의 문제에 대한 해결책을 제시하는 것으로 필자의 주장을 담고 있음을 알 수 있다. 따라서 (B)가 결론문장으로 끝에 오는 것이 확실함을 알게 된다.

[정답]=(C)-(A)-(B)

3. 주어진 글 다음에 이어질 글의 순서로 가장 적절한 것은? [2점]

2013년 수능(홀) 기출문제

[주어진 글] When you walk into a store, you are besieged by information. Even purchases that seem simple can quickly turn into a cognitive quagmire. Look at the jam aisle.

(A) Rational models of decision-making suggest that the way to find the best product is to take all of this information into account and to carefully analyze the different brands on display. But this method can backfire.

(B) A glance at the shelves can inspire a whole range of questions. Should you buy the smooth-textured strawberry jam or the one with less sugar? Does the more expensive jam taste better?

(C) When we spend too much time thinking in the supermarket, we can trick ourselves into choosing the wrong things for the wrong reasons. Making better decisions when picking out jams or bottles of wine is best done with the emotional brain, which generates its verdict automatically.

[해설]

주어진 글, 주제문의 핵심내용은 "당신이 가게에 들어갈 때 정보에 둘러싸인다." 그리고 주어진 글의 마지막 문장이 "잼 통로를 보라"고 하는데, 우리는 여기서 다음 문장에 올 문장이 바로 (B)임을 알 수 있다. 왜냐하면 (B)의 첫 문장이 선반을 힐끗 보는 것으로 시작됨을 안다. 그리고 (B)의 끝 문장이 "더 비싼 잼이 맛이 더 좋은가?"라고 묻는다. 우리는 여기서 이에 대한 적절한 답을 생각하면서 다음 문장을 고르는 데

신경을 기울여야 한다. 그런데 마침 (A)의 첫 문장이 "의사결정의 합리적 모델—"이라는 것을 알 수 있다. 그래도 확신이 들지 않을 경우에는 (C)의 마지막 문장이 결론 문장으로 적절한가를 따져보면 된다. 여기서 (C)의 마지막 문장은 "잼이나 와인을 고를 때, 더 나은 결정은 자동반사적으로 결정을 내리는 감정적 두뇌를 사용할 때 가장 잘 이루어진다." 이는 주제문을 재진술하면서 필자의 주장을 담고 있다.

[정답]=(B)-(A)-(C)

4. 주어진 글 다음에 이어질 글의 순서로 가장 적절한 것은? [2점]

2013년(7월) 교육청 기출문제

[주어진 문장] Much of socialization takes place during human interaction, without the deliberate intent to impart knowledge or values.

(A) It is very likely that the message Sally received from the morning's interactions was that it is not OK for children to interrupt adults, but it is OK for adult to interrupt children. The example shows that unintentional socialization may be the product of involvement in human interaction of observation of interaction.

(B) Later that morning Sally and her friend Tanya are busily plying with Legos. Sally is explaining and demonstrating to Tanya how to fit the pieces together. Miss Jones comes over to the block corner and interrupts with, "Girls, please stop what you are doing and come and see what Rene has brought to school."

(C) Form example, a four-year-old approaches two teachers conversing and excitedly says, "Miss Jones, Miss Jones, look!" One teacher says, "Sally, don't interrupt, we're talking."

[해설]

주어진 글, 주제문의 핵심내용은 "인간이 서로 반응하는 동안 많은 사회화가 이뤄

진다."는 것이다. 다음의 글은 바로 (C) 문장으로 이에 대한 예를 들고 있다. 그리고 자연스런 흐름은 (B)의 "이후 같은 날 아침에—"로 볼 수 있지만, 확신이 서지 않으면 (A)의 마지막 문장이 결론문장으로 적합한지를 점검하면 된다. (A)의 마지막 문장 "그 예는 의도하지 않은 사회화 과정이 사람들 사이에서의 상호 작용에 참여하거나 상호작용을 관찰한 결과일 수 있다는 것을 보여준다." 이는 완벽하게 주제문을 재진술하고 있음을 알 수 있다. 우리는 여기서 "글의 순서 정하기 문제" 를 제대로 해결하기 위해서는 글의 논리적 전개가 얼마나 중요한가를 알게 된다.

[정답] = (C) - (A) - (B)

7. 주어진 문장 넣기

우리말 설명

■ 이런 유형의 문제는 모두 주어진 문장이 어디에 들어가면 가장 적절할 것인가를 묻는다. 이를 해결하는 데는 먼저 글의 논리적 흐름과 구성을 이해하고 파악하는 데 있다고 할 수 있다. 그리고 문장간의 의미관계 추론이나 연결어, 지시어, 대명사, 사건의 시간적 흐름을 알려주는 부사, 정관사와 소유격 등도 부차적으로 문장간의 관계를 추론하는 단서가 될 수 있다.

■ 그러나 주어진 문장 넣기 문제는 앞에서 다룬 문제들과는 달리, 한두 곳의 포인트를 공략해서 답을 찾을 수 있는 것이 아니다. 한결 같이 주어진 글을 읽고 내용을 이해한 뒤에, 주제문을 중심으로 글의 흐름을 파악하면서 읽어내려 가면 주어진 글이 들어갈 적절한 곳을 만나게 된다. 이러한 방법으로 글의 흐름을 파악하면서 주어진 문장을 넣는 훈련을 할 경우, 앞으로 토플(TOEFL)을 공부하는 데도 도움이 된다. 그리고 글을 읽고 이해하거나 직접 글을 쓰는 데도 많은 도움이 될 것이다.

주어진 문장 넣기 문제는 대개 지문이 난해하거나 길지 않다. 따라서 이런 유형의 문제를 해결할 때는 무엇보다 먼저 박스 속에 주어진 글을 읽고 그 내용을 정확히 파악하고 있는 것이 중요하다. 그리고 주어진 내용을 가지고 글의 흐름을 따라 읽어가면서 번호가 매겨진 문장의 앞과 뒤가 자연스러운가 어색한가를 살핀다. 글의 흐름이 어색하다고 느껴지면 일단 멈추고, 주어진 내용을 넣어 보면 대강 짐작을 할 수 있는데, 확실성을 기하기 위해 앞 문장과 연관관계를 비교한다. 이때 앞의 핵심내용과 연결이 되는지, 또는 주어와 지시어 등이 적절한가를 보면 정확성을 확인할 수 있다. 특히, 주어진 문장이 역접의미를 가진 부사나 전치사 (but, however, despite) 등으로 시작될 경우에는 글을 읽어내려 가다가 반전이 되는 곳에 멈춰서 앞 뒤 문장을 비교하면 거의 문제의 답을 찾을 수가 있다.

1. 글의 흐름으로 보아, 주어진 문장이 들어가기에 가장 적합한 곳은? [3점]

2014년 수능(홀) 기출문제(39번)

[주어진 문장] So, when someone is threatening to go to war, or trying to convince us and mounting a huge public relations campaign to justify it, the news media have a responsibility to question everything.

It's important that the media provide us with diverse and opposing views, so we can choose the best available options. Let's take the example of going to war. ① War should be a last resort, obviously, undertaken when all other options have failed. ② They should be providing the most intense scrutiny on our behalf, so the public can see the other side of things. ③ Otherwise, we may be drawn into unnecessary wars, or wars fought for reasons other than those presented by governments and generals. ④ Most of the time, the media fail to perform this crucial role. ⑤ Even the large, so-called "liberal" American media have admitted that they have not always been watchdogs for the public interest, and that their own coverage on some major issues "looks strikingly one-sided at times."

*scrutiny: 면밀한 조사

[해설]

[주어진 문장]="그래서 누군가가 우리를 전쟁에 나가기를 협박하거나 설득하고, 전쟁을 정당화하기 위해 대형 홍보 캠페인을 개최하려고 할 때, 뉴스 매체들은 모든 것(즉, 의문을 해소하기 위한)을 질문해야 할 책임을 가지고 있다."

①번은 앞 뒤 문장이 자연스럽게 연결되어 있어 별로 문제가 없다.

②번은 앞 문장 "전쟁은 분명히(의심할 바 없이) 모든 것들이 선택의 여지가 없을 때, 취해져야 하는 마지막 수단이 되어야 한다." (주어진 문장)이 들어가면 매우 논리적이고 적절한 흐름이 된다. 따라서 주어진 문장이 들어갈 곳은 ②번이다. 특히, ②번 다음 문장은 주어진 문장의 핵심내용을 받아서 전개되고 있음을 알 수 있는데, 주어 They는 주어진 문장 속의 the news media(매체)를 받음으로써, 문장이 매우 논리적인 흐름을 보이고 있다. 그러나 주어진 문장을 빼면, They라는 주어는 앞 문장에서 받을 수 있는 것이 options밖에 없는데, 이 문장에서 options은 논리적으로 성립이 되지 않는다.

2. 글의 흐름으로 보아 주어진 문장이 들어가기에 가장 적절한 곳은? [3점]

2014년(예비) 평가원 기출문제

[주어진 문장] But they ran out of the special offers so you have to buy another of the meals at full price.

On the way home from work you see an excellent bargain, a really good ready meal at 25 percent of the usual cost. ① You snap up one but when you get home you feel like having a friend around. ② You phone, she agrees, so you pop out for another bargain. ③ The worst is to come:

you heat up both meals and then your friend phones to say something has come up and she can't make it. ④ You have two hot, unrepeatable meals: you have to throw one away. ⑤ Despite the fact that the meals are identical, economists say, people nearly always eat the one for which they paid full price.

[해설]

[주어진 문장] = "그러나 그들은 특가 제품이 다 떨어져서 정가로 다시 그 식품을 사야 한다."

이 문제는 주어진 문장에 있는 역접부사 But과 대명사 주어 They에 주목하면서 글의 흐름을 읽어가면 그 실마리를 찾을 수 있을 것이다. But은 앞 문장을 부정하거나 뒤집는 역할을 하므로 이를 염두에 두고 살펴봐야 한다. 그리고 대명사 주어 They가 무엇을 받는지를 찾아가면 문제를 해결하는데 어렵지 않을 것이다. 게다가 이 문제의 전체 글이 짧고 평이하므로 가능한 모두 읽어가면서 문제풀이에 접근해도 무리가 따르지 않을 것이다.

①, ②번까지는 앞 뒤 문장이 자연스럽게 연결되어 있어 별로 문제가 없다. 그러나 ③번에 이어지는 문장은 매우 어색함을 알 수 있다. 특히, The worst를 논리적으로 뒷받침해줄 것이 없음을 알 수 있다. 따라서 주어진 문장을 넣어보면 "그러나 그들은 특가제품이 다 떨어져서 다시 그 식품을 정가로 사야 한다." 이 상황을 The worst로 받을 수 있을 뿐 아니라, ②번 다음 문장을 보면 "당신은 친구에게 전화를 걸고, 그녀는 당신 말에 동의를 하고, 그래서 당신은 친구와 또 다른 특가 제품을 찾는다." "그러나 그들(당신과 친구)은 특가 제품이 다 떨어져서 정가로 다시 그 식품을 사야 한다."는 글의 흐름과도 일치하게 된다. 따라서 정답은 ③번이다.

3. 글의 흐름으로 보아 주어진 문장이 들어가기에 가장 적절한 곳은? [2점]

2014년(예비) 평가원 기출문제

[주어진 문장] Some consumers still remain loyal to the brand-name drug, perhaps out of fear that the new generic drugs are not actually the same as the drug they have been using for years.

When a firm discovers a new drug, patent laws give the firm a monopoly on the sale of that drug. ① During the life of the patent, the monopoly firm maximizes profit by controlling the quantity and the price. ② But eventually when patent on a drug expires, other companies quickly enter the market and begin selling so-called generic products that are chemically identical to the former monopolist's brand-name product. ③ And expectedly, the price of the competitively produced generic drug is well below the price that the monopolist was charging. ④ The expiration of a patent, however, does not cause the monopolist to lose all its market power. ⑤ As a result, the former monopolist can continue to charge a price at least somewhat above the price charged by its new competitors.

[해설]

[주어진 문장]="어떤 소비자들은 여전히 (자신이 사용하던) 브랜드 네임 약에 충실한데, 이는 아마도 새로운 약이 그들이 오랫동안 사용해오고 있는 약과는 실제로 같지 않다는 공포 때문일 것이다."

주어진 문장의 내용을 염두에 두고 글을 읽어내려 가면 ①, ②, ③, ④번 까지는 앞뒤 문장이 자연스럽게 연결되어 있어 별로 문제가 되지 않는다. 그러나 ④번 다음 문장의 however에는 주목을 할 필요가 있다. "그러나 특허의 만료에도 불구하고 독점기업이 시장의 힘을 상실하지 않는다." 이에 대한 논리적인 설명으로 왜 그런가 하는 이유가 제시돼야 하는데, 이때 주어진 내용"어떤 소비자들은 여전히 (자신이 사용하던) 브랜드 네임 약에 충실한데, 이는 아마도 새로운 약이 그들이 오랫동안 사용해오고 있는 약과는 실제로 같지 않다는 공포 때문일 것이다."라는 것이 매우 적절하며, 뒷문장의 "그 결과"로 시작되는 그 결과에 대한 원인으로 아주 적합함을 알 수 있다. 따라서 정답은 ⑤번이 된다.

4. 글의 흐름으로 보아 주어진 문장이 들어가기에 가장 적절한 곳은? [2점]

2013년 수능(홀) 기출문제

[주어진 문장] Despite such evidence of favoritism toward handsome politicians, follow-up research demonstrated that voters did not realize their bias.

Research has shown that we automatically assign to good-looking individuals such favorable traits as talent, kindness, honesty, and intelligence. ① Furthermore, we make these judgments without being aware that physical attractiveness plays a role in the process. ② Some consequences of this unconscious assumption that "good looking equals good" scare me. ③ For example, ad study of the 1974 Canadian federal elections found that attractive candidates received more than two and a half times as many votes as unattractive candidates. ④ In fact, 73 percent of Canadian voters surveyed denied in the strongest possible terms that their voters had been influenced by physical appearance; only 14 percent even allowed for the possibility of such influence. ⑤ Voters can deny the impact of attractiveness on electability all they want, but evidence has continued to confirm its troubling presence.

[해설]

[주어진 문장]="잘 생긴 정치인들을 향한 치우친 애정(편견)에 대한 그런 증거에도 불구하고, 후속 연구는 유권자들이 자신의 편견을 깨닫지 못했다는 것을 보여주었다."

주어진 문장의 내용을 가지고 전체 글을 죽 읽어내려 가면, ①, ②, ③번까지는 글의 흐름에 문제가 없다. 모두 주제문을 뒷받침하는 설명과 보기 등으로 글이 자연스럽게 전개되고 있다. 그러나 ④번 앞의 문장을 보면 "예를 들면, 1974년 캐나다 연방 선거의 광고 연구는 매력 있는 후보가 매력이 없는 후보에 비해 두 배반 이상의 득표를 했다는 것을 알았다." 그리고 ④번 다음 문장은 "실제로, 조사에 참여한 캐나다인 유권자의 73%가 가장 강력한 어조로 그들 유권자들이 육체적 외모에 영향을 받은 것을 부인했다. 그리고 단지 14%만 그런 영향의 가능성을 시인했다." 이 두 문장은 서로 논리적 성립이 되지 않는다. ④번 앞 문장은 과거 1974년 광고조사 이야기를 하고 있고, 뒷문장은 근래의 리서치 결과를 나타내고 있다. 따라서 여기에 주어진 문장의 내용인 "잘 생긴 정치인들을 향한 치우친 애정(편견)에 대한 그런 증거에도 불구하고, 후속 연구는 유권자들이 자신의 편견을 깨닫지 못했다는 것을 보여주었다."를 넣어보면 서로 앞 뒤의 문장이 자연스런 흐름이 됨을 알 수 있다. 따라서 정답은 ④번이다.

[참고]

이상 "단원 I"의 Book VIII의 7개 장(Chapter)만 공부를 해도, 매년 출제되는 대입수능 영어시험에 듣기를 제외한 23개 문항 대부분을 커버해 낼 수 있다. 그리고 지면 관계로 나머지 관련 문항들을 모두 언급하지 못했지만, 각 장에서 밝힌 팁(tips)을 적절히 잘 활용할 경우, "내용 일치"를 비롯하여, "지칭추론", "문단 내용요약하기", "무관한 문장 고르기", "장문의 이해" 등 대부분의 수능영어 문제를 해결하는 데 큰 도움이 되리라는 것을 확신한다. 따라서 이 책의 "단원 I"은 영어단락의 글을 쓰는 방법뿐만 아니라 대입수능 문제를 해결하는 데도 매우 유용한 책임을 다시 한번 강조한다.

[Common Linking words]

	Transitions	Conjunctions		Prepositions
		Subordinate	Coordinate	
Chronology	first, second, etc. first of all at first next after that later on at last finally then eventually	after before while when since	and or	after before since prior to
Description	nesrby			on top of under to the left to the right in front of behind above next to

	Transitions	Conjunctions		Prepositions
		Subordinate	Coordinate	
Example	for example for instance			such as
Causation		because since as	for	because of due to
Result	therfore for this reason as a result / conseqence consequently hence		so	
Unexpected Result	however nevertheless nonetheless	even though although	but yet	in spite of despite
Contrast	however in contrast		but yet	in contrast to instead of different from
Direct Contrast	on the other hand however	whereas while	but yet	unlike
Similarity	likewise similarly in the same way		both...and neither...nor not only...but also	like similar to
Explanation	in other words that is			
Emphasis	indeed in fact			
Addition	in addition furthermore moreover			in addition to
condition	otherwise in this case	if		
Conckusion	in conclusion to sum up in short all in all			

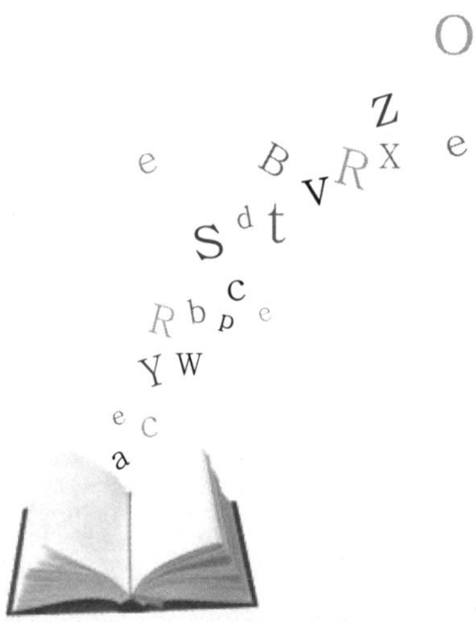

Unit 02

The Essay!

01 part one

The basic understanding about Essays

Book I	The Study of an English Essay
Book II	The Organization Form of Essay
Book III	Writing Introduction
Book IV	Writing Body
Book V	Writing Conclusion
Book VI	Analyzing Complete Essays

part one

The basic understanding about Essays

에세이에 관한 기본적인 이해

Book I The Study of an English Essay

1. What is an English Essay?

An essay is a piece of writing several paragraphs about one topic, just as a paragraph is. Every essay has the three main parts—Introduction, Body, and Conclusion. The topic of essay is so complex to discuss, because there are usually more than five or six paragraphs in one essay.

Many people think writing an essay is so difficult. However, it is very easy, if you learn the following principles of organization. Each essay discusses about the thesis statement that make a writing plan. As mentioned before in Unit 1, Paragraph, Each paragraph discusses one idea, often stated in the topic sentence of the paragraph. This thesis statement is connected to the topic of the whole essay. So if you can write a good paragraph, you can write a good essay.

우리말 설명

Essay(논술)는 다양한 곳에서 접할 수가 있는 논리적이고 합리적인 의사전달의 가장 보편적인 글쓰기의 한 양식(A writing pattern)이라고 할 수 있다. 따라서 우리는 Essay를 책(books)이나 잡지(magazines), 신문(newspapers), 그리고 다른 프린트 물(printed materials) 등에서 쉽게 접할 수 있다.

넓은 의미에서 에세이는 어떤 형태든 작가(글쓴이)가 자신의 의견을 다양한 방법으로 전달하고자 하는 글(articles)이라고 할 수 있는데, 이 경우 에세이는 대개 3-10개 안팎의 단락으로 이루어진다. 하지만 좁은 의미에서의 에세이는 고등학교나 대학 등의 교육기관에서 학문을 논하는 것을 의미하므로 그 범위가 다소 압축될 수 있다. 이 경우 논술은 대부분 4-6개 정도의 단락으로 구성되는 것이 일반적이다. 보통은 Introduction(서론: 1개 단락), Body(본론: 2-4개 단락), Conclusion(결론: 1개 단락) 등으로 구성되며 그 구성형식이 매우 정형화(定型化)되어 있다. 따라서 일정한 형식이나 틀(frame)로 고정된 이 에세이 구조를 이해하면 글을 쓰는데 매우 유용해진다.

Essay의 내용도 마찬가지로 각 Paragraph(단락)은 하나의 주제에 대해서만 Idea를 가지고 논의를 한다. 또 이들 아이디어는 전체 논술의 주제문(thesis statement)과 관련되어 있어야 한다. 그리고 에세이의 주제문(thesis statement)은 첫 단락(서론)의 마지막 문장으로 배치된다 그리고 각 본론(Body) 단락의 주제문은 어느 곳에 놓여도 상관이 없지만 대부분은 각 단락에서 첫 문장으로 쓰여 논리적으로 전체 단락을 이끈다.

2. *The Comparison of Paragraphs and Essays*

(도표로 본 단락과 에세이[논술]의 비교: 도표 참조)

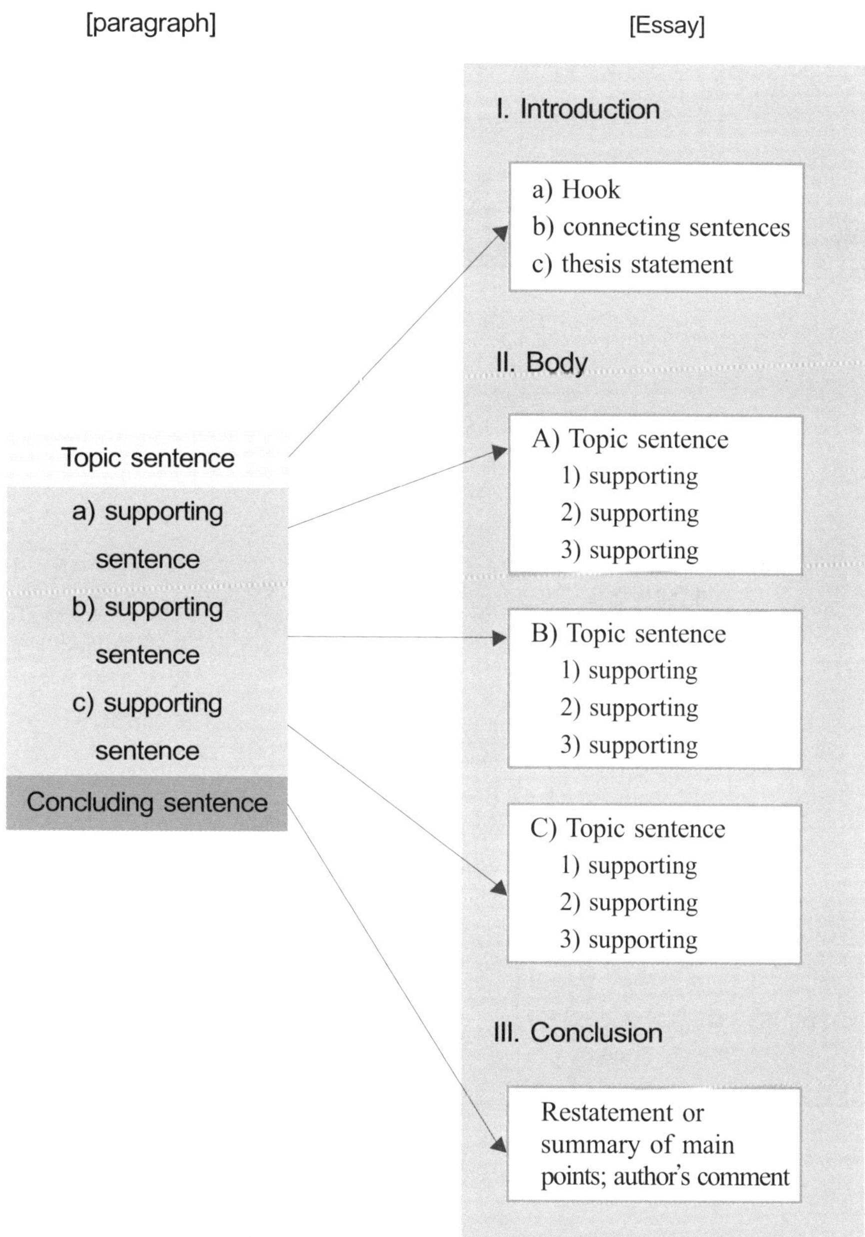

〈도표와 같이 단락(paragraph)을 확대한 것이 에세이(Essay)이다.〉

The comparison of a Paragraph and an Essay
(단락과 에세이의 비교 분석)

	단락형식의 글 (Paragraph)	에세이형식의 글 (Essay)	기능 및 역할 (Function)
서론 (도입부) (Introduction)	Topic Sentence (단락 주제문)	① Hook(후크)	독자의 관심 끌기
		② Connecting sentences (연결문장)	후크와 주제문 연결하는 문장
		③ Thesis statement (논술 주제문)	작가가 쓰고자 하는 글의 계획(writing plan)
본론 (Body)	Supporting sentences (단락의 주제문을 지원하는 문장)	Body I ① Topic sentence (소주제문은 에세이 주제문 내용으로 만든다) ② supporting sentence ③ supporting sentence ④ supporting sentence (보통 4~5개 문장)	에세이의 본론 단락은 대개 2~4개로 구성되며, 모두 에세이 주제문을 합리적이고 논리적으로 뒷받침한다.
		Body II Body III (모두 같은 방식으로 본론 단락이 구성됨)	
결론 (Conclusion)	단락의 주제문을 재진술하면서 본론의 핵심내용으로 필자의 주장을 구체화한다.	① 에세이 주제문은 재진술함 ② 본론의 핵심내용으로 주제문 구체화 ③ 희망적이거나 긍정적인 내용으로 미래 예시, 조언	주제문을 재진술하면서 단락의 핵심내용을 덧붙임으로 자연스레 수미상관을 이루게 된다.

3. The relationship of a Topic Sentence, Paragraph, and Essay

1) Essay means the article that develops the Paragraph
(단락을 확대한 것이 논술이다.)

a) 도표에서 나타난 바와 같이 단락의 글을 확대한 것이 에세이이므로, Essay는 자연히 구성형식에 있어서도 단락에서 발전 또는 변화된 것임을 알 수가 있다.

b) Essay의 본론은 대개 2-4개 단락으로 구성되는 데, 글에 따라 더 많은 단락으로도 구성될 수 있다. 다만 Essay의 각 본론 단락은 대개 첫머리에 소주제(topic sentence)가 들어간다. 그리고 소주제문은 작가가 쓰고자 하는 글의 중요한 팩트(facts) 가운데 하나를 가지고 구성한다.

주제문(topic sentence)을 확장하여 만든 Paragraph(단락)을 확장하면 한편의 Essay (에세이)가 된다. 그리고 이 에세이를 확장하면 한편의 학술적인 논문(academic paper)이 된다. 이와 같이 주제문(topic sentences), 단락(paragraphs), 그리고 에세이(essays)는 상호 밀접한 관계를 가지고 있다는 것을 알 수 있다. 이러한 일련의 관계를 알고 나면 어떤 글이든 그 흐름과 내용을 이해하는데 도움이 될 수 있다.

2) Examples of a Topic Sentence, a Paragraph and an Essay
(예문을 통해 주제문, 단락, 그리고 에세이의 상호 관련성 보기)

[Topic = The Dog of Man's best friend]

인간의 친한 친구, 개라는 주제로 각각 주제문(Topic Sentence), 단락(Paragraph), 그리고 에세이(Essay)를 작성하여 비교해 본다면 앞서 설명한 일련의 글의 흐름을 이해하는 데 도움이 될 것이다.

a) The dog of Man's friend(주제)를 가지고, A Topic Sentence

<u>There are three main relationships that dogs have with people.</u>

b) A Topic Sentence(주제문)을 가지고 Paragraph(단락) 만들기

Topic = The Dog of Man's best friend

A Topic Sentence = There are three main relationships that dogs have with people.

[위의 주제문(Topic sentence)을 확장하여 단락(paragraph)을 구성해 본다.]

There are three main relationships that dogs have with people. First, we have working dogs. These dogs, such as Siberian huskies and collies, serve people almost like employees. To a sheep farmer, for example, a good sheepdog is his most valuable partner. Other dogs are known primarily for their excellence in sports. The sleek and supremely fast greyhound is used in dog races, and many hunting dogs, like setters, retrievers, and pointers, often complete in hunting trials. Third, many people enjoy dogs as companions. All kinds of dogs can be excellent companions, but a few breeds are kept only for this purpose. Some examples are the toy dogs, such as a Chihuahua or a Lhasa apso. Because of the relationships they have with people, dogs are often called man's best friend.

Explanation(해설)

이 단락은 하나의 주제문을 가지고 이를 확장한 글이다. 이 단락의 본론은 주제문의 핵심 내용을 중심으로 인간의 가장 친구인 개에 대한 이야기를 설득력 있게 전개하고 있다. 본론은 모두 주제문과 관련하여 개와 인간 관계에 대한 내용만을 언급하고 있다. 그리고 결론문장은 주제문을 재진술하면서 자연스럽게 마무리하고 있다. 따라서 우리는 이 글을 통하여 주제문을 확장하면 단락이 된다는 것을 확실히 이해할 수 있게 된다.

c) Paragraph(단락)을 가지고, Essay(논술) 쓰기

[Topic = The Dog of Man's best friend]

(a) The dog is generally considered the first domesticated animal. (b) The domesticated dog has lived with human beings as a working partner and household pet in all eras and cultures since the time people lived in caves. It is generally believed that the direct ancestor of the domestic dog is the wolf, originally found throughout Europe, Asia, and North America. Archeologists have found remains of dogs that are 10,000 years old. (c) In these ancient societies, as well as in our modern one, there are three main relationships that dogs have with people.

First, we have the working dogs. These dogs, such as Siberian huskies and collies, serve people almost like employees. The dogs help pull heavy loads, round up cattle, and keep a sharp eye out for strangers. To a sheep farmer, for cxample, a good sheepdog is his most valuable partner. Sheepdogs, such as Border collies, standard collies, and Shetland sheepdogs, are very intelligent and can learn to respond to hand signals as well as spoken words. Sheepdogs in Scotland, for instance, move sheep along with barely a glance from the shepherd. As a result, working dogs know their worth to their master, and they are proud of it.

Other dogs are known primarily for their excellence in sports. The sleek and supremely fast greyhound is used in dog races. These races take place on specially prepared tracks where the competitors chase a mechanical rabbit. People gamble on these athletes' performance. Bird dogs are a type of hunting dog. Settlers and pointers, for example, recognize a bird's scent long before it makes a sound and show their owner where the bird is by standing rock still. Retrievers, such as golden retrievers or Labrador retrievers, will throw themselves into an icy cold lake to pick up the bird their owner has shot. These special hunting dog often compete in hunting trials. Clearly, sporting dogs are the athletes of the dog world.

Third, many people enjoy a dog as a companion. All kinds of dogs can be excellent companions. Both the working dogs and the hunting dogs have great patience and are very good with small children. Most of these dogs will allow children to climb all over them and are great baby-sitters because of their loyalty to their owner and their family. A few breeds are kept only for the purpose of being a companion. Some of these are the toy dogs, such as a Chihuahua or Lhasa apso. Since these dogs are so tiny, they are great to have if you live in a small apartment. In short, all dogs, including the toy dogs, are wonderful companions.

Although there are a great many breeds of dogs, they can be classified into these three main types by their relationships to their owners. Even if you have no interest in sports and no farm to run, you can have a great companion in a dog. Because of the relationships they have with people, dogs are often called "man's best friend." (Writing to communicate: p 56, 57)

Explanation(해설)

(1) 이상에서 Topic Sentence – Paragraph – Essay로 서로 밀접하게 연결되어 있는 것을 살펴볼 수가 있다. 이 에세이(Essay)는 Introduction(서론)과 Body(본론), 그리고 Conclusion(결론)으로 구성되었다.

(2) 서론인 첫째 단락에서 밑줄 친 (a)문장이 바로 독자들의 관심을 끄는 후크(hook)라고 할 수 있다. 그리고 (b)는 연결문장(connecting sentences)인데, 이는 후크에 낚인 독자를 주제문(Thesis statement)인 (c)으로 이끄는 역할을 한다. (c)는 작가가 쓰고자 하는 글의 계획을 담고 있는 주제문(Thesis statement)이다.

(3) 이 에세이에서 본론(body)은 모두 3개의 단락으로 구성되어 있다. 둘째, 셋째, 넷째 단락이 본론인데, 각 본론단락은 모두 첫째 문장이 소주제문(topic sentence)로 구성돼 있고, 또 모두 이 주제문을 중심으로 글이 전개되고 있다.

(4) 마지막 다섯 번째가 결론단락이다. 여기서 결론단락은 전체 단락의 글을 요약하고 서론의 마지막 문장인 주제문(thesis statement)을 재진술하면서 마무리하고 있다.

1. Three main points of forming an Essay
(논술문 구성의 주요 3가지)

1) Introduction(서론)

a) Hook(후크): 독자흥미를 유도하는 문장
b) Connecting sentence(연결문장): 후크와 주제문을 자연스럽게 이어주는 문장
c) Thesis statement(주제문): 주제를 언명(言明)하는 부분으로 글의 계획을 담음

Introduction Outline(서론구성) = a) a Hook(후크)
b) connecting sentences(연결문장)
c) Thesis statement(주제문)

2) Body(본론): 보통 2-4개 단락으로 구성

a) a topic sentence(소주제문)
b) supporting sentences(지지문장)
c) a concluding sentence or transition sentence(결론 또는 전환 문장)

Body Outline(본론구성) = a) a topic sentence(소주제문)
b) supporting sentences(지지문장)
c) concluding sentences(결론 또는 전환 문장)

에세이의 본론은 대개 앞서 배운 단락의 구성형태와 유사하다. 하지만 독립형태의 단락과는 다르게 본론 단락은 결론부분이 다소 불분명한 경우가 있다.

3) Conclusion(결론)

a) 주제문(a thesis statement)을 재진술 또는 에세이의 주요쟁점 요약한다.

b) 핵심 내용(상황)을 바탕으로 하여 미래를 예견/예시할 수 있다.

c) 논술의 확실성을 근거로 글쓴이의 주장이나 긍정적인(교훈을 담은) 조언 또는 제안 등을 할 수도 있다.

Conclusion Outline(결론 구성) =
a) a topic sentence(주제문 재진술)
b) supporting sentences(핵심 내용 요약)
c) concluding sentence(예견, 제안, 조언, 경험 등을 덧붙임)

Explanation(해설)

에세이는 대개 이상과 같이 크게 3개 부분, Introduction(서론 또는 도입부)-Body(본론)-Conclusion(결론)으로 나뉘어 있다. 하지만 이들 세 단락이 모두 같은 형태로 구성되는 것은 아니다. 앞서 배운 단락에 대한 연구와는 약간 다른 면이 있다.

즉, 에세이 속의 단락은 저마다 각기 다른 역할과 특성을 가지고 있다. 앞서 본 바와 같이 에세이의 서론은 단락의 주제문장 구실을, 본론은 단락의 지지문장 구실을, 그리고 결론은 단락의 결론문장 구실을 하기 때문이다. 다만 에세이의 본론단락은 독립적인 단락의 구성형태와 매우 유사하다는 것을 알 수 있다. 따라서 에세이의 본론단락은 독립적인 단락(Paragraph)과 비슷하게 주제문-지지문장-결론 등으로 구성이 된다.

2. Analysis of Example Essays

| Model 1 |

*** Topic** **Cinderella and Her Odious Household Chores**

신데렐라와 싫어하는 집안일(허드렛일)

〈Introduction: 서론(도입부)〉

(a) Everyone knows how the story of Cinderella ends, but did you ever really think about how she spent her days before she met the prince? (b) Her daily routine was not glamorous. She did everything from sweeping the floor to cooking the meals. If someone had asked Cinderella, "Are there any household chores that you particularly hate?" she probably would have answered, "Why, none, of course. Housework is my duty!" In the real world, however, most people have definite dislikes for certain household chores. (c) The top three of these tasks include ironing clothes, washing dishes, and cleaning the bathroom.

| Explanation(해설) |

이 단락은 에세이의 서론부분이다. 앞서 논술 구성형태에서 살펴보았듯이 서론은 대개 "후크(hook)-연결문장(connecting sentences)-주제문(thesis statements)" 등 세 가지로 구성된다.

(1) 밑줄 친 첫 문장 (a)가 Hook(후크)다. 후크는 반드시 서론의 첫 문장에 놓이는데, 독자들의 관심, 즉 흥미를 유발하여 글을 읽도록 유도하는 (미끼)문장이다. 여기서 "하기 싫은 집안일"이라는 주제로 어떤 글(에세이)을 쓸 때, 사실 주제부터 관심 있는 일이 아니다. 하지만 대부분 알고 있으면서도 관심을 가질 만한 신데렐라 이야기를 가져옴으로써 독자들의 흥미를 이끌 수 있으므로 좋은 후크라고 할 수 있다.

(2) Hook 다음에 오는 밑줄 치지 않은 (b)의 5개 문장들은 후크와 마지막의 주제문을 이어주는 역할을 하는 연결문장(Connecting sentences)이다. 이는 후크와 관련성을 가지고 주제문을 암시하면서 작가 나름대로 문장을 이어나가고 있다. 연결문장의 임무는 낚은 물고기를 뱃전으로 끌어 올려야 낚시에 성공을 하듯이, 유혹한 독자를 작가가 쓰고자 하는 글의 계획(주제문)으로까지 유인하는 데 있다.

(3) 밑줄 친 마지막 (c) 문장은 주제문(a thesis statement)으로 작가가 글을 어떻게 전개해 나갈 것인가에 대한 계획(plan)을 담고 있다. 이 문장처럼 세 가지 분명한 내용(three main points)을 제시하는 경우를 직접 주제문(a direct thesis statement)이라 하고, 구체적으로 적시하지 않고 어떤 내용(계획)으로 글을 쓸 것이라는 내용을 충분히 짐작할 수 있도록 간접 암시하는 경우를 간접 주제문(an indirect thesis statement)이라고 한다.

〈Body: 본론 A〉

(a) One of the most hated chores for many people is ironing clothes because it is not a task that can be completed quickly or thoughtlessly. (b) Each piece of clothing must be handled individually, so ironing a basket of laundry can take hours! After ironing a piece of clothing meticulously, which entails smoothing out the fabric, following the seams, and getting the creases "just right," you need to place it on a hanger as soon as possible. If you do not follow these directions carefully, it might become wrinkled and you have to start over. Perhaps that is why ironing is not a favorite chore. (c) It requires extreme attention to detail from beginning to end.

Explanation(해설)

본론단락은 작가의 주장이나 견해를 뒷받침하는 글인데, 밑줄 친 첫 문장이 바로 본론단락의 소주제문(a topic sentence)이다.

(1) 〈본론단락 A〉의 소주제문은 〈서론〉의 (c)의 주제문(thesis statement)에서 첫 번째 주요 내용(the first main point)중 "ironing"을 선택하여 이를 소주제문(a topic sentence)으로 만들었다.

(2) 밑줄 치지 않은 (b)의 문장들이 바로 〈본론 A〉의 소주제문을 지지하고 뒷받침하면서 전개되는데, 여기서도 마찬가지로 모든 본론문장은 오직 주제문과 연결된 내용만을 가지고 이를 설명 또는 지지(지원)해야 한다.

(3) 마지막으로 밑줄 친 (c)의 두 문장이 바로 〈본론 A〉의 결론문장으로, 소주제문을 재진술하면서 본론(내용)을 바탕(근거)으로 조언을 하고 있다.

〈Body: 본론 B〉

(a) Another household chore that many people dislike is washing dishes. (b) Of course, some people claim that this chore is no longer a problem because we have dishwashers now! However, no one would argue that dishes, silverware, and especially pots and pans washed in a dishwasher come out as clean as they do when washed by hand. For this reason, many of us continue to wash our dishes by hand, but we are not necessarily happy doing it. Washing dishes is a dirty job that requires not only the elbow grease to scrape food off the dishes but also the patience to rinse and dry them, In addition, unlike ironing clothes, washing dishes id a chore that usually must be done every day. (c) I don't know how Cinderella felt about this particular chore, but I believe that most people hate it as much as I do.

Explanation(해설)

(1) 두 번째 주요 내용(the second main point)인 "washing dishes"를 가지고 〈본론 B〉의 밑줄 친 첫 문장인 소주제문을 작성했다. 이는 독자가 사람들이 두 번째로 싫어하는 집안일을 설거지로 꼽은 것이다.

(2) 밑줄 치지 않은 (b)의 문장들은 〈본론 B〉의 소주제문을 지지하고 뒷받침하면서 전개되는데, 여기서도 마찬가지로 모든 본론문장은 오직 주제문과 연결된 내용만을 가지고 이를 설명 또는 지지(지원)해야 한다.

(3) 마지막으로 밑줄 친 (c)의 두 문장이 바로 〈본론 B〉의 결론문장으로 소주제문을 재진술하면서 마무리하고 있다.

〈Body: 본론 C〉

(a) Though ironing clothes and washing dishes are not the most pleasant household chores, perhaps the most dreaded is cleaning the bathroom. (b) This involves tackling three main areas: the bathtub, sink, and toilet. Because the bathroom is full of germs, a quick wiping of the surfaces is not enough. As a result, you must use strong bathroom cleansers to clean and disinfect this room. The task of cleaning the bathroom is so unpleasant that some people wear rubber gloves when they attempt it. (c) The only positive point about cleaning the bathroom is that it does not have to be done on a daily basis.

Explanation(해설)

(1) 밑줄 친 첫 문장 (a)가 〈본론 C〉의 소주제문으로 사람들이 세 번째로 싫어하는 집안일로 "the most dreaded(chore)"로 생각하고 있다.

(2) 밑줄 치지 않은 (b) 문장들은 〈본론 C〉의 소주제문을 지지하고 뒷받침하면서 전개되는데, 여기서도 마찬가지로 모든 본론문장은 오직 주제문과 연결된 내용만을 가지고 이를 지지, 설명, 또는 지원하고 있다.

(3) 마지막으로 밑줄 친 (c)의 두 문장이 바로 〈본론 C〉의 결론문장으로 긍정적인 주장으로 글을 마무리하고 있다. 이밖에 다른 허드렛일을 선택하여 본론단락을 더 만들 수도 있다.

〈Concluding Paragraph(결론단락)〉

Maintaining a house means doing a wide variety of unpleasant chores. Cinderella knew this, and so do we. Many of us do not have the luxury of hiring an outside person to do our housework, so we must make do with our responsibilities. If we can take pride in the results of our hard work, maybe we can get through the unpleasantness of these typical household chores. (Great Essays: p 6, 7)

Explanation(해설)

결론은 대개 주제문(the thesis statement)을 재진술하거나 본론단락의 중요한 부분을 요약하여 자연스럽게 결론을 마무리한다. 그리고 때로는 여기다 글의 내용(상황)을 바탕으로 미래를 예견하거나 단락의 확실성을 근거로 작가의 주장이나 긍정적인(교훈을 담은) 조언 또는 제안 등을 하기도 한다. 이 글(essay)의 결론은 주제문을 재진술하고 글의 주요 내용을 요약하면서 긍정적인 조언으로 글을 자연스럽게 마무리하고 있다.

3. Brainstorming

[참고] 앞의 "단원 Ⅰ", Paragraph에서 이미 공부한 것처럼 브레인스토밍은 누구든지 글을 쓰기 전에 주제와 관련된 아이디어를 연상하고 구상하는 하나의 방법으로 평소 사용하는 법을 익혀두면 글을 쓰는데 매우 유용하기 때문에 Essay에서도 언급을 한다.

1) 브레인스토밍과 개요작성

브레인스토밍과 그 중요성에 대하서는 이미 "단원 1"의 단락에서 공부한 바 있다. 브레인스토밍은 단락이나 논술을 쓰기 전에 먼저 주제와 관련한 주요 아이디어를 가진 단어나 구, 간단한 절 등을 리스트로 작성하여 그 중에서 필요한 것들을 가지고 개요를 작성하는데 사용하면 글을 쓸 때 매우 유용하다.

2) How to Brainstorm?

먼저 브레인스토밍에 관한 다음의 중요 포인트를 꼭 기억하라!

a) 브레인스토밍을 하기 전에 반드시 주제의 요지를 정확히 파악할 것

b) 브레인스토밍은 주제와 관련된 생각들을 한두 단어로 가능한 빠르고 간략하게 쓸 것

c) 끝으로 브레인스토밍은, 정확한 철자나, 문법은 따지지 말고 3-5분 정도로 끝낼 것

d) 브레인스토밍을 통해 글 쓸 때 주제문(thesis statement)을 선정할 것

e) 주제문(the thesis statement)에서 각 body의 topic(3-4개)을 선정할 것

f) 브레인스토밍을 한 것 중에서 가장 중요하거나 비중 있는 아이디어를 선택, 주제문 자료로 쓰고 나머지는 그룹별로 의미를 묶어서 글을 쓰는데 활용할 것

3) Topic sentence Brainstorming

단락을 써 내려가기 전에 먼저 브레인스토밍을 통하여 단락의 개요(중요한 내용의 요점을 간추린 것)의 리스트(목록)를 만들어야 한다. 앞서 브레인스토밍에 대한 개요를 공부를 하였는데, 공부한 것처럼 그렇게 복잡한 것이 아니다. 브레인스토밍은 글을 쓸 거리를 간단하게 리스트로 작성하여 글을 쓰는데 활용하기 위한 것이므로 간단하면서도 매우 중요하다.

[브레인스토밍 또는 프리-라이팅으로 글 구상하기]

Example 01

Topic **household chores**

a) 주제 관련 아이디어를 가진 단어, 구, 절 등 리스트 작성하기

- 옷 다림질하기, 여름철에 무덥다, 귀찮다, 조심스럽다, 긴 시간 필요.

- 설거지, 일일이 손이 가야 한다, 인내가 필요하다, 날마다 한다. 날마다 하지 않는다.
- 화장실 청소, 더럽다, 세균, 세제, 냄새, 욕조, 변기, 혐오, 공포.
- 신데렐라도 집안일 했을까 = 매우 흥미로운 관심거리 등등.
- 전체 걸리는 시간은 대략 3-5분 정도에서 끝내야 한다.
- 이를 다이어그램(diagram: 도표/도형)을 그려서 보면 목록(lists)이 더욱 분명해진다.

[참고] 영문 브레인스토밍을 할 때, 반드시 영어로 할 필요는 없다. 쉽게 우리말로 적어 놓고 글을 쓸 때 영어로 참고하면 브레인스토밍이 쉬울 때도 있다. 브레인스토밍은 쉽고 빠르게 해야 하는데, 영어 단어가 생각나지 않아 시간을 끌면 안되기 때문이다.

b) 리스트로 글 구성하기

- 집안일과 관련된 하기 싫은 것들 중에서 주요 포인트(main points)를 골라 서론의 주제문(thesis statement)을 만드는 것이 가장 중요하다.
- 그리고 흥미롭거나 관심거리가 될 만한 것을 골라 후크(a hook) 문장을 만들어 독자들의 관심을 이끌어내야 한다.
- 이처럼 전체 글을 구성하는데 필요한 아이디어가 적어도 10여 개 정도가 필요하므로 집필하기 전에 순간적으로 생각을 정리하며 관련 아이디어를 떠올리는 데는 브레인스토밍이나 프리-라이팅(pre-writing)이 가장 적절한 방법이라고 할 수 있다.

1. *What is an Introduction?*

1) Introduction(서론/도입부)

		a) Hook(후크)
Introduction(서론)구성의 3요소	=	b) Connecting sentences(연결문장)
		c) Thesis statement(or writing plans) (주제문 또는 글쓰기 계획)

a) Hook(후크): 독자흥미를 유도하는 문장

b) Connecting sentence(연결문장): 후크와 주제문을 자연스럽게 이어주는 문장

c) Thesis statement(주제문): 주제를 언명(言明)하는 부분으로 글의 계획을 담음.

2) Introduction(서론)이란?

Essay(에세이)나 논문 등에서 본격적인 논의에 들어가기 전, 논의의 앞부분에 그것의 목적이나 계획을 간단하게 밝힌 단락이다. 따라서 Introduction(서론)은 흔히 Hook(후크), Connection sentences(연결문장), 그리고 Thesis sentence(주제문)의 세 가지 요소로 구성이 된다. 서론단락이 매우 중요한 것은 대개 작가는 서론단락의 구상이 끝나면 에세이의 구성형태를 자연히 머릿속에 그릴 수 있기 때문이다. 그리고 독자들은 이 서론 부분을 읽고 나면 이 글의 계획이나 방향을 짐작하게 되므로, 실제로 에세이에서 가장 매우 중요한 부분(part)이라고 할 수 있다.

2. The way of writing Hook

1) Hook(후크)

a) What is a Hook?

The hook is the first sentence or opening statement in an essay. Just as a fisherman uses a hook to catch fish, so a writer also uses a hook to have readers' attention.

우리말 설명

후크는 서론의 첫 문장을 말한다. 그러므로 처음 글을 대하는 독자들(readers)에게 글을 읽게 만드는 유혹의 문장이라고 할 수 있다. 다시 말해 어부가 고기를 낚는데 필요한 미끼(bait)와 같은 역할을 하는 것이 바로 후크이다. 내용이 아무리 재미있고, 훌륭하다고 하더라도 글의 첫머리가 너무 지루(boring) 하거나, 진부(routine)하다면 대부분 독자들은 그 글을 읽으려는 마음을 가지지 않게 될 것이다. 따라서 대부분 글의 첫머리도 낚시에서 미끼가 물고기를 유인하듯이 독자들의 관심을 사로잡을 수 있는 후크가 필요하다. 그리고 좋은 글을 구상하고 좋은 글을 쓰기 위해서는 후크가 매우 중요한 역할을 하게 된다.

b) The way of writing a Hook

Hook를 구상하기 위해서는 먼저 브레인스토밍을 통하여 주제에 맞는 각종 아이디어를 떠올려야 한다. 또 이들 아이디어를 가지고 어떤 글을 쓸 것인가에 대한 계획(a plan)을 하면서 후크(Hook)와 함께 주제문(Thesis statement)까지도 개략적으로 그려낼 수 있는 아이디어를 연상하도록 해야 한다.

브레인스토밍이라는 연상을 통해 얻은 아이디어를 가지고 어떤 문장으로 글을 시작하면 독자들이 관심을 끌 수 있을 것인가를 생각하는 것이 바로 후크를 구상하는 것이다. 그런데 후크를 구상할 때 한가지 조심해야 할 것은 좋은 “hook”를 써야 한다는 강박관념에 사로잡혀서는 안 된다는 것이다. 자칫 좋은 후크만을 고집하다가 정작 에세이를 쓰는 시간을 낭비할 수 있기 때문이다.

대부분 사람들은 후크를 쓰는 것이 매우 어렵다고 생각하는 것 같다. 물론 무작정 좋은 후크를 쓰려고 한다면 어려운 것이 사실이다. 이런 문제를 해결하기 위해 주제에 걸맞은 후크를 쉽고 자연스럽게 구상하는 7-8가지 방법이 있는데, 이 방법들을 익혀두면, 후크를 작성하는 것이 한결 쉬워질 것이다.

[There are seven skills that write a Hook]
(후크를 구상하는 8가지 방법)

[Ex 1]: Using an interesting or controversial question or imperatives.
(흥미가 있거나 논쟁을 불러일으킬 수 있는 “질문 또는 명령”을 하는 방법)

1) What if you were to wake up tomorrow morning and have no memory of the past? (여러분이 내일 아침에 일어나 과거에 대한 어떤 기억도 할 수 없게 된다면 어떻게 될 것인가?)

2) How many people out there on the roads are driving uninsured vehicles?
(저곳 도로들에서 얼마나 많은 사람들이 무보험 차들을 운행하고 있을까요?)

3) Imagine life in Toronto.
(캐나다 토론토에서의 생활을 한번 상상해보자.)

Explanation(해설)

대부분 사람들은 이 두 가지 질문에 대한 답을 잘 모를 것이다. 그렇다면 그들은 아마도 걸려들어 그 화제/주제에 대해 더 많은 것을 알기를 원할 것이다.

[Ex 2]: Using a relevant quotations or sayings.

(적절한 "인용문"이나 "속담" 등을 사용하는 방법.)

1) "Life is just a bowl of cherries."

"인생은 마치 체리(버찌)를 담은 그릇과도 같은 것이다." (인용)

2) "To be or not to be. That's the question."

"죽느냐 사느냐 이것이 문제로다." (인용)

3) "A stitch in time saves nine."

"제때의 한 땀이 아홉 수고 던다." (속담)

4) "A friend in need is a friend in deed."

"어려울 때 친구가 진정한 친구다." (속담)

5) "An apple a day keeps the doctor away."

"하루 사과 한 개로 건강을 지킨다." (속담)

| Explanation(해설) **|**

문학작품 등에서 나오는 "촌철살인"하는 내용, 또는 적절한 "속담" 등을 인용하면서 논의로 들어가는 방법이다. 이 방법은 글쓴이의 독서 경험과 지식 정도를 알릴 수 있고, 또한 글의 개성을 얻는 데 매우 효과적이다.

이때 유의할 점은 줄거리를 장황하게 요약하는 것은 피해야 한다는 것이다. 그리고 익히 알려진 작품을 인용할 경우 자칫 글의 개성을 훼손시킬 수 있으므로 반드시 주제와 합당한 경우에만 인용을 하는 것이 좋다. 즉, "죽느냐 사느냐, 이것이 문제로다." 이 성구는 셰익스피어의 "햄릿"에 나오는 것으로 너무나 잘 알려져 있지만, 실제로 요즘처럼 자살이 많은 우리사회에서 자살의 자제를 권하는 글을 쓸 때, 인용할 수도 있다. 따라서 인용문은 누구나 아는 것이라 하더라도 적절한 타이밍에 쓰이면 좋은 후크가 될 수 있다.

[Ex 3]: To make an issue of a recent social, economic, environmental, and political problem. (최근의 "사회-환경-경제-정치" 등을 "쟁점제시"하는 방법)

1) Recently, juvenile delinquency rate is increasing.
최근 들어 청소년 범죄율이 높아지고 있다. = (사회문제)

2) Macro-algal blooms in rivers and lakes are serious in this summer.
올 여름에는 강과 호수에 대규모 녹조 현상이 심각하다. = (환경문제)

3) Asian economists are not sleeping well these days.
요즘 아시아 경제학자들은 잠을 잘 이룰 수가 없다. = (경제문제)

4) Recently, the ruling party is having problems because of nomination donation.
최근에 새누리당이 공천헌금문제로 골치를 썩이고 있다. = (정치문제)

Explanation(해설)

최근의 사회 쟁점에 입각한 의견[소견, 비평, 발언]은 독자들로 하여금 왜라는 궁금증을 불러일으키게 함으로써, 이미 독자들은 낚시에 걸려든 것이나 다름없을 것이다. 이를테면, 왜 최근 청소년범죄율이 높아지고 있을까? 또는 왜 요즘 아시아 경제학자들이 잠을 잘 이룰 수 없는가? 등등… 독자들이 알고 싶어 하도록 미끼를 던져놓았기 때문이다.

[Ex 4]: The funnel method is probably the most common technique to attract readers in academic writing.

(일반적인 아이디어에서 점점 구체적인 아이디어로 넘어가기. "깔때기 모양(a funnel form)" 의 후크 쓰기 방법: 이 깔때기 모양은 후크는 주로 대학 등 학문기관에서의 글쓰기로는 독자들의 관심을 끄는 가장 일반적인 방법으로 쓰이고 있다.)

[도표] 깔때기 형(Funnel type)
(후크로 가장 많이 쓰는 방법)

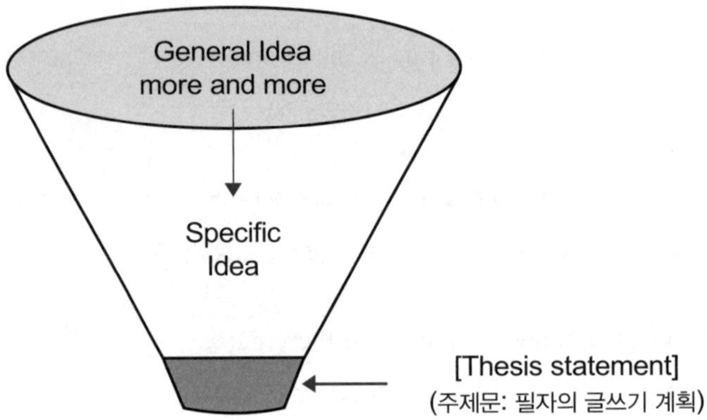

1) When Michael Jordan, one of the best basketball players ever, was a sophomore in high school, he was cut from his high school basketball team. Michael Jordan was told by his coach that he wasn't good enough to play high school basketball. It was a crushing disappointment for a young boy whose heart was set on making the team, but he used the incident—not to get mad, not to get even, but to get better. We no longer value heroes and individual achievement as we once did. "Competition" has become a bad word. But competition, if confronted enthusiastically, can be the greatest self-motivating experience in the world. (In Charge 2, p 143-144)

Explanation(해설)

이처럼 깔때기 후크는 일반적으로 주제와 관련된 흥미 있는 아이디어를 가지고 시작하여 점점 구체적인 아이디어로 좁혀져서 결국 마지막 구체적인 아이디어가 바로 주제문(a thesis statement)이 되는 그런 글의 흐름을 보여주고 있다. 이 방법은 대개 학술적인 글이나 칼럼 등에서 많이 다루고 있다. 특히 교수나 칼럼리스트 등 전문가들이 즐겨 사용하는 방법이다.

2) Moving to a new country can be an exciting, even exhilarating experience. In a new environment, you somehow feel more alive. Seeing new sights, eating new food, hearing the foreign sounds of a new language, and feeling a different climate against your skin stimulate your senses as never before. Soon, however, this sensory bombardment becomes sensory overload. Suddenly, new experiences seem stressful rather than stimulating, and delight turns into discomfort. This is the phenomenon known as culture shock. Culture shock is more than jet lag or homesickness, and it affects nearly everyone who enters a new culture—tourists, business travelers, diplomats, and students alike. Although not everyone experiences culture shock in exactly the same way, many experts agree that it has roughly five stages. (Writing Academic English 4: p 60)

Explanation(해설)

이 깔때기 후크는 일반적인 아이디어에서 점점 구체적인 아이디어로 좁혀져서 결국 마지막 구체적인 아이디어가 바로 주제문(a thesis statement)이 되는 그런 글의 흐름을 보여주고 있다. 이 방법은 대개 학술적인 글이나 칼럼 등에서 많이 다루고 있다.

3) Life in the twenty-first century is full of new challenges and opportunities. The pace of change in all areas of daily life makes it difficult to put these challenges and opportunities into perspective. Nevertheless, as the new millennium begins, it is important to take stock of where we have been, where we are today, and where we are going. One of the most obvious places to begin this process is by reviewing the evolution and impact of technology—the technology of the past, technology today, and perhaps most important of all, the likely technology of our future. (Blueprints 2: p 15)

Explanation(해설)

깔때기 모양의 후크는 그 자체로 한 다락을 이루므로, 좀 더 구체적으로 배우고 느낄 수 있도록 좋은 후크를 예문으로 써보았다. 이처럼 깔때기 모양의 후크는 일반적인 이야기에서 점점 구체적인 방향으로 나아가 결국 마지막에 작가가 쓰고자 하는 계획(a writing plan)을 담은 주제문(Thesis statement)을 작성게 된다.

[Ex 5]: Using very impressive or interesting situation, and dramatic observation.

(매우 "인상적인 장면, 극적인 주목(관찰)"을 이끌어내거나 "재미있는 장면"을 묘사하는 방법이 있다. 또는 독특한 "시나리오"를 가지고 글을 시작하는 경우도 있다.)

1) He pounds down the court, ball in hands. Deftly sidestepping every obstacle in his path, he barrels toward the net. Nothing can stop him now. He leaps. For a split second, time stops, and this incredible athlete appears to be suspended in mid-air, his feet at least five feet above the floor. Then, suddenly time starts again and the crowd begins to roar. Michael Jordan has done it again. He has made an extremely difficult feat seem effortless and natural, as though he were born with the ability to leap tall buildings in a single bound. The true story of this athlete's rise to stardom, however, is one of long suffering, hard work, and seemingly endless obstacles.

Explanation(해설)

이 후크는 극적인 장면을 묘사함으로써 독자들의 시선을 주목시킨 다음 작가가 쓰고자 하는 스토리를 전개해 나가는 방법을 선택했다.

2) Traveling at more than one hundred miles an hour, he feels as though he is not moving. He is engulfed in complete silence. For a moment, it is as if he has entered another dimension. 〈a unique scenario〉

Explanation(해설)

독자들의 관심을 집중시키는 시나리오, 즉 어떤 사건에서 예측되는 가상의 결과, 또는 그것을 이루기 위한 계획이나 구체적인 과정을 축약하여 짧은 시나리오로 후크를 쓸 수 있다. 이 에세이의 후크는 스카이다이빙이라는 매우 흥미진진한 스포츠에 관한 것이다. (Are you hooked? Do you want to read the rest of the essay? If yes, this is a very good hook.)

[Ex 6]: Turning an argument "on its head."
("역발상"(逆發想)을 하다, 주장을 완전히 뒤집어 생각하게 하다.)

Ex) American children are exposed to and take part in competitive sports starting at a very early age. By participating in such sports as football, tennis, and basketball, proponents claim, children learn the skills necessary to survive in today's fiercely competitive world. You only have to scratch the surface, however, to see how damaging competitive sports really are to the overall psychological development of children. (Blueprints 2: p 17)

Explanation(해설)

먼저 어떤 주장을 전개한 뒤에 완전히 그 주장을 뒤집어엎는, 역발상(반전)의 주장을 펼치는 후크를 말한다. 이런 종류의 후크는 the opinion essay(의견제시 에세이) 또는 the argument essay(논쟁에세이) 등에 어울린다고 볼 수 있다.

[Ex 7]: Using shocking statistical data, or otherwise interesting ways

("쇼킹한 통계 데이터"를 제시하여 독자들의 관심을 끄는 후크가 있다.)

Ex) Got high blood pressure? Try a truffle. Worried about heart disease? Buy a bon-bon. It's the best news in years! Studies in two prestigious scientific journals say dark chocolate is good for you. It seems that eating a small piece of dark chocolate regularly can reduce the risk of heart disease because dark chocolate—but not milk chocolate or white chocolate—contains high amounts of flavenoids, powerful compounds. What is the next health food going to be? Ice cream? Sugar cookies? There are so many conflicting news stories about which foods are good for you that it is often difficult to make the right choices at the supermarket. (Writing Academic English 4: p 61)

Explanation(해설)

문제의 상황, 또는 심각성을 나타내는 새롭고 구체적인 자료를 제시하면서 논의에 들어가는 방식이다. 특히 구체적인 통계 및 연구자료를 제시해 논의의 객관적 토대를 마련할 수 있다. 유추방식은 글의 독창성을 부여하여 읽는 이의 관심과 흥미를 유발할 수 있다. 정의방식은 개념을 정의하고 논의를 펼침으로써 이어질 내용을 구체적으로 제한할 수 있는 장점이 있다. 가령 '문화에 대한 입장'을 묻는 문제에서 글의 서론에서 문화개념을 정의하고 논의함으로써 보다 구체적인 논의를 할 수 있다.

[Ex 8]: Using the historical background to interest readers

("주요 역사적 배경"을 이용하여 관심을 환기하기)

1) The Pilgrims who arrived in Massachusetts in 1620 came to find religious freedom.

2) In the seventeenth and eighteenth centuries, large numbers of African men and women were brought as slaves to work on large plantations in the south.

2) Writing the hook

(Hook 직접 써보기)

Example 01

*** Topic** **Different in Education in South Korea and North America**

- Writing a Hook(후크 써보기)

(후크)

The school systems of South Korea, Canada, and the United States are about the same in two areas: the age when students start school and the number of years they go to school. However, in the field of education, there are several notable differences between South Korea on the one hand Canada and the United States on the other.

First, the number of hours of study and formal training that Korean students go through in order to enter a university is much greater than that of either Canadians or Americans. People say that it is easy to graduate from a Korean university, but the really hard part is getting into the university in the first place. Because it's so difficult to get into a university in South Korea, most students not only attend their regular classes but also attend special "cram" schools for a few hours in the morning or afternoon. As a result, high school students in South Korea have fifty-five to sixty hours of instruction each week. This is in stark contrast to the situation in Canada and the United States, where secondary school students attend school less than thirty-five hours a week. In these North American countries, the most difficult years begin at age eighteen and don't let up until age twenty-two.

A second difference lies in society's attitude toward university education. In South Korea, competition to gain admittance to a prestigious university is intense. This competition results in an incredible amount of studying, education, and self-sacrifice as students do almost nothing but study for examinations. Parents feel this pressure as well and start training their children at a very young age for the eventual university exams. Thus, students feel pressure from their parents, their peers, and society in general. North American students may feel a comparable amount of pressure if they want to enter a school such as Harvard or Yale, but the average Canadian or American students does not have to deal with the social pressure common in South Korea.

Finally, opportunities for university scholarships are very different in these countries. In Canada and the United States, there are academic scholarships, athletic scholarships, and scholarships for minority students. This allows for all types of students to take advantage of higher education at little or no cost. In South Korea, however, the most prevalent type of scholarship is the academic type. Sports skills, ethnic background, and other non-academic matters do not play a role in the awarding of university scholarships.

When people talk about educational differences between South Korea and Canada and the United States, they often focus on obvious differences such as school uniforms or extracurricular activities. However, these superficial differences are not nearly as important as the differences in the hours of study, society's attitude toward education and scholarships. Despite these differences, the educational systems in all three countries continue to produce thousands of successful college graduates each year. (Great essays: p 29-30)

| Explanation and tips |

여기서 가만히 연결문장과 주제문을 살펴보면 한국과 그리고 캐나다와 미국과의 교육에서의 차이점을 이야기하고 있음을 알 수 있다. 그리고 에세이의 전체 내용도 한국과 북미지역의 대학교육에서 오는 차이점을 언급하고 있다. 따라서 많은 사람들은 과연 그럴까, 무엇이 다를까 하고 의문을 가지게 된다면 그들은 걸려든 것이다. 그렇다면 이 에세이의 후크는 앞에서 배운 여러 가지 작성방법 가운데, 일반적인 의문문으로 만듦으로써 독자들의 호기심을 유발할 수도 있을 것이다.

Proper answer
How much is education in South Korea really different from education in Canada or the Untied States?

3. Writing connecting sentences

Connecting sentences(연결문장들)은 독자들의 관심을 유발한 후크(Hook)를 주제문으로 안내하는 역할을 한다. 대개 주제문에 관한 배경 정보(background information)을 가진 것으로 3-5개 정도의 문장으로 연결된다. 연결문장은 낚싯줄과 같은 역할을 하므로 후크와 주제문과 관련성을 가진 적절하고 논리적인 문장으로, 어부가 낚은 고기를 뱃전으로 끌어 올리듯이 독자들을 놓치지 않도록 조심스럽게 주제문(thesis statement)으로 까지 안내해야 한다.

4. Writing a thesis statement

어떤 글을 쓸 것인가에 대한 계획(plans)을 담고 있는 주제문(The thesis statement)은 대개 Introduction(서론)의 마지막 부분에 두게 된다. 이는 보통은 1개 문장으로 구성되며, 경우에 따라서는 2개 문장으로 이뤄지기도 한다. 주제문에서 작가는 독자들에게 Essay에서 어떤 글을 쓸 것인가에 대한 계획을 말하게 된다. 기본적으로 Direct thesis statement(직접주제문) Indirect thesis statement(간접주제문) 등 두 종류의 주제문이 있는데, 예문을 보면 다음과 같다.

1) Direct thesis statement(직접주제문)

Example 01

The top three of these tasks include ironing clothes, washing dishes, and cleaning the bathroom.

(이 주제문은 가정에서 하기 싫어하는 허드렛일 세가지를 직접 언급하고 있다.)

Example 02

Perhaps some of the most notable differences in the lives of these two groups include degree of friendliness, peace of life, and variety of activities.

(이 주제문은 시골과 도회지 생활의 차이점 세 가지를 직접 언급하고 있다.)

2) Indirect thesis statement(간접주제문)

Example 01

In these ancient societies, as well as in our modern one, there are three main relationships that dogs have with people.

(이 주제문은 개가 인간과 가장 가까운 친구인 점에 대해 직접 언급하지 않고 주요 세가지가 있다고 간접적으로 말하고 있다.)

Example 02

However, in the field of education, there are several notable differences between South Korea on the one hand and Canada and the United States on the other.

(이 주제문은 차이점을 구체적으로 언급하지 않고 몇 가지 주목할 만한 차이들이 있음을 간접적으로 언급하고 있다.)

1. What is a body in an essay?

The body of an essay contains enough paragraphs to explain, discuss, analyze, compare, contrast, define or prove the essay's thesis statement. In each body paragraph, the writer should discuss one aspect of the essay's main topic. Each body paragraph has its own topic sentence, supporting sentences, and transition or concluding sentence. To ensure unity and coherence, good writers arrange the body paragraphs in logical order and join them with appropriate transition expressions that make read smoothly.

우리말 설명

- 에세이의 본론은 주제문(thesis statement)의 핵심 내용을 가지고 작가의 주장을 펼치는 부분이다. 서론에서 후크로 독자의 흥미를 가지게 하여 주제문에서 어떤 글을 쓸 것인가에 대한 계획(plans)을 밝힌다면, 본론에서는 그 계획에 따라 충분한 논거(論據: 주장이나 이론을 뒷받침하는 근거)를 가지고 독자를 설득해야 한다. 에세이는 본문에서 설득의 방법으로 읽는 사람에게 동의를 얻어내야 한다. 그러기 위해서는 반드시 자신의 주장에 대한 정당성을 입증해야 한다.

- 본론의 내용은 주제를 벗어나지 않아야 하고, 글의 서술 방식은 대개 설명, 묘사, 서사, 논증 등으로 전개된다. 이 가운데 논술에서 가장 많이 쓰이는 서술 방법이 설명과 논증(옳고 그름에 대하여 그 이유나 근거를 들어 밝힘)인데, 설명은 주어진 논제에 답변해야 할 직접적인 요구사항이 있다면 그것에 대하여 주로 취해지는 방식이고, 의견이나 주장을 펼치라고 요구한다면 논증의 방법을 취하게 된다.

2. The way of describing(서술 방식)

[Example Sentences(예문)]

설명은 매우 중요한 서술 방법이니 꼭 이해하도록 해야 한다. 주요 설명 방식으로는 다음의 설명, 묘사, 정의, 예시, 비교, 대조, 분석, 분류, 유추 등이 있다.

① Explanation(설명) = 어떤 일의 내용이나 이유 따위를 상대편이 잘 알 수 있도록 밝혀 말하는 것.

Ex) I am leaving you because I love you.
Thanks to cell phone, we could trace the suspects

② Descriptive(묘사) = 어떤 대상이나 현상 따위를 있는 그대로 언어로 서술하거나 그림으로 그려서 나타냄. 동작 묘사, 상태 묘사, 느낌 묘사 등이 있음.

Ex) The long slender tornado began to descend from the swirling clouds.
길고 가느다란 토네이도가 회오리 구름으로부터 내려오기 시작했다.

The ducks swimming in the tiny pond had feathers deep green.
조그마한 연못에서 헤엄치고 있는 오리들은 짙은 녹색의 깃털을 가지고 있었다.

③ Definition(정의) : 어떤 대상의 범위를 규정하거나 개념을 명제의 형식으로 진술하는 설명 방법으로, 대상이 지닌 본질적 속성을 해명한다.

Ex) Braille is a special system of writing and reading for blind people.
According to the American Heritage Dictionary, gossip is a "trivial rumor of a personal nature."

④ Exemplification(예시) : 구체적인 실례를 들어 일반적, 추상적 진술의 타당성을 뒷받침할 수 있도록 설명하는 방법, 여기서는 통계자료나 연구자료 등도 예시할 수 있다.

Ex) For example, colonists dressed in homespun clothing and found substitutes for tea.
For instance, I usually did my homework during recess and lunch break.

⑤ Comparison(비교) : 둘 이상의 사물을 견주어 그 공통되는 성질이나 유사점을 중심으로 설명하는 방법.

Ex) The internet and intranets share some common features.
Commercial software and shareware are two kinds of computer programs that can be very similar in terms of their.

⑥ Contrast(대조) : 사물의 특성을 그 상대되는 성질이나 차이점을 들어 설명하는 방법.

Ex) My children love Middle Eastern food; in contrast, my parents do not like it.
This website includes lots of graphic images. In contrast, that site includes only text.

Cf) <u>Comparison and Contrast</u>(비교와 대조)

Ex) The internet and intranets share some common features, yet they differ in some important respects.

⑦ Process(과정) : 어떤 분야의 교수나 연구를 위한 전문적인 절차 또는 어떤 것이나 일 등을 해결하거나 매듭짓는 방법의 절차를 말한다.

Ex) Turkish coffee is not easy to make. 터키 커피를 만드는 것은 쉽지 않다.
(이 문장은 어떤 과정을, 즉 터키 커피를 만드는 절차나 방법을 설명하게 될 것이다.)

⑧ Analysis(분석) : 구성 요소들이 유기적으로 결합하여 전체를 이루고 있는 어떤 대상을 그 구성 요소나 부분들로 나누어 설명하는 방법.

Ex) 여기서 분석을 한 개의 문장으로 설명하기는 어렵다. 그러나 분석에 대한 개념 이해는 해야 한다.

⑨ Classification(분류) : 어떤 대상들이나 생각들을 공통적인 특성에 근거하여 구분 짓는 지적 작용으로 하위 항목을 상위 항목으로 묶어가는 것을 분류, 상위 항목을 하위 항목으로 나누는 것을 구분이라 한다. 광의로는 분류는 구분을 포함하는 개념이다.

Ex) 여기서 분류를 한 개의 문장으로 설명하기는 어렵다. 그러나 분류에 대한 개념 이해는 해야 한다.

⑩ Analogy(유추) : 어떤 대상의 특징을 그와 유사한 다른 대상에도 적용시키는 유비추리(類比推理)의 방법을 활용한 글의 전개 방법이다. 하나의 유(類)에 속하는 종(種)이나 개체(個體)에 적용할 수 있는 명제(命題)는 같은 유에 속하는 다른 종이나 개체에도 적용할 수 있다는 것이 유추인데, 이를 원용하여 어떤 대상의 특징을 제시한 후 그것과 일부의 속성이 일치하는 다른 대상도 그러한 특징을 가질 것이라고 정리해 나가는 방법.

Ex) 여기서 유추를 한 개의 문장으로 설명하기는 어렵다. 그러나 유추에 대한 개념 이해는 해야 한다.

3. Body outline and Example
(본론 구성형태 및 예문보기)

Body(본론) = a) a topic sentence(소주제문)
b) supporting sentences(지지문장)
c) a concluding sentence or transition sentence(결론 또는 연결 문장)

① 영어 에세이에서는 앞서 배운 것처럼 대개 에세이의 구성형태(outline)가 정해져 있다. 본론의 단락은 소주제문의 핵심내용을 중심으로 대개 적어도 2개 단락에서 보통 3-4개 단락, 많게는 5-6 또는 그 이상으로도 구성할 수 있다. 하지만 토플 등 일반 논술(essay)에서 본론은 주로 3개 정도를 가장 이상적인 것으로 보

고 있다.

② 본론 단락은 이미 주제문에서 밝힌 주요 내용 3-4가지 중에서 선택하여 첫 번째 핵심 내용을 가지고 주제문을 만들고, 이 주제문을 바탕으로 자신의 주장이나 견해를 논리적이고 설득력 있게 전개해 나가야 한다.

Example

*** Topic** **Differences in Education in South Korea and North America**

*** Topic sentence** However, in the field of education, there are several notable differences between South Korea on the one hand Canada and the United States on the other.

Body 1

First, the number of hours of study and formal training that Korean students go through in order to enter a university is much greater than that of either Canadians or Americans. People say that it is easy to graduate from a Korean university, but the really hard part is getting into the university in the first place. Because it's so difficult to get into a university in South Korea, most students not only attend their regular classes but also attend special "cram" schools for a few hours in the morning or afternoon. As a result, high school students in South Korea have fifty-five to sixty hours of instruction each week. This is in stark contrast to the situation in Canada and the United States, where secondary school students attend school less than thirty-five hours a week. In these North American countries, the most difficult years begin at age eighteen and don't let up until age twenty-two.

Body 2

A second difference lies in society's attitude toward university education. In

South Korea, competition to gain admittance to a prestigious university is intense. This competition results in an incredible amount of studying, education, and self-sacrifice as students do almost nothing but study for examinations. Parents feel this pressure as well and start training their children at a very young age for the eventual university exams. Thus, students feel pressure from their parents, their peers, and society in general. North American students may feel a comparable amount of pressure if they want to enter a school such as Harvard or Yale, but the average Canadian or American students does not have to deal with the social pressure common in South Korea.

Body 3

Finally, opportunities for university scholarships are very different in these countries. In Canada and the United States, there are academic scholarships, athletic scholarships, and scholarships for minority students. This allows for all types of students to take advantage of higher education at little or no cost. In South Korea, however, the most prevalent type of scholarship is the academic type. Sports skills, ethnic background, and other non-academic matters do not play a role in the awarding of university scholarships.

Explanation(해설)

이와 같이 에세이의 Body(본론)는 서론 주제문(thesis statement)의 핵심내용을 가지고 먼저 하나의 소주제문(topic sentence)를 만든다. 그리고 소주제문의 중신 내용을 가지고 자신이 주장하고사 하는 것을, 7가지 설명방식(definition, exemplification, comparison, contrast, analysis, classification, analogy)을 통하여 설득력 있게 전개하면 된다.

1. What is conclusion?

The conclusion is the final paragraph in an essay. Some people say that the writing conclusion is very difficult, but others think writing the conclusion is easy. If you study this chapter, "Book V", writing the conclusion should be easier.

우리말 설명

결론단락이란 전체 글을 마무리하는 단락을 말한다. 그러므로 독자들이 이 글이 결론임을 알 수 있도록 해야 한다. 대개 English Essay(영어 에세이)에서는 Transition words(전환어)를 통해 결론임을 알려준다. 이를테면, 결론적으로(In conclusion, All in all, To summarize, From the information given) 등과 같은 어구로 독자들이 결론단락임을 알게 한다.

2. The way of writing conclusion

많은 사람들이 결론단락쓰기가 매우 어렵다고 생각하는 것 같다. 그러나 결론단락을 쓰는 다음 몇 가지 방법들을 공부한다면 결론단락을 쓰는 것이 아마도 가장 쉬운 일이 될 것이다.

1) First, restating the thesis statement(주제문 재진술)

결론단락은 대체로 서론의 주제문(Thesis statement)을 재진술(restatement)하거나 다른 말로 바꾸어 쓰기(paraphrase)를 하는 경향이 있는데, 이 방법은 가장 쉬운 방법 중 하나다. 이때 주의할 점은 새로운 정보를 보태서는 안 된다. 다른 정보를 보탤 경우 독자들은 본론의 연속으로 착각할 수 있기 때문이다.

2) Second, Summarizing the whole essay(에세이 요약)

결론단락은 주제문을 재진술하면서 전체 단락을 요약하여 핵심 내용(key points)를 덧붙일 수 있다.

3) Finally, you can give a suggestion, an opinion, or prediction about the topic of the essay.

마지막으로 주제와 관련된 확실한 제안(suggestion), 희망적인 예시(prediction), 또는 확실한 개인적인 생각(opinion) 등을 가지고 마무리 할 수도 있다.

a) Suggestion : 자신의 의견을 안건으로 내놓은 일
b) Opinion : 사물이나 현상, 또는 문제 등을 바라보는 개인의 생각이나 입장
c) Prediction : 앞으로 닥칠 일을 미리 내다봄

3. The Example of Conclusion

결론단락 예문보기: 결론 단락은 서론의 주제문(thesis statement)을 재진술하면서 본론을 주요 내용을 요약하여 덧붙이거나, 확실한 자기 주장이나, 긍정적인 조언, 예시 등으로 끝을 맺는다.

Example 01

*** Topic** **Dogs of Man's best friend**

*** Thesis statement** In these ancient societies, as well as in our modern one, there are three main relationships that dogs have with people.

Conclusion: 결론

Although there are a great many breeds of dogs, they can be classified into these three main types by their relationships to their owners. Even if you have no interest in sports and no farm to run, you can have a great companion in a dog. Because of the relationships they have with people, dogs are often called "man's best friend." (p 207, 에세이 참조)

| Explanation(해설) |

이 글(논술: essay)의 결론은 주제문을 재진술하고 글의 주요 내용을 요약하면서 긍정적인 조언으로 글을 자연스럽게 마무리하고 있다.

Example 02

*** Topic** **Cinderella and Her Odious Household Chores**

*** Thesis statement** The top three of these tasks include ironing clothes, washing dishes, and cleaning the bathroom.

Conclusion: 결론

Maintaining a house means doing a wide variety of unpleasant chores. Cinderella knew this, and so do we. Many of us do not have the luxury of hiring an outside person to do our housework, so we must make do with our responsibilities. If we can take pride in the results of our hard work, maybe we can get through the unpleasantness of these typical household chores. (p 211, Model 1 참조)

| Explanation(해설) |

이 글(논술: essay)의 결론은 주제문을 재진술하고 글의 주요 내용을 요약하면서 긍정적인 조언으로 글을 자연스럽게 마무리하고 있다.

Example 03

*** Topic** **Differences in education in South Korea and North America**

*** Thesis statement** However, in the field of education, there are several notable differences between South Korea on the one hand Canada and the United States on the other.

Conclusion: 결론

When people talk about educational differences between South Korea and Canada and the United States, they often focus on obvious differences such as school uniforms or extracurricular activities. However, these superficial differences are not nearly as important as the differences in the hours of study, society's attitude toward education and scholarships. Despite these differences, the educational systems in all three countries continue to produce thousands of successful college graduates each year. (p 228, 예문1 참조)

Explanation(해설)

여기서는 주제문을 재진술하면서 결론을 맺으면서도, 그럼에도 불구하고 모든 나라에서 성공적으로 많은 대학생들을 배출하고 있다는 각국 교육의 긍정적인 부문을 덧붙여 언급하고 있다.

4. General Essay Outline

[Introduction Outline: 도입부(서론)의 구성형태]

- Hook (usually one sentence)
- Connecting sentences (generally two or five sentences)
- Thesis statement (usually one sentence)

Explanation(해설)

우리가 English Essay를 쓸 때, 앞서 배운 여러 가지 Skill을 이용하여 먼저 서론을 쓰고 나면 사실상 에세이는 다 쓴 것이나 다름없다. 서론을 쓰고 나면, 자신이 쓰고자 하는 글의 계획이 담긴 Thesis Statement(주제문)의 주요 내용을 한 가지씩 가지고 two or three Topic sentences(소주제문)를 만들어 Body(본론)를 구성하여 쓰면 된다. 그리고 Conclusion(결론)은 배운 대로 주제문을 재진술하여 글이 자연스럽게 수미상관을 이루도록 마무리 하면 된다.

1. Model I

Topic **Stress and Stress Management**

Hook **funnel form**(깔때기 형태)

Thesis statement When a person wants to relax or reduce stress using a meditative technique, she or he can follow a procedure of two main steps involving comfort and mental attitude.

Introduction: 서론/도입부

Stress is a reaction to something that we all feel at one time or another, sometimes even on a daily basis. It can be caused by something positive or negative. Furthermore, it is not always bad; in fact, something it can actually be necessary or helpful. However, most people do not enjoy feeling stress, and many people try to find ways to cope with it and relax. For some people, trying to relieve stress by relaxing through meditation is very helpful. When a person wants to relax or reduce stress using a meditative technique, she or he can follow a procedure of two main steps involving comfort and mental attitude.

Body 1

First, finding a comfortable place and getting into a comfortable position are important steps to this technique. A comfortable environment may be different for each person. In other words, whether this place is inside a home or outside on a beach or in a park will depend on the person. In any case, finding a place that will provide maximum comfort and minimum disturbance for each person as an individual is essential. Also, while you are trying to relax through meditation, the environment should be free from noise. For example, there should be no interruptions or distractions in the area. In addition, getting into a comfortable position is equally important. For some people the most comfortable position might be sitting, but for others it might be lying down. Clothing should not be tight but should be comfortable. This step is important because without a comfortable environment and position, you may not be able to truly relax.

Body 2

Next, if someone wants a positive relaxation response, he or she should have a passive attitude and a mental focus. In this step, most people try to clear their minds as much as possible. This can be done through deep breathing; for example, the person can inhale deeply and then empty his or her mind as he or she slowly exhales. Someone who does some of this deep breathing every hour or two during the day can easily reduce his or her stress on a regular basis. It is also a good idea to have something to think about. Closing your eyes will help you concentrate on a relaxing thought or mental image. For instance, you can think about your last relaxing vacation or your favorite place to relax. Thus, after your mind is clear and focused on positive thoughts, you can more fully relax.

Conclusion 결론

In short, many people find themselves trying to cope with stressful situations that occur in everyday life. Although everyone is different and may try a unique way to relieve stress, many people find meditation to be an excellent technique. When you are "stressed out" and looking for a way to relax, try finding a comfortable place, clearing your mind with deep breathing, and concentrating on pleasant thoughts. It just might work. (Destinations 2: p 86, 87)

Explanation(해설)

(1) 이 에세이는 스트레스를 관리하는 방법을 제시하고 있다.

(2) Hook는 깔때기 형(funnel forms)이다.

(3) Thesis statement(주제문)는 서론단락의 마지막 문장이다. 그리고 작가가 쓰고자 하는 글의 plan을 간접적으로 언급한 주제문(indirect thesis statement)이다.

(4) 2개의 Body(본론)로 구성되었으며, 본론 단락은 소주제문(topic sentence)을 각각 첫 문장에 두고 이를 중심내용으로 글을 전개하고 있다. 본론단락은 보통 3개를 기본으로 하고 있지만 경우에 따라서는 확실한 것으로 2개 단락으로도 좋은 점수를 얻을 수 있다.

(5) 결론문장은 주제문을 재진술하고 있다.

2. *Model II*

*** Topic** **Differences in Urban and Rural Life**

*** Hook** **funnel form**(깔때기 형태)

*** Thesis statement** Perhaps some of the most notable differences in the lives of these two groups include degree of friendliness, peace of life, and variety of activities.

Introduction

Imagine life in Toronto. Now imagine life in a neighboring rural Canadian town. Finally, picture life in Rome Italy. Which of these last two places in more different from Toronto? Many people might mistakenly choose Rome because it is in a different country. In fact, city dwellers all over the world tend to have similar lifestyle, so the biggest differences are between Toronto and its smaller neighbor. Urban people and rural people, regardless of their country, live quite differently. Perhaps some of the most notable differences in the lives of these two groups include degree of friendliness, pace of life, and variety of activities.

Body 1

One major difference between growing up in the city and in the country is the degree of friendliness. In large cities, we often hear of people living in huge apartment buildings with hundreds of strangers. These urban apartment dwellers tend to be wary of unknown faces and rarely get to know their neighbors well. The situation in a small town is often just the opposite. Small-town people generally grow up together, attend the same schools and churches, and share the same friends. As a result, rural people are much more likely to treat their neighbors like family and invite them into their homes.

Body 2

Another difference is the pace of life. In the city, life moves very quickly. The streets reflect this hectic pace and are rarely empty, even late at night. City dwellers appear to be racing to get somewhere important. Life for them tends to be s series of deadlines. In the country, life is much slower. Even during peak hours, traffic jams occur less often. Stores close in the early evening, and the streets don't come alive until the next morning. The people here seem more relaxed and move in a more leisurely way. The pace of life in these two areas couldn't be more different.

Body 3

A third difference lies in the way people are able to spend their free time. Although life in the city has its drawbacks, city dwellers have a much wider choice of activities that they can participate in. For example, They can go to museums or exotic restaurants, attend concerts, and shop in hundreds of stores. The activities available to people in rural areas, however, are much more limited. It is rare to find museums or exotic restaurants there. Concert tours almost never include stops in country towns. Finally, people who enjoy shopping might be disappointed in the small number of stores.

Conclusion

Life in urban areas and life in rural areas vary in terms of human interaction, pace of life, and daily activities. Other important differences exist, too. But none of these makes one place better than the other. The places are simply different. Only people who have experienced living in both the city and the country can truly appreciate the unique characteristics of each.

Explanation(해설)

(1) 이 에세이는 도시와 전원생활에서 일어나는 생활을 비교 대조하고 있는 것으로, 유형으로는 비교대조에세이(comparison/contrast essay)에 속한다.

(2) Hook는 서론 단락의 첫 문장으로, 여기서는 누구나 알고 있는 대도시를 떠올림으로써, 독자들의 관심을 잡으려 하고 있다.

(3) Thesis statement(주제문)는 서론단락의 마지막 문장이다. 그리고 작가가 쓰고자 하는 글의 facts를 구체적으로 언급한 직접 주제문(direct thesis statement)이다.

(4) 3개의 Body(본론)로 구성되었으며, 본론 단락은 소주제문(topic sentence)을 각각 첫 문장에 두고 이를 중심내용으로 글을 전개하고 있다.

(5) 결론문장은 주제문을 재진술하고, 작가 자신의 의견을 제시하고 있다.

3. Model III

***Topic** **Native American In**

***Hook** **Funnel forms**(깔때기 형태)

***Thesis statement** As as result, Native Americans have made many valuable contributions to modern U.S. culture, particularly in the areas of language, art, food, and government.

Introduction

When the first Europeans came to the North America continent in 1620, they encountered the completely new cultures of the Native American peoples of North America. Native Americans, who had highly developed cultures in many respects, must have been as curious about them, As always happens when two or more cultures come into contact, there was a cultural exchange. Native Americans adopted some of the Europeans' way, and the Europeans adopted some of their ways. As a result, Native Americans have made many valuable contributions to modern U.S. culture, particularly in the areas of language, art, food, and government.

Body 1

First of all, Native Americans left a permanent mark on the English language. The early English-speaking settlers borrowed from several different Native American languages words for places in this new land. All across the country are cities, towns, rivers, and states with Native American names. For example, the states of Delaware, Iowa, Illinois, and Alabama are named after Native American tribes, as are the cities of Chicago, Miami, and Spokane. In addition to place names, English adopted from various Native American languages the word for animals and plants found in the Americas. Chipmunk, moose, raccoon, skunk, tobacco,, and squash are just a few examples.

Body 2

Although the vocabulary of English is the area that shows the most Native American influence, it is not the only area of U.S. culture that has been shaped by contact with Native Americans. Art is another area of important Native American contributions. Wool rugs woven by women of the Navajo tribe in Arizona and New Mexico are highly valued works of art in the United States. Native American jewelry made from silver and turquoise is also very popular and very expensive. Especially in the western and southwestern regions of the United States, native crafts such as pottery, leather products, and beadwork can be found in many homes. Indeed, native art and handicrafts are a treasured part of U.S. culture.

Body 3

In addition to language and art, agriculture is another area in which Native Americans had a great and lasting influence on the peoples who arrived here from Europe, Africa, and Asia. Being skilled farmers, the Native Americans of North America taught the newcomers many things about farming techniques and crops. Every U.S. schoolchild had heard the story of how Native Americans taught the first settlers to place a dead fish in a planting hole to provide fertilizer for the growing plant. Furthermore, they taught the settlers irrigation methods and crop rotation. Many of the foods people in the United States eat today were introduced to the Europeans by Native Americans. Now they are staples in the U.S. diet.

Body 4

Finally, it may surprise some people to learn that citizens of the United States are also indebted to the native people for our form of government. The Iroquois, who were an extremely large tribe with many branches called "nations," had developed a highly sophisticated system of government to settle disputes that arose between the various branches. Five of the nations had joined together in a confederation called "The League of the Iroquois." Under the league, each nation was autonomous in running its own internal affairs, but the nations acted as a unit when dealing with outsiders. The league kept the Iroquois from fighting among themselves and was also valuable in diplomatic relations with other tribes. When the 13 colonies were considering what kind of government to establish after they had won their independence from Britain, someone suggested that they use a system similar to that of the League of the Iroquois. Under this system, each colony or future states would be autonomous in managing its own affairs but would join forces with the other states to deal with matters that concerned them all. This is exactly what happened. As a result, the present form of government of the United States can be traced directly back to a Native American model.

Conclusion

In conclusion, we can easily see from these few examples the extent of Native American influence on our language, our art forms, our eating habits, and our government. The people of the United States are deeply indebted to Native Americans for their contributions to U.S. culture. (Writing Academic English: p 58-59)

Explanation(해설)

(1) 이 에세이는 유럽인들이 신대륙으로 들어와 새로운 국가를 설립하면서 당시 거주자인 북미 인디언들의 영향을 많이 받았음을 설명형식으로 서술하고 있다.

(2) Hook는 서론 단락의 첫 문장으로, 여기서는 역사적 사실을 통하여 독자들의 관심을 잡고 있기도 하지만, 그것보다는 funnel form(깔때기 모양)을 하고 있다. 즉, 일반적 사실에서 시작하여 마지막에 주제문을 구성하는 형식을 취하고 있다. 대개 대학의 글쓰기에서는 이 형식이 가장 무난하게 쓰이고 있으며, 또한 Hook로 많은 고민이 필요하지 않은 형식이기도 하다.

(3) Thesis statement(주제문)는 서론단락의 마지막 문장이다. 그리고 작가가 쓰고자 하는 글의 facts를 구체적으로 언급한 직접 주제문(direct thesis statement)이다.

(4) 4개의 Body(본론)로 구성되었으며, 본론 단락은 소주제문(topic sentence)을 각각 첫 문장에 두고 이를 중심내용으로 글을 전개하고 있다.

(5) 결론문장은 주제문을 재진술하고, 작가 자신의 의견을 제시하고 있다.

4. Model IV

*** Topic** **Culture Shock**

*** Hook** **Funnel forms**(깔때기 형태)

*** Thesis statement** Although not everyone experiences culture shock in exactly the same way, many experts agree that it has roughly five stages.

Introduction

Moving to a new country can be an exciting, even exhilarating experience. In a new environment, you somehow feel more alive. Seeing new sights, eating new food, hearing the foreign sounds of a new language, and feeling a different climate against your skin stimulate your senses as never before. Soon, however, this sensory bombardment becomes sensory overload. Suddenly, new experiences seem stressful rather than stimulating, and delight turns into discomfort. This is the phenomenon known as culture shock. Culture shock is more than jet lag or homesickness, and it affects nearly everyone who enters a new culture—tourists, business travelers, diplomats, and students alike. Although not everyone experiences culture shock in exactly the same way, many experts agree that it has roughly five stages.

Body 1

In the first stage, you are excited by your new environment. You experience some simple difficulties such as trying to use the telephone or public transportation, but you consider these small challenges that you can quickly overcome. Your feelings about the new culture are positive, so you are eager to make contact with people and to try new foods.

Body 2

Sooner or later, differences in behavior and custom become more noticeable to you. This is the second stage of culture shock. Because you do not know the social customs of the new culture, you may find it difficult to make friends. For instance, you do not understand how to make "small talk," so it is hard to carry on a casual, get-acquainted conversation. One day in the school cafeteria, you overhear a conversation. You understand all the words, but you do not understand the meaning. Why is everyone laughing? Are they laughing at you or at some joke that you did not understand? Also, you aren't always sure how to act while shopping. Is this store self-service, or should you wait for a clerk to assist you? If you buy a sweater in the wrong size, can you exchange it? These are not minor challenges; they are major frustrations.

Body 3

In the third stage, you no longer have positive feelings about the new culture. You feel that you have made a mistake in coming here. Making friends hasn't been easy, so you begin to feel lonely and isolated. Now you want to be with familiar people and eat familiar food. You begin to spend most of your free time with students from home country, and you eat in restaurants that serve your native food. In fact, food becomes an obsession, and you spend a lot of time planning, shopping for, and cooking food from home.

Body 4

You know that you are in the fourth stage of culture shock when you have negative feelings about almost everything. In this stage, you actively reject the new culture. You become critical, suspicious, and imitable. You believe that people are unfriendly, that your landlord is trying to cheat you, that your teachers do not like you, and that the food is making you sick. In fact, you may actually develop stomachaches, headaches, sleeplessness, lethargy, or other physical symptoms.

Body 5

Finally, you reach the fifth stage. As your language skills improve, you begin to have some success in meeting people and in negotiating situations. You are able to exchange the sweater that was too small, and you can successfully chat about the weather with a stranger on the bus. Your self-confidence grows. After realizing that you cannot change your surroundings, you begin to accept the differences and tolerate them. For instance, the food will never be as tasty as the food in your home country, but you are now able to eat and sometimes even enjoy many dishes. You may not like the way some people in your host country dress or behave in public, but you do not regard their clothes and behavior as wrong—just different.

Conclusion

In conclusion, nearly everyone moving to a new country feels degree of culture shock. Symptoms may vary, and not all people experience all five stages. Newcomers with a strong support group may feel at home immediately in the new culture, while others may take months to feel comfortable. Staying in touch with friends and family, keeping a positive attitude, and above all, learning the language as soon as possible are ways to overcome the difficulties and frustrations of adapting to life in a new land. (Writing Academic English 4: p 60)

Explanation(해설)

(1) 이 에세이는 누구나 새로운 나라로 이사를 가게 되면 여러 가지 문화적 쇼크를 받게 되는데, 대개 5단계를 거치는 것으로 이를 설명하고 있다.

(2) Hook는 서론 단락의 첫 문장으로, funnel form(깔때기 모양)을 하고 있다. 즉, 일반적 사실에서 시작하여 마지막에 주제문을 구성하는 형식을 취하고 있다. 대개 대학의 글쓰기에서는 이 형식이 가장 무난하게 쓰이고 있으며, 또한 많은 고민이 필요하지 않은 Hook방법이기도 하다.

(3) Thesis statement(주제문)는 서론단락의 마지막 문장이다. 그리고 작가가 쓰고자 하는 글의 facts를 구체적으로 언급하지 않고 있다. 따라서 이는 간접 주제문(indirect thesis statement)이라고 할 수 있다.

(4) 5개의 Body(본론)로 구성되었으며, 본론 단락은 소주제문(topic sentence)을 각각 첫 문장에 두고 이를 중심내용으로 글을 전개하고 있다.

(5) 결론문장은 주제문을 재진술하고, 작가 자신의 의견을 제시하고 있다.

5. *Model V*

***Topic** **Get up a Game**

***Hook** **Funnel forms(깔때기 형태)**

***Thesis statement** We no longer value heroes and individual achievement as we once did. "Competition" has become a bad word. But competition, if confronted enthusiastically, can be the greatest self-motivating experience in the world.

Introduction

When Michael Jordan, one of the best basketball players ever, was a sophomore in high school, he was cut from his high school basketball team. Michael Jordan was told by his coach that he wasn't good enough to play high school basketball. It was a crushing disappointment for a young boy whose heart was set on making the team, but he used the incident —not to get mad, not to get even, but to get better. We no longer value heroes and individual achievement as we once did. "Competition" has become a bad word. But competition, if confronted enthusiastically, can be the greatest self-motivating experience in the world.

Body 1

What some people fear in the idea of competition, I suppose, is that we will become obsessed with succeeding at somebody else's expense. That we'll take too much pleasure in defeating and therefore "being better" than somebody else. Many times during conversations with my children's teachers, I am told how the school has progressively removed grades and awards from some activities, "so that the kids don't feel they have to compare themselves to each other." They are proud of how they have softened their educational programs so that there's less stress and competition. But what they are doing is not softening the program — they are softening the children.

Body 2

If you are interested in self-motivation, self-creation, and being the best you can be, there is nothing better than competition. It teachers you the valuable lesson that no matter how good you are, there is always somebody better than you are. That's the lesson in humility you need the lesson those teachers are misguidedly trying to teach you by removing grades.

Body 3

It teaches you that by trying to beat somebody else, you reach for more inside of yourself. Trying to beat somebody else simply puts the "game" back into life. If it's done optimistically, it gives energy to both competitors. It teaches sportsmanship. And it gives you a benchmark for measuring your own growth. The poet William Butler Yeats used to be amused at how many definitions people came up with for happiness. But happiness wasn't any of the things people said it was, instead Yeats. "Happiness is just one thing," he said. "Growth. We are happy when we are growing."

Body 4

A good competitor will cause you to grow. He will stretch you beyond your former skill level. If you want to get good at chess, play against somebody better at chess than you are. In the movie "Searching for Bobby Fisher," we see the negative effects of resisting competition on a young chess genius until he starts to use the competition to grow. Once he stops taking it personally and seriously, the game itself becomes energizing. Once he embraces the intriguing fun of competition, he gets better and better as a player, and grows as a person.

Body 5

I mentioned earlier that I'd heard a report on the radio that there was a Little League(children's baseball) organization somewhere in Pennsylvania that had decided not to keep score in its games anymore because losing might damage the players' self-esteem. They had it all wrong: Losing teaches kids to grow in the face of defeat. It also teaches them that losing isn't the same as dying, or being worthless. It's just the other side of winning. If we teach children to fear competition because of the possibility of losing, then we actually lower their self-esteem.

Conclusion

Compete wherever you can. But always compete in the spirit of fun, knowing that finally surpassing someone else is far less important than surpassing yourself. If you're better at a game than I am, when I play against you and try to beat you, it's really not you I'm after. Who I'm really beating is the old me. Because the old me couldn't beat you. (In Charge 2, p 143-144)

Explanation(해설)

이 에세이는 컬럼비아대학 "Teacher's School"의 언어연수 최고과정의 교재(In Charge)에 실린 내용이다. 일반 에세이와는 약간 변형된 모습을 취하고 있는 듯하지만, 거의 유사하다. 상당히 고급한 에세이로 우리가 성장하기 위해서는 경쟁이 무엇보다 필요하다는 점을 주장하고 있다. 따라서 "Get Up a Game(게임을 준비시켜라[계획하라])"는 topic(수제)로, thesis statement(주제문)은 서로의 마지막 부분인 "But competition, if confronted enthusiastically, can be the greatest self-motivating experience in the world."이다.

(1) 이 글은 누구나 자신이 내외적으로 성장하기를 원한다면, 경쟁이 가장 중요한 동기(motivation)이 된다는 점을 설득력 있게 주장하고 있다.

(2) Hook는 서론 단락의 전반부로, funnel form(깔때기 형식)을 취하고 있다. 즉, 대부분 사람들이 잘 알고 있는 농구스타 마이클 조던의 고등학교 학창시절에 있었던 쇼킹한 사건으로 독자들의 관심을 유도하여, 결국 경쟁이 자기개발에 효과적이라는 주제문으로 안내하고 있다.

(3) 주제문은 서론의 마지막 단락이며, 여기서는 Indirect thesis statement로 나타내고 있다.

(4) 모두 5개의 Body(본론)로 구성되었으며, 모두 주제문을 뒷받침하는 글로 매우 적절하게 전개하고 있다.

(5) Conclusion(결론) 단락은 주제문을 재진술하면서, 작가 자신의 의견을 제시하고 있다.

Unit 02

The Essay!

02 part two

Kinds of Essays 에세이의 종류

Book I	Argumentative Essay
Book II	Reaction Essay
Book III	Process/Analysis Essay
Book IV	Comparison contrast Essay
Book V	Cause and Effect Essay
Book VI	Classification Essay
Book VII	Narrative Essays
Book VIII	토플(TOEFL) 에세이 작성하기

part two

Kinds of Essays 에세이의 종류

이 단원에서는 Essay를 7개 유형별로 나눠, 그 유형별 특성을 이해하고 이를 쓰는 방법에 대해 공부하려고 한다. 에세이의 유형은 다양하기 때문에 누구도 꼭 이러한 유형이 옳다고 고집할 수는 없다. 하지만 가장 일반적으로 사용되는 에세이를 유형별로 분류할 경우, 다음 7가지로 나눌 수 있다. 이는 (1) Argumentative Essays(논쟁 논술), (2) Reaction Essays(반응 논술), (3) Process Analysis Essays(과정 분석논술), (4) Comparison / Contrast Essays(비교/대조 논술), (5) Causes and Effects Essays(원인과 결과/인과관계 논술), (6) Classification Essays(분류 논술), (7) Narrative Essays(이야기 논술) 등이다. 그리고 마지막 장(chapter), "Book VIII"에는 유학을 준비하는 학생들을 위하여 토플 에세이 쓰는 방법을 추가했다.

Book I Argumentative Essay(논쟁 에세이)

1. What is an Argumentative Essay?

An argumentative Essay is sometimes called a persuasive essay because the writer has to persuade the reader of an opinion about something, for example, public school students should be required to wear a uniform, because uniforms are the better choice for three reasons. The writer argues his or her points, gives reasons to support it, and tries to convince the reader.

An argumentative Essay is an essay in which you agree or disagree with an issue, using reasons to support your opinion. So your goal is to convince your reader that your opinion is right or good. Argumentative Essay is a popular kind of question because it forces students to think on their own. They have to take a stand on an issue, support their stand with solid reasons, and support their reasons with solid evidence.

우리말 설명

논쟁에세이는 작가가 독자들에게 어떤Arguing point(논쟁점論爭點)에 관해 자신의 의견을 믿거나 이해하도록 설득하는 글을 말한다. 따라서 작가는 독자들에게 자신의 주장에 동조하기를 원할 때, 논쟁에세이를 선택하며, 이 때 작가는 독자들이 자신의 견해를 지지하거나 믿도록 설득해야 한다. 따라서 논쟁에세이는 "Pro or Con, and Agree or Disagree(찬성 또는 반대)", and "Prefer(선호) or Choose(선택)" 등에 관해 독자들을 설득할 때 가장 흔히 쓰이는 글이다.

게다가 논쟁에세이는 종종 Comparison / Contrast Essays(비교/대조논술)이나 Process Analysis Essays(과정분석논술)과 같은 다른 종류의 에세이를 포함하기도 한다. 비교/대조에세이에서는 비교와 대조를 통해 작가 자신의 찬성이나 선호를 주장할 수 있기 때문이다. 마찬가지로 과정분석에세이에서도 분석을 통하여 작가 자신이 왜 선호하는지를 주장하거나 설명할 수 있기 때문이다.

이러한 특성 때문에 논쟁에세이는 특히, TOEFL이나 미국의 대학 수학능력시험인 SAT와 같은 A general writing test(글쓰기 시험)에서 가장 많이 출제되는 유형의 에세이이므로 이 장(this chapter)을 통하여 공부해두면 매우 유용하게 쓰일 것이다.

2. Question patterns of Argumentative Essay's writing test

Example 01

1) Pro or Con, and Agree or Disagree Type(찬성과 반대 유형)

Question 1

Some people believe that children are too materialistic these days. For example, they may be too interested in wearing brand-name clothes and shoes. So they think that public school students should not be allowed to wear school uniforms, but others not. What is your opinion?

Question 2

Stem cell research offers a potential cure for many fatal diseases. Many people oppose stem cell research because it involves using cells from human embryos. Do you agree or disagree that stem cell research should be prohibited?

2) Prefer or Choose Type(선호 또는 선택 유형)

Question 1

Some people prefer to wear expensive clothes, while others would like to get low and middle priced clothes. Which clothes do you prefer to wear?

Question 2

Some parents believe that early childhood education programs prevent later criminal activity, but others think that common childhood education programs give their children a good impact on later criminal activity. Which programs would you like to choose?

3. The opposing and supporting ideas

(아이디에 반대 또는 찬성하기)

1) Opposing ideas

a) Idea = Early childhood education programs prevent later criminal activity.

Opposing idea = Early children education programs have no impact on later criminal activity.

b) Idea = Parents should impose rules for their teenage children about the use of the Internet.

Opposing idea = Parents should not push their teenage children for rules about the use of the Internet.

c) Idea = It is perfectly ethical to accept donations from pharmaceutical companies to conduct scientific research at universities.

Opposing = It is very unethical to accept donations from pharmaceutical companies to conduct scientific research at universities.

2) Supporting ideas

a) Idea = Columbus Day should not be celebrated as a holiday in the United States.

Supporting = Columbus did not really discover America.

b) Idea = A vegetarian diet is healthier than one that includes meat.

Supporting = A vegetarian diet is not necessarily healthier than one that includes meat.

c) Idea = The government should not prevent genetic cloning of human organs for medical purposes.

Supporting = The government should support genetic cloning of human organs for medical purposes.

4. Writing Introduction of Argumentative Essays
(논쟁에세이 서론 쓰기)

1) Introduction(서론/도입부)

모든 에세이의 Introduction(도입부/서론)은 앞에서 배운 것처럼 후크(hook)-연결문장(connecting sentences)-주제문(thesis statement) 등으로 구성돼 있다. 하지만 논쟁 에세이는 서론에서 약간 다른 점을 가지고 있다. 예를 들면, 논쟁 에세이의 도입부도 첫 문장은 마찬가지로 독자들의 관심을 끌기 위한 Hook(후크)가 필요하다. 그리고는 일반 에세이와 약간 성격이 다른 다음 세 가지 구성요소를 가지고 준비하면 된다. 즉, Hook(후크)-Explanation of arguing points(논점에 대한 설명)-Statement of both sides of arguing points(논쟁점에 대한 양측의 진술)-Argumentative thesis statement(논쟁의 주제문)와 같은 방법으로 구성이 된다.

I. Introduction

a) Explanation of the arguing point(논점 설명하기)

(첫 문장은 후크로 독자의 관심을 끌면서 에세이의 논쟁점이 무엇이라는 것을 독자들이 이해할 수 있도록 돕는 배경정보/지식을 알려야 한다.)

b) Statement of both sides of the arguing point(양측의 논점 진술하기)

(논쟁점에 대한 양측의 입장을 분명하게 진술해야 한다.)

c) Argumentative thesis statement(논쟁 에세이의 주제문 쓰기)

(작가가 주제문에서 논쟁점에 대한 자신의 입장을 분명히 밝힌다는 점에서 다른 논술에 비해 매우 독특하다/ 구별된다.)

Example

***Topic** **The issue of school uniforms**

도입부: 서론

(a) Individualism is a fundamental value in the United States. All Americans believe in the right to express their own opinion without fear of punishment. This value, however, is coming under fire in an unlikely place—the public school classroom. (b) The issue is school uniforms. Should public school students be allowed to make individual decisions about clothing, or should all students be required to wear a uniform? (c) School uniforms are the better choice for three reasons.

| Explanation(해설) |

(a) 밑줄 친 첫 문장이 Hook이다. 그리고 다음 문장들은 Introduction(서론)의 Connecting sentences(연결문장)들로써 주제에 대한 배경정보를 알려주고 있다. 그리고 밑줄 친 "however"를 시작으로 논쟁을 역이용하고 있다. 그리고 (b)는 양측의 주장을 진술하고 있다. (c)는 Argumentative thesis statement(논쟁 주제문)으로 작가의 주장하고자 하는 논쟁점을 담아 다음 본론에서 서술할 글의 계획을 밝히고 있다. 서론에서 논쟁논술의 차이점을 공부해 놓으면 글을 쓰는데 매우 유리하다.

2) Methods of organizing for Argumentative Essays

There are several common methods of organizing for argumentative essays. 논쟁논술을 구성, 전개하는 데는 여러 가지 방법이 있을 수 있다. 하지만 어떤 방법도 또 다른 방법보다 더 낫다고 할 수는 없다. 각각의 방법은 나름대로 작가의 주장을 상세하게 구성하거나, 반대하는 견해를 논박하는 데 있어 각기 분명한 자기 관점이 있기 때문이다. 그럼에도 불구하고 가장 분명하고 일반적으로 쓰이고 있는 두 가지 방법을 소개하기로 한다.

[The model method I of writing Argumentative Essays]
(논쟁에세이를 쓰는 모범적인 방법 I)

I. Introduction(서론 또는 도입부)

a) Explanation of the arguing point

(첫 문장은 후크로 독자의 관심을 끌면서 에세이의 논쟁점이 무엇이라는 것을 독자들이 이해할 수 있도록 돕는 배경정보/지식을 알려야 한다.)

b) Statement of both sides of the arguing point

(논쟁점에 대한 양측의 입장을 분명하게 진술해야 한다.)

c) Argumentative thesis statement

(작가가 주제문에서 논쟁점에 대한 자신의 입장을 분명히 밝힌다는 점에서 다른 논술에 비해 매우 독특하다 / 구별된다.)

II. Body one(본론 1)

a) Argumentative 1 for writer's stance(= topic sentence)

(작가의 입장에서 본 첫 번째 주장: 주제문)

b) Detail argument 1

(주제문을 뒷받침하는 상세한 첫 번째 이유 제시)

c) Detail argument 2

(주제문을 뒷받침하는 상세한 두 번째 이유 제시)

d) Detail argument 3

(주제문을 뒷받침하는 상세한 세 번째 이유 제시)

이와 같이 매 주제문마다 보통은 2-3개의 상세한 이유를 제시한다.

III. Body two(본론 2)

a) Argumentative 2 for writer's stance(= topic sentence)
(작가의 입장에서 본 두 번째 주장: 주제문)

b) Detail argument 1
(주제문을 뒷받침하는 상세한 첫 번째 이유 제시)

c) Detail argument 2
(주제문을 뒷받침하는 상세한 두 번째 이유 제시)

d) Detail argument 3
(주제문을 뒷받침하는 상세한 세 번째 이유 제시)

IV. Body three(본론 3)

a) Argumentative 3 for writer's stance(= topic sentence)
(작가의 입장에서 본 세 번째 주장: 주제문)

b) Detail argument 1
(주제문을 뒷받침하는 상세한 첫 번째 이유 제시)

c) Detail argument 2
(주제문을 뒷받침하는 상세한 두 번째 이유 제시)

d) Detail argument 3
(주제문을 뒷받침하는 상세한 세 번째 이유 제시)

V. Body four (본론 4): Counter argument(반론/논박 단락)

a) Supporting of the opposing point

(반대 견해를 먼저 진술하면서 주제문을 만든다.)

b) Supporting of the opposing point, But…

(반대 주제문을 뒷받침하는 이유 한 가지 제시한 뒤, "But or Howerve(그러나)"로 시작하여 이를 반증하는 주장 펼치기도 한다.)

c) Refutation of opposing point

(반대 견해에 대한 반증, 즉 반대되는 논거를 들어 작가 자신의 주장이 확고히 옳음을 증명함.)

d) Refutation of opposing point

(반대 견해에 대한 반증, 즉 반대되는 논거를 들어 작가 자신의 주장이 확고히 옳음을 증명함.)

VI. 결론(Conclusion)

a)는 전체 단락을 요약하여 결론의 소주제문(a topic sentence)을 만들고, 이를 뒷받침하는 상세한 이유로 b), c)를 쓰고, 서론의 주제문을 재진술하면서 주장의 확실성을 가지고 미래를 예언하고 있다. (Blueprints 2: p 171)

Model Essay

*** Topic** **The School Uniform Question**

Introduction: 서론(도입부)

(a) Individualism is a fundamental value in the United States. All Americans believe in the right to express their own opinion without fear of punishment. This value, however, is coming under fire in an unlikely place—the public school classroom. (b) The issue is school uniforms. Should public school students be allowed to make individual decisions about clothing, or should all students be required to wear a uniform? (c) School uniforms are the better choice for three reasons.

Body 1: 본론 1

First, wearing school uniforms would help make students' lives simpler. They would no longer have to decide what to wear every morning, sometimes trying on outfit after outfit in an effort to choose. Uniforms would not only save time but also would eliminate the stress often associated with this chore.

Body 2: 본론 2

Second, school uniforms influence students to act responsibility in groups and as individuals. Uniforms give students the message that school is a special place for learning. In addition, uniforms create a feeling of unity among students. For example, when students do something as a group, such as attend meetings in the auditorium or eat lunch in the cafeteria, the fact that they all wear the same uniforms would create a sense of community. Even more important, statistics show the positive effects that school uniforms have on violence and truancy.

Body 3: 본론 3

Finally, school uniforms would help make all the students feel equal.

People's standards of living differ greatly, and some people are well-off while others are not. People sometimes forget that that school is a place to get an education, not to promote a "fashion show." Implementing mandatory school uniforms would make all the students look the same regardless of their financial status. School uniforms would promote pride and help to raise the self-esteem of students who cannot afford to wear stylish clothing.

Body 4: Counter Argument: 본론 4(반박단락)

Opponents of mandatory uniforms say that students who wear school uniforms cannot express that individuality. This point has some merit on the surface. However, as stated previously, school is a place to learn, not to flaunt wealth and fashion. Society must decide if individual expression through clothing is more valuable than improved educational performance. It's important to remember that school uniforms would be worn only during school hours. Students can express their individuality in the way they dress outside of the classroom.

Conclusion:

In conclusion, there are many well-documented benefits to implementing mandatory school uniforms for students. Studies show that students learn better and act more responsibly when they wear uniforms. Public schools should require uniforms in order to benefit both the students and society as a whole. (Great Essays: p 107-108)

Question

① What is the Hook?

(Proper answers) = Individualism is a fundamental value in the United States.

② What's the argumentative thesis statement?

(Proper answers) = School uniforms are the better choice for three reasons.

③ What is each body's topic sentence?

(Proper answers)

Body 1 = First, wearing school uniforms would help make students' lives simpler

Body2 = Second, school uniforms influence students to act responsibility in groups and as individuals.

Body 3 = Finally, school uniforms would help make all the students feel equal.

Body4 = Opponents of mandatory uniforms say that students who wear school uniforms cannot express that individuality.

④ In paragraph 4, what supporting information does the writer give to show that uniforms make students equal?

(Proper answers) = Implementing mandatory school uniforms would make all the students look the same regardless of their financial status.

⑤ What is the counterargument?

(Proper answers) = Opponents of mandatory uniforms say that students who wear school uniforms cannot express that individuality.

⑥ The writer gives a refutation of the counterargument (shows that it is wrong). What is the writer's refutation?

⑦ Write the sentence from the concluding paragraph of "The School Uniform Question" that restates the thesis.

(Proper answers) = there are many well-documented benefits to implementing mandatory school uniforms for students.

(Proper answers) = School is a place to learn, not to flaunt wealth and fashion.

⑧ Read the concluding paragraph. What is the writer's opinion about this issue?

(Proper answers) = Public schools should require uniforms in order to benefit both the students and society as a whole.

[The model method II of writing Argumentative Essays]
(논쟁에세이를 쓰는 모범적인 방법 II)

I. Introduction

a) Explanation of the arguing point

(첫 문장은 후크로 독자의 관심을 끌면서 에세이의 논쟁점이 무엇이라는 것을 독자들이 이해할 수 있도록 돕는 배경정보/지식을 알려야 한다.)

b) Statement of both sides of the arguing point

(논쟁점에 대한 양측의 입장을 분명하게 진술해야 한다.)

c) Argumentative thesis statement

(작가가 주제문에서 논쟁점에 대한 자신의 입장을 분명히 밝힌다는 점에서 다른 논술에 비해 매우 독특하다/ 구별된다.)

II. Body one (본론 1)

a) Refute the opposing stance with Argument 1(= topic sentence)

(논쟁 1에 대한 반대 입장 반론하기: 주제문)

b) Detail argument 1

(주제문을 뒷받침하는 상세한 첫 번째 이유 제시)

c) Detail argument 2

(주제문을 뒷받침하는 상세한 두 번째 이유 제시)

d) etc…

이와 같이 매 주제문마다 보통은 2-3개의 상세한 이유를 제시한다.

III. Body one(본론 2)

a) Refute the opposing stance with Argument 2(= topic sentence)
(논쟁 2에 대한 반대 입장 반론하기: 주제문)

b) Detail argument 1
(주제문을 뒷받침하는 상세한 첫 번째 이유 제시)

c) Detail argument 2
(주제문을 뒷받침하는 상세한 두 번째 이유 제시)

IV. Body one(본론 3)

a) Refute the opposing stance with Argument 3(= topic sentence)
(논쟁 3에 대한 반대 입장 반론하기: 주제문)

b) Detail argument 1
(주제문을 뒷받침하는 상세한 첫 번째 이유 제시)

c) Detail argument 2
(주제문을 뒷받침하는 상세한 두 번째 이유 제시)

V. 결론(Conclusion)

a)는 전체 단락을 요약하여 결론의 소주제문(a topic sentence)을 만들고, 이를 뒷받침하는 상세한 이유로 b), c)를 쓰고, 서론의 주제문을 재진술하면서 주장의 확실성을 가지고 미래를 예언하고 있다.

| Model Essay |

Topic **Separating the Sexes, Just for the Tough Years**

Introduction: 서론(도입부)

(a) The middle school years(grades 7 and 8) are known to be the "tough years" (b) There are the years when the uneven pace of girl's and boy's physical, emotional, and cognitive development is most noticeable. Girls are ahead of boys on all accounts, and both suffer. Educators debate whether separating boys and girls during these difficult years might improve students' academic performance. Separate classes are now prohibited in public schools that receive federal funds, but a change in the federal law that prohibits them is under consideration. (c) Although some parents and educators oppose same-sex classes, there is some evidence that separating boys and girls in middle school yields positive results.

Body 1: 본론 1

Opponents of single-sex education claim that test scores of students in all-girl or all-boy classes are no higher than those of students in mixed classes. However, the research is inconclusive. Despite the fact that some research shows no improvement in test scores, other research shows exactly opposite results. More important, many psychologists believe that test scores are the wrong measuring sticks. They believe that self-confidence and self-esteem issues are more important than test scores. In same-sex classes, girls report increased confidence and improved attitudes toward math and science. These are results that cannot be calculated by a test but that will help adolescents become successful adults long after the difficult years of middle school are past. New York University professor Carol Gilligan is certain that girls are more likely to be "creative thinkers and risk-takers as adults if educated apart from boys in middle school."Boys, too, gain confidence when they do not have to compete with girls. Boys at this age become angry and fight back in middle school because they feel inferior when compared to girls, who literally "out-think" them. With no girls in the classroom, they are more at ease with themselves and more receptive to learning.

Body 2: 본론 2

Opponents also maintain that separate classes (or separate schools) send the message that males and females cannot work together. They say that when students go into the work force, they will have to work side by side with the opposite sex, and attending all-girl or all-boy schools denies them opportunity to learn how to do so. However, such an argument completely ignores the fact that children constantly interact with members of the opposite sex outside school. From playing and squabbling with siblings to negotiating allowances, chores, and privileges with their opposite-sex parent, children learn and practice on a daily basis the skills they need in their future workplace.

Body 3: 본론 3

The final argument advanced by opponents of same-sex education is that it is discriminatory and, therefore, unconstitutional. However, research supports exactly the opposite conclusion: that discrimination is widespread in mixed classes. Several studies have shown that boys dominate discussions and receive more attention than girls and that teachers call on boys more often than they call on girls, even when girls raise their hands. Clearly, this is discriminatory.

Conclusion: 결론

It should be evident that the arguments against same-sex classes are not valid. On the contrary, many people involved in middle-school education say that same-sex classes provide a better learning environment. Boys and girls pay less attention to each other and more attention to their schoolwork. As one teacher noted, "Girls are more relaxed and ask more questions; boy are less disruptive and more focused." Girls are less fearful of making mistakes and asking questions in math and science; boys are less inhibited about sharing their ideas in language and literature. Furthermore, schoolchildren are not disadvantaged by lack of contact with the opposite sex because they have many opportunities outside the school setting to interact with one another. Finally, discrimination occurs in mixed classes, so discrimination is not a valid argument. Therefore, in my opinion, the law prohibiting same-sex classes in public schools should be changed. (Writing academic English: p 144-145)

Explanation(해설)

예문을 읽고 스스로 해설해보기: 앞에서 설명한 것을 통하여 충분히 해설할 수 있어야 제대로 공부가 된 것이라고 할 수 있겠다.

1. What is a reaction Essay?

A very common type of writing task, one that appears in every academic discipline, is the reaction essay. In a reaction essay, the writer is usually given a prompt—a visual or written stimulus—to think about and respond to. A reaction essay focuses on the writer's feelings, opinions, and personal observations about the particular prompt. (Blueprints 2: 145)

우리말 설명

- 여러 학문 분야에서 등장하는 매우 흔한 종류의 작문유형이 Reaction essay(반응논술)이다. 반응 에세이에서 작가는 대개 어떤 자극(메시지)을 받는데, 이는 시각적 또는 문서상의 자극으로 무엇을 생각하게 하거나 반응하게 만드는 것이다. 따라서 반응논술은 특별히 개인적인 자극에 대한 작가의 감정, 의견, 그리고 개인적인 관찰(주목)에 초점을 두고 있다.

- 일상에서 많은 것들이 반응논술에 대한 자극(메시지)이 될 수 있다. 교과서의 단원, 한편의 문학, 하나의 이론, 노래, 그림이나 사진, 신문기사, TV뉴스나 프로그램, 대학 등의 강의 등 다양한 것들이 모두 논술거리의 메시지(자극)가 될 수 있다. 그리고 대학에서도 종종 교수님들이 학생들에게 반응논술을 쓰도록 하는 메시지를 제공할 것이다. 특히, 신문의 칼럼리스트 또는 가벼운 비평까지 이 반응논술을 가장 많이 쓰고 있음을 알 수 있다.

2. Unity in a reaction Essay

(반응에세이의 공감)

반응에세이에서 독자들이 공감을 불러일으키기 위하여, 작가가 어떤 자극(메시지)에 반응하기 전에 자극에 관해 독자들에게 어떤 Background Information(배경정보)를 주는 것이 매우 중요하다. 이 배경정보는 작가가 반응하는 것을 독자들이 이해하도록 돕는다. 또한 배경정보에서는 객관적인 생각을 유지하는 것도 중요하다. 그리고 반응에세이의 본론은 작가의 개인적인 반응에 초점을 두게 될 것이다.

1) Understanding of Background Information

(배경정보/지식에 대한 이해)

a) Description(묘사) = 만약 작가가 시각 자극에 반응하거나, 감정(감성)적 자극에 반응을 한다면, 배경정부는 대개 그 항목을 물질적으로, 또는 정시직으로 묘사할 것이다. 묘사에는 대상묘사(보이는 것 시각묘사)와 내면묘사(인물의 심리나 감정상태 등 묘사) 등이 있다.

b) Summary(요약) = 만약 작가가 문서상의 자극에 반응한다면, 작가는 도입부(서론)에서 자극에 대한 요약을 하게 될 것이다. 가장 중요한 요소들을 제공하고/나타내고 그리고 본래의 순서를 따를 것이다.

c) Facts(사실) = 만약 작가가 역사적 사건이나 어떤 이론, 현재의 사건이나 사실 등에 반응을 한다면, 사실에 입각한 정보, 특정한 날짜, 행위(사건), 그리고 배경(주위환경)을 제공할 것이다.

d) Description and Summary(묘사와 요약) = 영화나 드라마처럼, 영상이미지를 묘사할 수도 있고, 또는 영화의 줄거리를 요약할 수도 있는 경우가 있다.

e) Facts and Summary(사실과 요약) = 어떤 대학이나 학술연구기관 등에서 실시한 강의 내용이 역사적 사실에 입각한 것일 경우에는 사실과 요약을 함께 전개할 수

도 있다. 이상에서 공부한 것처럼, 배경정보는 기본적으로는 묘사-사실-요약이라는 세 가지 이해 요소를 바탕으로 구성된다.

2) 다음 배경정보 분류하기

배경지식(정보) 3가지 구성요소: "묘사–사실–요약"

a) 책 = 무기여 잘 있거라(A Farewell to Arms)

요약(Summary) = 이는 문학작품에 관한 반응이므로 요약에 해당된다.

b) 그림 = 모나리자(Mona Lisa)

묘사(description) = 그림에 관한 반응은 묘사를 통해 설명이 가능하다.

c) 제2차 대전의 벌지 전투(the Battle of the Bulge in World War II)

사실(facts) = 제2차 세계 대전 최후의 독일군의 대반격(1944). 역사적 사실이다.

d) 노래 = 평화에 기회를 주라(Give Peace a Chance)

묘사(description) = 노래를 듣고 반응하는 것은 대개 묘사이다.

e) 영화 = 앵무새 죽이기(To Kill a Mockingbird)

묘사(description) / 요약(summary) = 영화는 대개 영상에 대한 묘사를 할 수도 있고, 전체 내용에 대한 줄거리를 요약할 수도 있다.

f) 강의 = 개발도상국들과 그들의 경제적 필요성(욕구)

사실(facts) / 요약(summary) = 내용에 따라 반응할 수 있는데, 역사적 사실을 담고 있는 것이라면 사실로, 그리고 일반적인 학문적 연구의 내용이라면 요약을 할 수 있다.

g) 통지서(편지) = 대학에서 온 불합격통지서(a rejection from a university)

사실(facts) = 이는 명백한 사실을 근거로 반응할 수밖에 없다.

3. *Analyzing a reaction Essay*

| Model 1 |

*** Topic** **The hourglass and Me** (모래시계와 나)

Introduction

Its shape is rather simple. It is rounded at the top and the bottom but pinched in the middle. Inside it are fine grains of sand. This is not a static object. The grains fall slowly but persistently from the upper portion to the lower portion. The hourglass, used to measure time, has a lot more meaning to me besides being a timepiece.

Body 1

When I look at an hourglass, one of the primary images that comes to mind is history. Before the days of accurate timepieces, people had to use something that measured time. I wonder who the creator of the hourglass was. I wonder how the lives of people were changed by this invention. What did they use it for? Did they appreciate this hourglass or end up resenting it?

Body 2

On a more personal level, the hourglass gives me a feeling of futility. Time is passing, and I can see it. It is right there in front of me. I cannot lie to myself and tell myself that I will do what I need to do tomorrow or the next day. I had better hurry up and do something with my life before the grains of sand have all fallen through the crevice. The picture is there, and it does not lie. I cannot escape time.

Body 3

The reaction I feel from looking at an hourglass is also appreciation of simple beauty. The exotic curves of the glass flow so smoothly that I feel this hourglass is living thing, not man-made. There really is something beautiful about the hourglass shape. It calls to me, and I end up feeling close to this innocent-looking device. It is clean and pure.

Conclusion

While the hourglass is not a classic piece of art, this small simple mechanism carries with it much power. The thoughts and emotions that come to my mind as I see it stimulate my sense of self. The power of the hourglass is inspiring. (Blueprints 2: p 150)

?! Answer the following Questions

a) 반응논설을 소개하기 위해 이 글의 도입부는 어떤 배경정보가 사용됐는가?

(proper answer) = 묘사: 모래시계는 그림에 대한 설명을 요구하므로, 묘사 방법을 사용했다.

b) 주제문은 일반적인가 또는 특정적인가? 즉, 간접주제문인가 직접주제문인가?

(proper answer) = 일반적이다/ 간접주제문이다.

c) 이 반응논술을 무엇을 논의하고 있는가?

(proper answer) = 모래시계에 대한 개인의 느낌을 묘사하고 있다.

d) 작가는 3개 본론단락에서 세 가지 반응을 어떻게 나타내고 있는가?

(proper answer) = 세 가지 소주제문에서 반응을 알 수 있다.

본론1 소주제 = 모래시계에 대한 역사
본론2 소주제 = 모래시계에 대한 감정
본론3 소주제 = 모래시계에 대한 또 다른 감정

e) 논술에서 가져온 아래 문장들을 읽고, 일관성 방법(주요 용어반복, 대명사, 동의어)이 각 예문에서 사용되고 있는지 확인해 보자.

① 모래시계는 고전적인 예술작품이 아님에도 불구하고, 이 작고 단순한 기구는 그 자체에 엄청난 힘을 가지고 있다. (동의어)

(proper answer) = 동의어(synonym)

② 시간은 흐르고, 나는 그것을 보고 있다.....나는 시간을 피할 수 없다.

(proper answer) = 대명사(pronoun), 반복어(——)

f) 결론단락에서 작가기 모래시계의 그림에 대한 반응에 관해 무엇을 재진술하고 있는가?

(proper answew) = 모래시계를 작고 단순한 기구로 바꾸어 말하고 있다.

g) 결론 난락에서 모래시계에 대한 작가의 견해는?

(proper answew) = 모래시계는 작고 단순하지만 그 힘은 엄청나고 고무적이다.

Explanation(해설)

(1) Reaction Essay Introduction에서는 독자들의 공감을 불러일으키기 위하여, 어떤 Background Information(배경정보)을 주는 것이 매우 중요하다. 이 배경정보는 작가가 반응한 것에 대해 독자들이 이해하도록 하는 것이다. 배경정보에서는 객관적인 생각을 유지하게 하는 것이다. 여기서는 작가는 모래시계에 대한 배경지식을 독자에게 전달하고 있다. 그리고 서론의 마지막 밑줄 진 문장이 Thesis statement(주제문)이다.

(2) Body(본론)은 작가의 개인적인 반응에 초점을 두게 될 것이다. 그리고 작가는 일반 에세이와 마찬가지로 Thesis statement의 주요 내용을 가지고 Topic

sentence를 만들고 이를 설명하는 형식으로 본론이 전개되어야 한다. 이 글의 3개 본론 단락은 모두 주제문에서 작가는 모래시계가 단순히 시간을 재는 모래시계인 것 외에 자신에게 느껴지는 각각의 이미지를 소주제문으로 하여 본론을 전개하고 있다.

(3) Conclusion(결론)은 Thesis statement(주제문)을 재진술하면서, 특히 작가 자신에게 느껴지는 이미지를 강조하고 있다.

Model 2

Topic **Creative photography** (창작적인 사진촬영)

Introduction: 서론

Photography, like all forms of visual art, does not have rules. However, the composition, which is the arrangement of the elements in a photograph, does. Composition has a number of guidelines that can be understood, considered, and applied. Successful pictures are usually simple pictures. This means that the message is unambiguous, or clear. Distractions have been eliminated in order to let the main subject dominate.

Body 1: 본론 1

It is vitally important for a good photograph to have a main center of interest. This main center of interest can be large or small in the frame, but as long as it contrasts with its surroundings, it will demand attention. All other elements in photographs are secondary when compared to this man center of interest.

Body 2: 본론 2

Contrast itself is very important. It appears in many shapes, textures and forms: straight and curved, rough and smooth, light and dark, large and small, near and far, sharp and out of focus. Also, different colors contrast or harmonize with each other. Balancing the contrast is another factor to take into account. It can be viewed in terms of shapes, colors or tones. The feeling of the overall composition of the photograph is what is most important. In general, the rule for contrast is if it feels right, then it is right.

Body 3: 본론 3

Lines play an important part in the design photos. Lines can dictate the way in which we view photos. Ideally they can lead the eye to the main center of interest. The positioning within the frame of this center of interest influences the mood of the photograph. Placing a subject centrally can create a peaceful, evenly balanced feeling. A subject placed nearer an edge, corner, or the periphery takes on a more dynamic role in the frame. The photographer must decide what is appropriate for each subject and scene.

Body 4: 본론 4

Viewpoint is another important factor. Photographers should resist taking all their shots (pictures) at standing eye level. It is essential study a subject from different points of view or positions. It's surprising how a change in viewpoint can also result in different lighting effects. As a result, a range of pictures can result from such a simple action.

Conclusion: 결론

The purpose of art is to create an image which brings about an emotional response. The most important part of any visual art, including photography, is message, or what is communicated to the viewer. The storytelling element of the picture is vital if it is to be appreciated by others. Even though a photograph may be technically excellent, if it communicates nothing, it will not be a success. (Effective Academic Writing: p 147)

?! Answer the following Questions

① What is an important difference between photography and the composition of a photograph?

② What makes the center of interest stand out?

③ What are three different types of contrast?

④ How can a change in viewpoint affect a photograph?

⑤ How do you approach taking a photograph? Do you have any special techniques?

?! Answer the following Questions

① What background method is used to introduce the material?

② What is the thesis statement of this essay?

③ What is the general topic of this essay?

④ What is a topic sentence in each body paragraph?

⑤ The controlling idea of a topic sentence is the idea that will be discussed in the paragraph. Write the controlling idea in each body paragraph.

⑥ Read paragraph 2, and circle the synonym words that refer to "fight. Read paragraph 3, and circle the synonym words that refer to "battle." Finally, read paragraph 5, and circle the synonym words that refer to "grave."

⑦ Pronouns are also used to add coherence. Reread paragraph 2. Circle the pronouns that refer to "wise men." Underline the pronouns that refer to the word "death"

⑧ Read the concluding paragraph. What is the author's final opinion about the poem?

Explanation(해설)

(1) Introduction(서론)에서는 작가가 Photography(사진 촬영)이 가지고 있는 것에 대한 배경지식을 독자에게 전달하고 있다. 그리고 서론의 마지막 밑줄 친 문장이 Thesis statement(주제문)이다.

(2) Body(본론)은 작가의 개인적인 반응에 초점을 두게 될 것이다. 그리고 작가는 일반 에세이와 마찬가지로 Thesis statement의 주요 내용을 가지고 Topic sentence를 만들고 이를 설명하는 형식으로 본론이 전개되어야 한다. 이 에세이의 4개 본론 단락은 모두 주제문에서 주요대상이 두드러지게 하기 위해 산만한 것들은 제거되어야 한다.

(3) Conclusion(결론)은 Thesis statement(주제문)을 재진술하면서, 특히 작가 자신에게 느껴지는 이미지를 강조하고 있다.

| Model 3 |

*** Topic** **Do not go gentle into that good night**
(밤 속으로 순순히 들어가지 말라.) by Dylan Thomas

Read the following poem and essay. Then answer the questions.

Do not go gentle into that good night,
Old age should burn and rave at close of day,
Rage, rage against the dying of the light.

Though wise men at their end know dark is right,
Because their words had forked no lightning they
Do not go gentle into that good night.

Good men, the last wave by, crying how bright
Their frail deeds might have danced in a green bay,
Rage, rage against the dying of the light.

Wild men who caught and sang the sun in flight,
And learn, too late, they grieved it on its way,
Do not go gentle into that good night.

Grave men, near death, who see with blinding sight
Blind eyes could blaze like meteors and be gay,
Rage, rage against the dying of the light.

And you, my father, there on the sad height,
Curse, bless, me now with you fierce tears, I pray
Do not go gentle into that good night.
Rage, rage against the dying of the light.

Introduction

One of the most well-known poems by Dylan Thomas is "Do not Go Gentle into that Good Night." Thomas's father had been suffering from throat cancer, and Thomas wrote this poem on the eve of his father's death, "Do Not Go Gentle into that Good Night" is the cry of a man who does not want to see his father die. In the six stanzas of the poem, Thomas examines how different types of people deal with death. He explains their struggles and at the same asks his father to fight death. Thomas' poem is a testament to struggle and a plea to his father not to give in to death. In reading this poem, my feeling is that all people should fight against the inevitability of death.

Body 1

Thomas writes that wise men who know that they will experience death fight it. They are aware of the futility of trying to continue living, but they attempt to hold on to life. I believe this fight occurs because they feel that they have not done enough good deeds yet. These wise men want to contribute more to society, but death will take them regardless of their battle to circumvent it.

Body 2

Good, simple men are also known to battle death. Their lives have probably been uneventful compared to the lives of the wise men who spent their live teaching others. However, neither do these people accept death so readily. How often do we hear of an average person, a hard-working soul, who struggles to the bitter end of a long illness? It is these common men who routinely show their strength at the end of their lives, but they never win the battle in the end.

Body 3

The third group of men mentioned in the poem is wild men with courage to do and try things that cannot or will not do. In my opinion, these are the people who fight against death the hardest. Adventurers like these often do not realize their own mortality. In these cases, I believe the shock of death in a wild man's eyes is much stronger than in others'.

Body 4

Thomas also includes grave men who battle against death. The serious people who go about their lives without experiencing much pleasure do not want to die. I find this ironic, for why would serious or critical people, perhaps unhappy, want to continue living? These are the souls who are most likely to anticipate death, not fight it. However, Thomas includes them here with all other people who come to a realization before death that they do not want to leave this earth.

Conclusion

Death is something that all of us must confront sooner or later. In "Do Not Go Gentle into that Good Night," Dylan Thomas is reminding us that it is human nature to fight the inevitable. Death does not discriminate against anyone, yet the human reaction to it is mainly one of resistance. (Blueprints 2: 152-154)

Explanation(해설)

(1) Introduction(서론)에서는 작가가 Dylan Thomas' poem에 대한 배경정보를 독자에게 전달하고 있다. 그리고 서론의 마지막 밑줄 친 문장이 Thesis statement(주제문)이다.

(2) Body(본론)은 작가의 개인적인 반응에 초점을 두게 될 것이다. 그리고 작가는 일반 에세이와 마찬가지로 Thesis statement(주제문)의 주요 내용을 가지고 Topic sentence를 만들고 이를 설명하는 형식으로 본론이 전개되고 있다. 이 에세이의 4개 본론 단락은 모두 주제문, "In reading this poem, my feeling is

that all people should fight against the inevitability of death."에서 각각 골자를 뽑아 소주제문으로 구성한 뒤 본론을 전개하고 있다.

(3) Conclusion(결론)은 Thesis statement(주제문)을 재진술하면서, 특히 작가 자신에게 느껴지는 의미를 강조하고 있다.

?! Answer the following Questions

① What background method is used to introduce the material?

② What is the thesis statement of this essay?

③ What is the general topic of this essay?

④ What is a topic sentence in each body paragraph?

⑤ The controlling idea of a topic sentence is the idea that will be discussed in the paragraph. Write the controlling idea in each body paragraph.

⑥ Read paragraph 2, and circle the synonym words that refer to "fight. Read paragraph 3, and circle the synonym words that refer to "battle." Finally, read paragraph 5, and circle the synonym words that refer to "grave."

⑦ Pronouns are also used to add coherence. Reread paragraph 2. Circle the pronouns that refer to "wise men." Underline the pronouns that refer to the word "death"

⑧ Read the concluding paragraph. What is the author's final opinion about the poem?

1. What is a Process / Analysis Essay?

Process and Analysis Essays are to describe the steps or stages in processes or procedures of analysis. A process Essay is organized chronologically, that is in order of time. So, Process Analysis Essays explain steps or stages that follow each other in time.

For example, we would use chronological order to explain how to take a picture, how to cook something, and how to set up an accounting system. Such essays are called "How to" Essays, or Process Analysis Essays.

우리말 설명

과정 분석 에세이란 어떤 것의 Procedures(절차나 순서), Courses(진행 과정)에서 그 단계나 시기(국면) 등을 절차나 시간의 과정에 따라 기술 또는 설명하는 글쓰기를 말한다. 따라서 과정 분석 에세이는 chronological (연대순), 즉 시간의 순서나 How to(방법)의 절차 등으로 구성이 된다.

2. Two types of Process / Analysis Essays

Process Analysis Essays can be of two types; one thing is a teaching type, the other is analytic one. Teaching process analysis essays are "How-to" essays. They teach the reader about how to do something, for example, how to take pictures, how to make a meal, or how to make a big money. And analytic process analysis essays tell the stages involved in how something works or how something happens or happened.

1) Teaching Type(가르치는 유형)

교육을 위한 논술은 작가가 독자들에게 어떤 것을 하는 방법(how to do something)에 대해 가르친다. 예를 들면, "The way of taking pictures(사진 찍는 법)", "How to make a seafood soup(매운탕 끓이는 방법)", "How to survive in economic recession (불황에 살아남는 방법)", "How to succeed in life(인생에서 성공하는 방법)", "Planning a summer vacation(여름 휴가계획 세우기)" 등에 대한 방법을 가르칠 때 이 방법을 사용한다.

Example

a) If you take good pictures, follow the next procedures.

b) The preparation of the poisonous puffer fish for eating is a delicate process that is not for amateur chefs.

c) Follow this recipe and you will end up with a heavenly angel food cake.

2) Analytic Type(분석하는 유형)

이 방법은 주로 대학에서 어떤 것이 어떻게 작용하고 발생하는 지를 포함하는 단계나 절차의 방법을 설명하거나 기술할 때(when to explain the steps in something) 쓴다. 이를 테면, 대학에서 실험이나 제도, 풍습 등에서 차이나 비슷한 점 등을 단계적으로 분석하여 설명할 때 많이 사용되는 방법(to explain the steps in experiment)이다. 따라서 교수들은 과학 실험실에서 쥐가 스트레스를 받았을 때, 어떤 반응을 나타내는가를 몇 가지 단계별로 분석하여 설명할 때 이 방법을 사용하게 될 것이다.

Example

a) North American directness often conflicts with Asian modesty.

b) A child learns to handle responsibility in a series of small steps.

c) Cultures celebrate the end of winter and the arrival of spring in different ways.

3. The way of writing Process / Analysis Essays

1) Instruction(서론)

a) Hook(후크)쓰기

과정 분석 에세이의 Hook는 앞에서 배운 8가지 후크 쓰기 방법 중에서 대체로 Funnel forms(깔때기 방식)을 많이 이용한다. 주로 대학에서의 글쓰기에는 이 방법을 많이 사용하기 때문이다. 이는 주제에 관한 일반적인 이야기에서 점차 구체적인 이야기로 나아가는 방법을 말하는데, 먼저 어떤 과정이나 절차를 소개하면서 스토리를 진행하여 마지막에 Thesis statement(주제문)으로 Introduction(서론)을 완성하는 것이다.

Example

For many parents, a child's frit words, uttered at around one year of age, mark the first real evidence of language development—the child had "started to talk." However, this ignores a great deal of early progress during the first year, without which no first word would emerge at all. This progress is made in several areas, including sound production, speech perception, and speech interaction. Sound production is one of the easiest to recognize and one of the most fascinating. Sound production begins at birth, and by the age of eighteen months, the average child has gone through five unique and important stages of growth in the production of the sounds which eventually open up to her the wonderful world of communication through language.

b) Connecting sentences(연결문장)

과정논술의 연결문장은 일반 논술문과 마찬가지로 Hook(후크)와 Thesis statement(주제문)을 자연스럽게 연결시켜 나가는 방식을 취하면 된다. 따라서 연결문장은 후크와 주제문에 따라 달라지게 되므로 여기서 예문을 들 수 없다.

c) Thesis statement(주제문)

이 에세이의 주제문은 대개 직접적이다. 이를테면, "There are four steps to tie up a pair of shoelaces(신발끈을 매는 방법은 네 가지 단계가 있다.)" 이처럼 과정논술의 주제문은 구체적이므로 직접 주제문을 선택하는 경우가 많다. 특히, Analytic type(분석 유형)은 자주 간접주제문을 사용하는 경향이 있다.

Example

a) There three main reasons that I believe women in the army should not be allowed in a war zone along with men.

b) The two travel busiest days in the United States are the Wednesday before and the Sunday after Thanksgiving.

c) If you get following 5five steps, you will make excellent puffer fish soup.

cf) Cultures celebrate the end of winter and the arrival of spring in different ways.

2) Body(본론)

과정 분석 에세이의 본론쓰기는 일반 에세이와 같다. 먼저 Introduction(서론)의 Thesis statement(주제문)에서 예시된 핵심내용 중 히나를 가지고, 긱 본론 단락의 주세문(a topic sentence)을 만든다. 그리고 그 topic sentence, 즉 한가지 방법(how to do the topic)을 중심내용으로 설명해 나가면 된다. 이와 같은 방식으로 3-5가지 정도의 방법을 기술하는데, 이 과정에서는 이미 첫째, 둘째 등등 은 알고 있으므로 주제문장(a topic sentence)를 다시 재론할 필요가 없고, 순서를 제시하면 된다.

Example

First of all, Second, Third, Finally(무엇보다 먼저, 둘째(로), 셋째(로), 끝으로(마지막으로) 또는 First, Then, Next, After that, Finally… 등과 같이 차례를 제시하면서 본론을 구제적으로 전개하여 나갈 수도 있다. 그리고 경우에 따라서는 주제문(topic sentence)를 작성하여, 주제문에 따라서 과정이나 방법을 간결하고 상세하게 설명하면서 과정 분석 에세이의 본론을 준비할 수도 있다. 끝으로, 대개 지지문장(supporting sentences)은 설명형이나 명령형이 많이 사용된다.

3) Conclusion(결론)

모든 에세이의 결론처럼 과정 분석 에세이의 결론도 마찬가지로 글을 마무리로 이끌어야 한다. 하지만 과정 분석 에세이의 결론은 종종 과정을 종합하고, 그것의 결과를 논의한다. 따라서 주로 주제문을 재진술하는 방식과는 약간 다를 수도 있다. 어쨌든 과정 분석 에세이의 결론도 마찬가지로 앞에서 배운 결론쓰기와 매우 유사하다고 할 수 있다. 이는 전체를 요약한 핵심 내용을 가지고 주제와 호응하면서 결론을 내려야 하기 때문이다. 그리고 이 에세이에서는 가끔 마지막 단계가 결론(conclusion)을 대신하는 경우도 있다.

Example

앞서 예문으로 제시한 Introduction(서론)과 서로 호응하여 결론을 작성하여 비교해 본다.

People who do not know about the stages of language development in children often recognize "progress" only at stage V. How much they are missing! Each stage in a baby's journey to language production is distinct and interesting. Each is important in helping the baby take her "baby steps" toward being a competent communicator in her first language.

4. *The Examples of Process / Analysis Essays*

| Model 1 |

***Topic** **Baby Talk**

Introduction

For many parents, a child's first words, uttered at around one year of age, mark the first real evidence of language development—the child had "started to talk." However, this ignores a great deal of early progress during the first year, without which no first word would emerge at all. This progress is made in several areas, including sound production, speech perception, and speech interaction. Sound production is one of the easiest to recognize and one of the most fascinating. Sound production begins at birth, and by the age of eighteen months, the average child has gone through five unique and important stages of growth in the production of the sounds which eventually open up to her the wonderful world of communication through language.

Body 1

The first stage of sound production, Stage I(0-8weeks), consists of basic biological noises. For the first few weeks of life, a baby's vocal sounds directly reflect her biological state and activities. Stages of hunger, pain, or discomfort that cause crying and fussing are common at this stage.

Body 2

Then, the baby enters Stage II (8-20weeks). Between six and eight weeks, the first cooing sounds are produced. These sounds gradually become more frequent and more varied as the child responds to the smiles and speech of adults. Cooing is more musical and quieter than crying. Later in this same period, cooing sounds are strung together—often ten or more at a time. Some of these sequences such as [ga] and [gu] begin to resemble the syllables of later speech. While the baby is learning to coo, she is also learning to laugh. The first throaty chuckles and laughs emerge at about four months of age.

Body 3

While the baby learns to coo and laugh, she enters Stage III (20-30weeks). In this stage, vocal play begins. The sounds of vocal play are much steadier and longer than those of cooing. They are also quite varied as the baby begins to experiment with different sound combinations. In addition, there seems to be a strong element of practice in the activities of this period. Anyone who had observed it will also recognize that is usually provides a great deal of enjoyment for parent and child alike as they play together with the sounds of language.

Body 4

As the baby begins to show the signs of using real language, she passes through one more stage—Stage IV (25-50weeks). This is the babbling stage. Babbling is much less varied than the sounds of vocal play. A smaller set of sounds is used with greater frequency and stability to produce sequences like [bababa], which repeat themselves. Later, this babbling becomes more complex, often including more sounds. Most babbling consists of a small set of sounds very similar to these used in the early language to be spoken by the child.

Body 5

Finally, the child enters Stage V (9-18 months). While babbling continues during this stage, a new vocalization also emerges. The Stage V baby begins to produce "proto" words. Patterns begin to sense intentions behind these utterances, with their more well-defined shape, and often feel they have meaning such as questioning, calling, greeting, or wanting. These are the first real signs of language development, and it is at Stage V that children growing up in different language environments begin to sound increasingly unlike each other.

Conclusion

People who do not know about the stages of language development in children often recognize "progress" only at stage V. How much they are missing! Each stage in a baby's journey to language production is distinct and interesting. Each is important in helping the baby take her "baby steps" toward being a competent communicator in her first language. (Blueprints 2: 66, 67, 68)

Explanation(해설)

이는 Teaching type의 과정분석 에세이이다. 서론 단락은 Funnel forms(깔때기 방식)의 Hook를 이용하여 글을 시작하고 있는데, 이 방법은 일반적인 사실이나 정보에서 시작하여 점점 구체적인 이야기로 진행하여 마지막 문장에서 에세이의 계획을 주제문(Thesis statement)을 구성하고 있다.

그리고 5개의 본론을 통하여 단계별로 나눠 설명하는 전형적인 과정분석에세이임을 알 수 있다. 그리고 결론에서는 주제문을 재진술함으로써, 전체 글이 수미상관을 이루면서 자연스럽게 결론을 내리고 있다.

Model 2

Topic **Obon(The Japanese Buddhist festival of the dead)**

Instruction

The Japanese Buddhist festival of Obon is a celebration for the dead that takes place for three days in the summer. People believe that during Obon the spirits of their dead relatives return and the festival welcomes them home. Obon is very important to the Japanese people because ancestors are greatly respected.

Body 1

Obon also celebrates the life of Mokuren Sonja, a priest famous for his supernatural powers. When he used these powers to look upon his mother, who had died, he discovered that she had fallen into the path of hungry ghosts and was greatly suffering. To save her, Sonja asked his teacher for instruction. He was told to make offerings to the many priests who had just completed their summer retreat. Because of this good deed, his mother was saved from the hungry ghosts.

Body 2

During the holiday of Obon, families visit the graves of their ancestors to reunite with their ancestors' spirits. In preparation, homes are cleaned and the Buddhist alters are decorated with fruits, vegetables, sweets, and flowers. These gifts are blessed and offered to the spirits. Fires, lanterns, and incense are lit outside the houses to help to send the spirits back.

Body 3

On the night of the Obon matsuri, or festival, lanterns are lit and the celebration begins. Men and women dress in Yukata, or light cotton summer kimonos. There are many lively activities. Crowds are entertained by folk bands and dances, while the children are fascinated with the fireworks called hanabi-taikai. The Bon Odori, or circle dance, is enjoyed by children and adults alike.

Conclusion

The hot summer evenings in Japan are perfect for lively gatherings and amusement. In fact, the celebrations often continue into the early morning hours. Obon is a magical event and a favorite among many Japanese. If you are planning a trip to the Land of the Rising Suri, this is one festival not to be missed. (Effective Academic Writing 3: p 33)

Explanation(해설)

이는 Analytic type의 과정분석 에세이이다. 서론 단락은 Funnel forms(깔때기 방식)의 Hook를 이용하여 글을 시작하고 있는데, 이 방법은 일반적인 사실이나 정보에서 시작하여 점점 구체적인 이야기로 진행하여 마지막 문장에서 에세이의 계획을 주제문(Thesis statement)을 구성하고 있다. 이 주제문은 글의 계획을 간접적으로 밝힌 Indirect Thesis statement(간접 주제문)이다.

그리고 3개의 본론을 통하여 유형별로 나눠 분석하여 설명하는 Analytic type의 과정분석 에세이임을 알 수 있다. 그리고 결론에서는 주제문을 재진술하지 않고, 전체 글의 주요 내용을 요약하면서, 자신의 제언을 하면서 글을 자연스럽게 마무리하고 하고 있다.

우리는 위에서 2개의 Model Essays(모델 에세이)를 통하여 Process Analysis Essays(과정분석 에세이)를 살펴보았다. 그리고 과정분석 에세이 중에서도 두 가지 유형인 Teaching type(or "how to"즉, 어떤 방법을 알려주거나 설명하는 유형)와 Analytic type(내용을 분석하여 설명하여 주는 유형)를 구체적으로 공부하였다.

1. What is a Comparison Contrast Essay?

When writers want to either compare or contrast two ideas, they will try to use comparison and contrast essays. The subjects of this kind of essay are two things that are connected in some way. In comparison contrast essays, writers can emphasize the similarities, the differences, or both the similarities and differences of the things they are comparing and contrasting. So, writers' purpose is to show their readers how these subjects are similar or different through the comparison contrast essays.

우리말 설명

비교-대조 논술이란 두 가지 생각(ideas)을 놓고 서로의 공통점이나 차이점을 논리적으로 비교 또는 대조하여 분석한 글을 말한다. 특히, 대입논술에서 비교 및 대조 형식의 논제를 출제하는 목적은 제시문에 대한 심층적 독해를 통해 관찰력과 이해력을 평가함과 동시에 논리적 분석능력을 측정하기 위해서다. 따라서 출제빈도가 높은 편이다.

비교-대조논술 유형 논술의 주제는 어떤 점에서 서로 관련이 있는 두 개의 아이디어(의견)를 가지고 있다. 따라서 이 주제가 어떻게 비슷하고, 어떻게 차이가 있는지, 무엇이 장점이고 무엇이 약점인지, 그리고 무엇이 유리하고 무엇이 불리한 지에 대한 분명한 견해를 밝혀야 한다.

이를 테면, 의학에서는 신약 개발 때 실험 군과 대조 군을 비교하여 실험 군의 특별한 징후를 조사하는 임상시험을 한다. 이처럼 서로 다른 대상의 공통점과 차이점을 분석하는 일은 과학적 탐구의 가장 기초적인 과정이다. 과학적 탐구는 어떤 대상과 동일해 보이는 다른 대상의 차이점을 찾는 일에서부터 시작되기 때문이다. 비교(대조)는 다양한 관점에서 면밀히 관찰(독해)하고 예리하게 판단(분석)하는 논리적 과정이다.

다른 에세이처럼 Comparison Contrast Essays(비교-대조논술)도 마찬가지로, Introduction(서론)은 Hook(후크)와 The thesis statement(주제문)을 포함하고 있다. 그리고 대개 3-5개의 본론(body)단락과 결론(conclusion)단락으로 구성이 된다. 그리고 다른 형태의 에세이에 비해 구성하기가 비교적 쉬운 편이다.

2. The outline forms of comparison contrast essays

I. Introduction(서론 또는 도입부)

a) Hook(후크)
b) Connecting sentences(연결문장)
c) The thesis statement(주제문)

II. Body(본론: 보통 3-4개 정도)

Body: 1

a) Topic sentence(비교 대상의 유사점)
b) Similarity(비슷한 점) 1
c) Similarity(비슷한 점) 2
d) Similarity(비슷한 점) 3

Body: 2

a) Topic sentence(비교 대상의 차이점)
b) Difference(차이점) 1
c) Difference(차이점) 2
d) Difference(차이점) 3

Body: 3

a) Topic sentence(비교 대상의 유사점과 차이점)

b) Similarity and Difference(비슷한 점과 차이점) 1

c) Similarity and Difference(비슷한 점과 차이점) 2

d) Similarity and Difference(비슷한 점과 차이점) 3

III. Conclusion(결론)

유사점과 차이점을 이끌어내 주제문을 재진술하면서 전체 문장을 요약하거나 이를 통해 어떤 충고나 제안 등을 하면서 자연스럽게 결론 문장을 마무리하면 된다.

위의 Comparison Contrast Essay(비교 대조 에세이)는 기본적인 구성형태를 띠고 있지만, 경우에 따라서는 비교(comparison)만을, 또는 대조(contrast)만을, 그리고 비교 대조(comparison contrast)를 모두 사용하여 에세이를 구성할 때도 있다. 따라서 대개 비교 대조 에세이는 다음 세가지 형태로 구성되는 것이 일반적이다.

3. Three types of Comparison Contrast Essays

(비교 대조 에세이의 세가지 구성형태)

❶ First type

Ex) Only Comparison(오직 비교만 할 경우)

❷ Second type

Ex) Only Contrast(오직 대조만 할 경우)

❸ Third type

Ex) Comparison and Contrast(비교와 대조를 동시에 할 경우)

그리고 어떤 주제를 비교(comparison)하거나 대조(contrast)할 때, 비교나 대조 방법은 두 가지가 있다. 하나는 한 항목씩 비교 대조하는 방법(the point by point method)이고,

다른 하나는 비교 대조 대상을 한데 묶어 비교하는 덩어리 방법(the block method)이다. 작가들은 대개 이들 두 가지 방식을 글의 사안에 따라 적절히 선택하는 경향이 있다.

4. Comparison Essay outline

(오직 대조만 하는 Essay 구성예문)

***Topic** **Differences in education in South Korea and North America**

일반적인 구성	상세한 구성
I. 서론(도입부)	I. 서론(도입부)
A. 후크: 의문문을 사용	A. 한국에서의 교육은 실로 미국이나 캐나다와 다른가?
B. 연결문장(정보)	B. 연결정보: 우리는 흔히 한국과 미국 캐나다 사이의 교육 차이점에 대해 듣는나. 하지만 교육제도는 표면상 큰 차이가 없다. a) 같은 나이에 학교를 시작한다. b) 같은 연수로 교육에 참여한다.
C. 주제문: 한국-미국-캐나다	C. 주제문: 한국과 미국, 캐나다 사이에는 교육의 차이점 몇 가지 교육적인 차이점들이 있다.
II. 본론(Body)	II. 본론(Body)
A. 첫째 차이점: 시간	A. 첫째 차이점: 교육시간 a) 대학입학은 어렵고 졸업은 쉽다 b) 한국학생들 주입식으로 공부 c) 미국-캐나다 주 35시간 공부 d) 한국은 주 55-60시간 공부
B. 둘째 차이점: 교육에 대한 태도	B. 둘째 차이점. 교육에 내한 사회석인 태도 1. 유명대학에 가기 위한 경쟁 a) 공부하기 b) 헌신 c) 자기희생

	2. 압박감 a) 부모로부터의 압박감 b) 동료로부터의 압박감 c) 일반적으로 사회로부터의 압박감 3. 북아메리카는 이런 압박감을 가질 필요가 없다. (하버드, 예일 제외)
C. 세 번째 차이점: 장학금기회	C. 세 번째 차이점: 장학금의 기회 1. 미국 / 캐나다 a) 학교장학금 b) 스포츠 장학금 c) 저소득층 장학금 등. 2. 한국 a) 유일한 학교장학금뿐
III. 결론(Conclusion)	**III. 결론(Conclusion)**
주제문 재진술하기	이런 차이점에도 불구하고 모두 훌륭한 졸업생들을 배출한다.

Explanation(해설)

이 에세이는 이와 같은 구성 형태를 가지고 있음을 알 수 있다. 이를테면, Introduction(서론)은 일반적으로 후크-연결문장들-주제문의 세 가지 구성요소를 가지고 있다. Body(본론)은 주제문의 핵심내용들을 가지고 적어도 2개에서 보통 3-5개 정도의 단락으로 나눌 수가 있다. 각 본론은 또 다시 소주제문-연결문장들-결론으로 구성이 된다. 그리고 결론은 서론의 주제문(thesis statement)을 재진술하면서 본론의 중심내용을 요약하거나, 또는 확실한 내용을 바탕으로 제안, 의견제시, 그리고 긍정적인 미래 소망 등을 예시할 수도 있다.

5. *Writing a Comparison Essay Outline*(대조논술 쓰기)

Introduction Outline(도입문 또는 서론)의 형태

Introduction

Hook(직접 작성해보기)____

____

(Hook can be various, so write hook for yourself). The school systems of South Korea, Canada, and the United States are about the same in two areas: the age when students start school and the number of years they go to school. However, in the field of education, there are several notable different between South Korea on the hand and Canada and the United States on the other.

Body 1

First, the number of hours of study and formal training that Korean students go through in order to enter a university is much greater than that of either Canadians or Americans. People say that it is easy to graduate from a Korean university, but the really hard part is getting into the university in the first place. Because it's so difficult to get into a university in South Korea, most students not only attend their regular classes but also attend special "cram" schools for a few hours in the morning or afternoon. As a result, high school students in South Korea have fifty-five to sixty hours of instruction each week. This is in stark contrast to the situation in Canada and the United States, where secondary school students attend school less than thirty-five hours a week. In these North American countries, the most difficult years begin at age eighteen and don't let -up until age twenty-two.

Body 2

A second difference lies in society's attitude toward university education.

In South Korea, competition to gain admittance to a prestigious university is intense. This competition result in an incredible amount of studying, dedication, and self-sacrifice as students do almost nothing but study for examinations. Parents feel this pressure as well and start training their children at a very young age for the eventual university exams. Thus, students feel pressure from their parents, their peers, and society in general. North American students may feel a comparable amount of pressure if they want to enter a school such as Harvard or Yale, but the average Canadian or American student does not have to deal with the societal pressure common in South Korea.

Body 3

Finally, opportunities for university scholarships are very different in these countries. In Canada and the United States, there are academic scholarships, athletic scholarships, and scholarships for minority students. This allows for all types of students to take advantage of higher education at little or no cost. In South Korea, however, the most prevalent type of scholarship is the academic type. Sports skills, ethnic background, and other non-academic matters do not play a role in the awarding of university scholarships.

Conclusion

When people talk about educational differences between South Korea and Canada and the United States, they often focus on obvious differences such as school uniforms or extracurricular activities. However, these superficial differences are not nearly as important as the differences in the hours of study, society's attitude toward education and scholarships. Despite these differences, the educational systems in all three countries continue to produce thousands of successful college graduates each year.

6. The examples of Comparison Contrast Essays

| Model 1 |

*** Topic** **Brazil and United States**

Introduction

All countries in the world are unique. They are different from one another in location, size, culture, government, climate, and lifestyles. However, many countries share similarities. Some may think that because Brazil and United States are in different hemispheres, these two nations have nothing in common. On the contrary, they share many similarities.

Body 1

One important similarity is their size. Both Brazil and the United States are large countries. Brazil covers almost hall of the South American continent. Few Brazilians can say that they have traveled extensively within its borders. Because of Brazil's large size, its weather varies greatly from one area to another. Like Brazil, the United States takes up a significant portion of its continent(North America), so most Americans have visited only a few of the fifty states. In addition, the United States has a wide range of climate. While the Northeast is experiencing snowstorms, cities like Miami, Florida, can have temperatures over 85 degrees Fahrenheit.

Body 2

Another similarity between Brazil and the United States is the diversity of ethnic groups. Brazil was colonized by Europeans, its culture has been greatly influenced by this fact. However, the identity of the Brazilian people is not solely a product of Western civilization. Brazil is a "melting pot" of many ethnic groups that immigrated there and mixed with native people. The United States also has a diversity of ethnic groups representing the early colonies from northern Europe as well as groups from Africa, the Mediterranean, Asia, and South America. The mixture of cultures and customs has worked to form ethnically rich cultures in both countries.

Body 3

Finally, individualism is an important value for both Brazilians and Americans. Brazil works hard to defend the concept of freedom of choice. Citizens believe that they have the right to do and be whatever they desire as long as they don't hurt others. Individualism and freedom of choice also exist in the United States, where freedom is perhaps the highest value of the people. Some may believe that the desire for individual expression is divisive and can make a country weak. However, the ability of people to be whatever they want makes both countries strong.

Conclusion

Although Brazil and the United States are unique countries, there are remarkable similarities in their size, ethnic groups, and personal values. Some people tend to believe that their culture and country are without equal. Nevertheless, it is important to remember that people as a whole have more in common than generally think they do. (Great Essays: p 67-68)

?! Answer the following Questions

① What subjects does the writer compare in this essay?

(Proper answers) =

② What method of organization does the writer use, point by point or block method?

(Proper answers) =

③ What is the hook for this essay? Write it there.

(Proper answers) =

④ What is the thesis statement?.

(Proper answers) =

⑤ What are the topic sentences of each Body

(Proper answers) =

⑥ Explain the concluding paragraph about restatement or summary.

(Proper answers) =

⑦ Does the writer offer a suggestion, an opinion, or a prediction?

(Proper answers) =

Explanation(해설)

이 글은 비교(comparison)에세이로써, 서로 유사점을 비교하고 있는데, 비교 방법은 브라질의 크기, 인종그룹, 개인적 가치를 한데 묶고, 다음에 미국의 크기와 인종그룹, 개인적 가치를 한데 묶어 비교하는 The block method(덩어리 방법)을 채택하고 있다.

| Model 2 |

*** Topic** **Education in Korea and the United States**

Introduction

Americans have often asked me why I came from Korea to study in the United States. They expect me to say something like "to learn English." However, to me, coming here to study involves more than just learning English. It involves an opportunity to experience a completely different educational system. Because I have studied in both countries, I have seen several areas in which education in Korea and education in the United States are different.

Body 1

Students' expectations in the classroom in Korea are different from those in the United States. Generally speaking, Korean students are quieter and participate less in class. They are not encouraged to express their ideas unless asked. They are taught that asking teachers a question is seen as a challenge to the teacher's authority. There is little emphasis on developing student creativity and thinking skills. Students are expected to memorize everything they are assigned. However, in the United States the curriculum emphasizes individual thinking, group discussion, and self-expression. Unlike their Korean counterparts, American students are encouraged to ask questions, express their own opinions, and think for themselves.

Body 2

In addition, there is a great disparity in the educational goals of Korean and American schools. After twelve years of compulsory education, Korean students have to pass an entrance exam in order to get into a university. The higher students score on this test the better the university they can enter. Korean culture puts a strong emphasis on university admission because getting into the right university can guarantee future success. As a result, schools often "teach to the test" instead of providing more moral, social, and physical education. In contrast, the goals of the American educational system include teaching students how to learn and helping them reach their maximum potential. American teachers give their students the freedom to think and solve problems on their won; they do not merely prepare students to answer questions for an entrance exam.

Body 3

The last obvious difference between the two countries' educational system is the role of extracurricular activities such as sports programs and special interest clubs. Even though every Korean school claims that it pays equal attention to moral, intellectual, and physical education, the real focus is on passing the university admissions exam. Little emphasis is placed on activities outside of the classroom. Teachers can even borrow time from extracurricular activities to give students more practice in the areas where they have weakness. On the other hand, American educational institutions consider the development of social and interpersonal skills as important as the development of intellectual skills. It is believed that by participating in these outside activities, students can demonstrate their special talents, level of maturity, and leadership qualities.

Conclusion

Education is vital to everyone's future success. While it may take ten years to grow a tree, a sound educational system may take twice as long as take root. Although Korea and the United States have different educational system, both countries have the same ultimate goal to educate their citizens as well as they can. This goal can be reached only if people take advantage of all the educational opportunities given to them. That is why I came to the United States to study, live, and become a better person.

Explanation(해설)

(1) 이 에세이는 미국에 공부하고 있는 한 한국 학생의 글이다. 이는 Contrast essay(대조 에세이)로써, 미국에서의 경험을 토대로 우리 나라와의 교육에 있어서의 다른 점을 나름대로 조리 있게 잘 정리하고 있다. 비교하는 The block method(덩어리 방법)을 채택하고 있다.

(2) Hook(후크)는 Funnel forms(깔때기 방식)을 사용하고 이다. 그리고 Thesis statement(주제문)은 서론의 마지막 문장이며, 글의 계획을 구체적으로 밝히지 않은 Indirect thesis statement(간접 주제문)으로 구성하고 있다.

(3) Each Body의 Topic sentence(주제문)는 각각 본론의 밑줄 친 첫 문장이다. 이 에세이의 Conclusion(결론)은 Thesis statement를 재진술하면서, 전체 글을 요약하여 덧붙이고 있으며, 작가의 의견을 밝히고 있다.

| Model 3 |

*Topic The Changing Music Industry

Introduction

A sound revolution began with Thomas Edison's first phonograph in the late 19th century, and it is a revolution that continues to this day. Through the years consumers have been able to buy cylinders, records, tapes, and CDs; more recently, the Internet has made music even more available. This increased availability of music to consumers combined with an artist's ability to record on a personal computer has created a new kind of sound revolution. In the past musical artists had little hope of succeeding without the help of the music industry, but now these artists can work to create their own success. Musical artists trying to choose between working with recording companies or on their own will find both similarities and differences in recording, promoting, and distributing their work to the public.

Body 1

There are several ways that recording companies and artists themselves can create successful music careers. Both recording companies and individual artists can make high-quality recordings available to consumers, usually in the form of tapes and CDs. In addition, recording companies provide promotion of these works; likewise, an individual artist wants to promote his or her own works as much as possible. Just as a recording company will advertise an artist's recordings to as large as audience as possible and sometimes provide promotional tours, an artist will also try to do the same when working on his or her own. In addition, a recording company will sell the music it records for a profit and give a percentage of that money to the artist in payments known as royalties; similarly, an artist will try to sell his or her own work for profit. Thus, there are several things that both recording companies and individual artists will do in order to try to establish their work in the industry.

Body 2

While both the recording companies and the individual artists have some of the same basic goals in mind, there are several differences in the way these things are accomplished. Recording companies maintain state-of-the-art sound studios to ensure that the recording they make will be of high quality. Individual artists also try to make excellent recordings, but they often do not have comparable studios. Instead, they now have the capability of making low-cost recordings of high quality on their personal computers. Although both recording companies and individual artists will try to promote their work as much as possible, they will not do this in the same way. Large companies have the financial resources to launch large advertising companies and promotional tours, while individual artists use their own Web sites or concerts to advertise and sell their work worldwide.

Body 3

Finally, the goal of both the recording company and the artist is to earn money, yet there is a difference in the way this is done. Recording companies sell their products at a profit and give the artist only part of that profit as royalties. In contrast, the individual artist can determine the amount of profit she or he will earn from the recordings through direct sales to consumers.

Conclusion

The music industry has been able to provide its products to consumers for many years. Nevertheless, computers and the Internet seem to have provided a kind of crossroad for this industry because they offer artists more choices as to how to record and promote their work to make money.

As a result, consumers also now have more choices and can buy music in their own preferred way. (Demonstrations, Writing for Academic Success: p 191-192)

Explanation(해설)

(1) 이 에세이는 Comparison Contrast Essay(비교 대조 에세이)이다. 그리고 이는 한 항목씩 비교 대조하는 방법(the point by point method)을 채택하고 있다.

(2) Hook(후크)는 Funnel forms(깔때기 방식)을 사용하고 이다. 그리고 Thesis statement(주제문)은 서론의 마지막 문장이며, 글의 계획을 구체적으로 밝히지 않은 Indirect thesis statement(간접 주제문)으로 구성하고 있다.

(3) Each Body의 Topic sentence(주제문)는 각각 본론의 밑줄 친 첫 문장이다. 이 에세이의 Conclusion(결론)은 Thesis statement를 재진술하면서, 전체 글을 요약하여 덧붙이고 있으며, 특히 작가의 의견을 밝히고 있다.

| Model 4 |

*** Topic** **Japan and the United States: Different but Alike(Similar)**

Introduction

The culture of a place is an integral part of its society whether that place is a remote Indian village in Brazil or a highly industrialized city in Western Europe. The culture of Japan fascinates people in the United States because, at first glance, it seems so different. Everything that characterizes the United States—newness, racial heterogeneity, vast territory, informality, and an ethnic of individualism—is absent in Japan. There, one finds an ancient and homogeneous society, and ethnic that emphasizes the importance of groups, and a tradition of formal behavior governing every aspect of daily living, from drinking tea to saying hello. <u>On the surface at least, U.S. and Japanese societies</u> <u>seem totally opposite</u>.

Body 1

<u>One obvious difference is the people</u>. Japan is a homogenous society of one nationality and a few underrepresented minority group, such as the ethnic Chinese and Koreans. All areas of government and society are controlled by the Japanese majority. In contrast, although the United States is a country with originally European roots, its liberal immigration policies have resulted in its becoming a heterogeneous society of many ethnicities—Europeans, Africans, Asians, and Latinos. All are represented in all areas of U.S. society, including business, education, and politics.

Body 2

<u>Other areas of difference between Japan and the United States involve issues of group interaction and sense of space</u>. Whereas people in the United States pride themselves on individualism and informality, Japanese value groups and formality. People in the United States admire and reward

a person who rises above the crowd; in contrast, a Japanese proverb says, "The nail that sticks up gets hammered down." In addition, while North Americans' sense of size and scale developed out of the vastness of the continent, Japanese genius lies in the diminutive and miniature. For example, the United States builds airplanes, while Japan produces transistors.

Body 3

In spite of these differences, these two apparently opposite cultures share several important experiences. Both, for example, have transplanted cultures. Each nation has a "mother" society—China for Japan and Great Britain for United States—that has influenced the daughter in countless ways: in language, religion, art, literature, social customs, and ways of thinking. Japan, of course, has had more time than the United States to work out its unique interpretation of the older Chinese culture, but both countries reflect their cultural ancestry.

Body 4

Both societies, moreover, have developed the art of business and commerce, of buying and selling, of advertising and mass producing, to the highest levels. Few sights are more reassuring to people from the United States than the tens of thousands of busy stores in Japan, especially the beautiful, well-stocked department stores. To U.S. eyes, they seem just like Macy's or Neiman Marcus at home. In addition, both Japan and the United States are consumer societies. The people of both countries love to shop and are enthusiastic consumers of convenience products and fast foods. Vending machines selling everything from fresh flowers to hot coffee are as popular in Japan as they are in the United States, and fast-food noodle shops are as common in Japan as McDonald's restaurants are in the United States.

Body 5

A final similarity is that both Japanese and people n the United States have always emphasized the importance of work, and both are paying penalties for their commitment to it: increasing stress and weakening family bonds. People in the United States, especially those in business and in the professions, regularly put in twelve or more hours a day at their jobs, just as many Japanese people in the Unites States who want to get ahead voluntarily work on Saturday and/or Sunday in addition to their normal five-day workweek.

Conclusion

Japan and the United States: different, yet alike. Although the two societies differ in many areas such as racial heterogeneity versus racial homogeneity, individualism versus group cooperation, and informal forms of behavior, they share more than one common experience. Furthermore, their differences probably contribute as much as their similarities toward the mutual interest the two counties have in each other. It will be interesting to see where this reciprocal fascination leads in the future. (Writing Academic English: p 112-113)

Explanation(해설)

(1) 이 글은 Comparison Contrast Essay(비교 대조 에세이)이다. 그리고 이는 한 항목씩 비교 대조하는 방법(the point by point method)을 채택하고 있다.

(2) Hook는 Funnel forms를 사용하고 있다. 그리고 Thesis statement는 서론의 마지막 문장이며, 글의 계획을 구체적으로 밝히지 않은 Indirect thesis statement으로 구성하고 있다.

1. What is a Cause and effect Essays?

The goal of a Cause and Effect Essay is to show the reader the relationship between something that happens and its consequences, or between actions and results. In cause and effect essays, writers focus on what causes something(why it happens) and what the effects are the consequences or results. For example, writers might write an essay about what causes unemployment and its consequences, or about the causes of typhoons and their consequences.

A cause and effect essay explains why certain actions, situations, and behaviors happen. The essay can start with an effect, such as success, and find its causes, which might be education or talent. Or the essay can begin with a cause and describe its effects.

우리말 설명

인과관계 에세이란 발생한 어떤 사건을 놓고 원인과 결과를 따져 글을 쓰는 방법을 말한다. 따라서 작가가 인과관계 에세이를 쓸 때, 어떤 사건의 원인이 무엇인가(왜 그것이 발생하는가) 그리고 그 결과가 어떠한가에 초점을 두게 된다. 예를 들면, 현재 높은 실업률의 원인이 무엇이며, 그것의 결과는 무엇인가 또는 최근 발생한 태풍의 원인은 무엇이며 결과는 어떠한가에 관한 글을 쓸 때, 바로 인과관계 에세이를 사용하게 된다.

인과관계 에세이를 구성할 때, 작가가 제공하고자 하는 정보에 따라서 대개 다음 두 가지 방법으로 글을 쓸 수가 있다. 첫 번째 방법으로는 매우 단순하게 작가는 어떤 사건이 발생한 원인에 초점을 맞추게 된다. 이 방법을 The focus-on-cause method(원인초점 방법)라고 한다. 두 번째 방법으로는 작가가 원인의 결과를 강조하는 방법을 말하는데, 이는 The focus-on- effect method(결과초점방법)이라고 한다. 그리고 세 번째 방법으로는 Focus-on-causes and effects method(몇 가지 원인이 몇 가지 결과를 가져 오는 방법)인데, 이 경우에는 주로 원인과 결과가 어우러져 나타난다.

[세 가지 방법, 도표 참조]

① The focus-on-cause method
(원인 초점 방법)

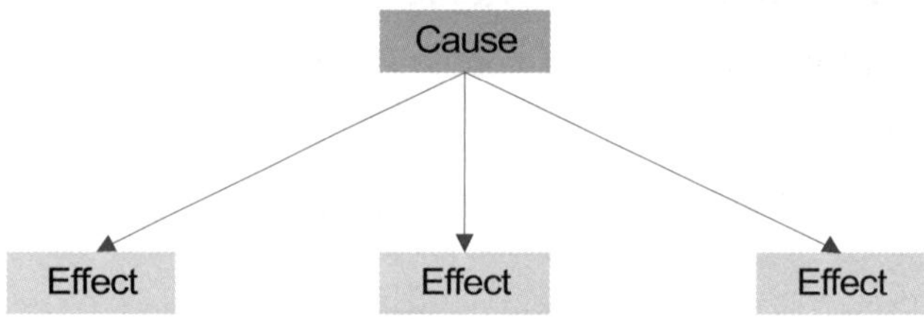

(한가지 원인에서 여러 결과를 도출하는 경우)

② The focus-on-effect method
(결과 초점 방법)

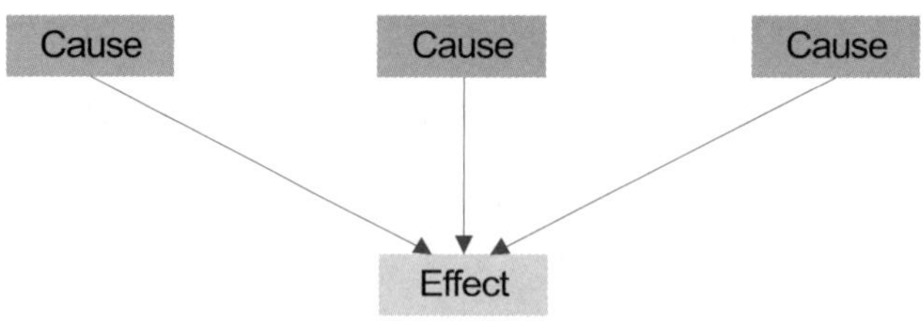

(여러 원인에서 한 가지 결과를 도출하는 경우)

③ Focus-on-causes and effects method
(원인/결과 초점 방법)

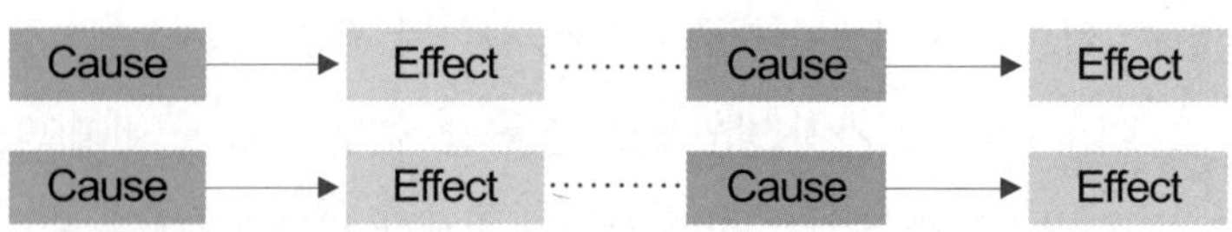

(원인과 결과가 번갈아 어우러져 나오는 초점 방식을 말한다.)

2. How do you write Cause and effect Essays?

우리가 써야 할 글의 주제가 문화충격(culture shock)에 관한 것이라고 할 경우, 동일한 한 가지 주제를 놓고 다음 두 가지 방법을 사용하여 Essay를 쓸 수가 있다.

1) Focus-on-cause method(원인초점 방법)

이 방법의 경우에는 작가가 문화충격의 Cause(원인)에 주로 포커스를 두게 될 것이다. 즉, 사람들이 문화충격으로 고통 당하게 하는 3-4개의 원인에 초점을 두고 한 단락에 각각 한 개 원인에 대하여 본격적으로 이를 설명하게 될 것이다. 그리고 작가는 "왜 사람들은 문화충격을 느끼는가?"라는 질문으로부터 시작하게 될 것이다.

원인초점방법으로 시작하는 에세이는 "어떤 일이 왜 발생했는가?"라는 의문에 답을 해야 한다.

[Example sentence]

미국에서 실업의 주요 원인은 경제에서의 경기부진, 직업 또는 전문기술의 부족, 그리고 고용이 되지 않는 개인적 선택 등이다. 〈세가지 원인을 이야기 하고 있다.〉

2) Focus-on-effect method(결과초점 방법)

원인초점 방법과는 반대로, 작가는 문화충격의 결과를 강조하려고 할 것이다. 즉, 문화충격을 가진 사람들이 느끼거나 경험한 3-4개의 결과에 초점을 두고 각각의 본론단락은 문화충격이 사람들에게 어떻게 영향을 미치는가를 설명하게 될 것이다. 그리고 작가는 "문화충격을 경험한 사람들에게 무엇이 일어났는가?"에 대한 질문/의문을 가지고 시작하게 될 것이다.

결과초점방법으로 시작하는 논술은 "언제 무엇이 발생했는가?"라는 의문에 답을 해야 할 것이다.

[Example sentence]

실업은 경제적, 심리적, 그리고 사회적 어려움을 포함하여 개인에게 심각한 영향을 미칠 수 있다. 〈세 가지 결과에 대해 이야기 하고 있다.〉

3) Focus-on-causes and effects method(원인/결과초점방법)

이 방법은 몇 가지 원인이 몇 가지 결과를 가져 오는 논술을 쓸 때 사용한다. 이 경우에는 주로 원인과 결과가 어우러져 나타난다.

[Example sentence]

실업을 이끄는 여러 가지 요인들이 개인에게 비참한 결과를 가져올 수 있다. 이 글은 원인과 결과가 동시에 이루어지는 글을 쓸 때 주로 도입하는 방법이다.

3. The examples of cause and effect Essays

| Model 1 |

*** Topic** **What makes people happy?**

Introduction

While his childhood friends stayed in Harlem in New York City, Aaron Mighty went to college. As his college peers spent their money on fraternities and parties, Mighty invested in the stock market. When his graduate school colleagues sought out teachers to ask questions, Mighty spent nearly 10,000 dollars to get an answer.

Body 1

Plagued with self-doubt and uncertainly about his future, he wondered, "What makes people happy?" He found the answer in making the feature documentary film, “One Happy Movie.” The film catalogs a cross-country road trip by four college students visiting a variety of cities, towns, and landmarks, posing the question to large number of people.

Body 2

“The originality of the concept is what intrigued people,” Mighty said. “When I first told people I was making a film about happiness, they mocked me and said, ‘There is no happiness in the world,’ but obviously there is. A lot of people, especially college-age people, think about it all the time. We constantly think about our direction, what our focus is, and what we want to do in life to make us happy.” The director of the project, David Acevedo, agrees and said he was drawn to directing the project because he wanted to see how answers would change depending on people’s social, economic, and racial background.

Body 3

“We got several deep responses, and many weird responses about what made people happy,” Acevedo said. “It surprised me how people could be from so many different social or racial backgrounds, people of all ages, from small towns to big cities, rich and poor, young and old, but so many of them had such similar answers.” The young filmmaker feels satisfied that he learned the answer to the question he set off to answer years ago, regardless of how much money the film the film generates.

Conclusion

“I know now what the answer is,” Mighty said. “It is the simple things in life. It’s not about what kind of car you drive, how much money you make, how big your house is. Those are things that are truly irrelevant, and those are things in the most part we didn’t get from people. I have learned that life is just about living. It’s about going out there and enjoying life and being happy.” (Effective Academic Writing 3: p 61-62)

Explanation(해설)

이 에세이는 뉴욕 출신의 한 영화제작자가 어떻게 행복을 찾을 수 있는가라는 것에 관한 다큐멘터리를 만든 것이다. 이는 Focus-on-cause method (원인초점 방법)으로서, "어떤 일이 왜 발생했는가?"라는 물음에 답하고 있다. 3개의 본론은 각각 주제문(topic sentence)이 발생하게 된 원인에 대하여 설명하고 있다.

Model 2

*** Topic** **Marketing Health and Fitness**

Introduction

Americans spend between 30 billion and 60 billion dollars a year on dieting. This amount is more than the gross national product for Morocco! Such spending has not always been the case. Only recently has the marketing boom on health, fitness, and dieting infiltrated American television, radios, and magazines. The message is clear; getting healthy through diet and exercise is a necessary part of life. As Americans continue to be bombarded with these health-conscious images, it is evident that the images have altered Americans' ideas about health. The current advertising trends in weight loss and fitness have had both positive and negative effects.

Body 1

Perhaps the most positive effect of dieting and weight loss advertising is an increase in education. For many years Americans ate heavy foods cooked only in butter or lard. In addition, exercise was considered appropriate only for men. These trends changed as television and radio began promoting a healthier lifestyle that includes private gyms, low calorie foods, and aerobics tapes, among other things. As a result of this advertisement, American began to understand that diet, exercise, and other preventive measures made them healthier. They are now aware that heart disease and other illnesses can be controlled with proper diet and exercise. Since the media's attention to this phenomenon, Americans are certainly healthier than they were in the recent past.

Body 2

Although the current trends in weight loss have made Americans more conscious of their health, they have also led to increased public pressure. This is true for teenagers, especially girls. Adolescents cannot escape the constant barrage of ads on television and radio and in magazines and newspapers. While some teenagers take this new-found knowledge and begin eating more appropriate foods and exercising regularly, others become obsessed with weight loss. As a result, these young people can develop eating disorders such as bulimia and anorexia nervosa to try to emulate the physiques of models and health promoters. In these cases, the focus on fit and healthy bodies has a negative effect.

Body 3

The financial effects of health industry ads cannot be avoided. Americans spend billions of dollars each year trying to get fit. Consumers will spend whatever they have to in order to get the latest gym equipment, fat-free food, or diet supplement pill. Because all these marketing strategies promote healthy living, many people are spending excessive amounts of money on such products. Consequently, the diet industry continues to promote newer and 'better' products.

Conclusion

Marketing strategies have changed public opinion in many areas, and the idea that everyone should have a perfect body is a major example of this.

Knowledge is power, and Americans should learn as much as they can about health and fitness. Then they should use that knowledge in healthful ways. (Blueprints 2: p 124-125)

| Explanation(해설) |

이 글은 세 가지 결과에 초점을 두고 있는 Focus-on-effect method(결과초점 방법)을 사용하여 글을 전개하고 있다. 3개의 본론 단락은 각각 결과를 주제문(topic sentence)으로 하여 이에 대한 설명을 하고 있다.

| Model 3 |

*** Topic** **Why do we lie?**

Introduction

As little children, most of us were taught the virtue of honesty from fairy tales and other stories. The story of Pinocchio, who begins life as a puppet teachers us the importance of telling the truth. The boy who lied by "crying wolf" too many times lost all his sheep as well as the trust of his fellow villages. In the story of young George Washington, who lied about cutting down the cherry tree, we learn that he earns his father's praise only when he admits what he has done. Even though we know that "honesty is the best policy," why do we often lie in our everyday lives? The fact is that we lie for many reasons.

Body 1

We sometimes lie to minimize our mistakes. While it's true that we all make blunders sometimes, some of us don't have the courage to admit them because we might be blamed for the errors. For example, students might lie to their teachers about unfinished homework. They might say that they left the work at home when, in fact, they don't even do the work. These students don't want to seem irresponsible, so they make up an excuse—a lie—to save face.

Body 2

Another reason we lie is to get out of situations that we don't want to be in. If we just don't want to attend the dorm meeting early on Saturday morning, we might give this excuse: "I've been fighting off a cold all week, and I need to sleep on Saturday morning, buy I will be sure to attend the next meeting." We lie because we believe that telling the truth will cause problems. We may feel an obligation to maintain good relations with our dorm mates. When we don't know how to say no and face whatever problems that may cause, we often use lies to avoid difficulties.

Body 3

However, lies are not always negative: in fact, two kinds of lies can yield positive results. The first is commonly referred to as a "white lie." We tell white lies when we don't want to hurt other people's feelings. For example, if a good friend shows up with an unflattering new haircut, we could be truthful and say. "That haircut looks awful. It doesn't suit you at all!" Instead, we are more likely to lie and say. "I like your haircut. It looks good on you," and spare our friend's feelings. The second kind of positive lie is the "protective lie." This one can help us get out of or avoid dangerous situations. Parents teach their children to use this kind of lie. For example, parents tell their children not to say that they are home alone if they receive phone calls from strangers. In this situation, lying can prevent harm or disaster.

Conclusion

People lie for many reasons, both good and bad. However, before we resort to lying to cover up mistakes or to avoid unpleasant, perhaps we should rethink our motives for lying. We never know when our lies might be exposed and cause us embarrassment or the loss of people's trust. (Great Essays: p 88-89)

Explanation(해설)

(1) 이 글은 사람들이 거짓말을 하는 두 가지 원인에 대한 것과 한 가지 결과에 대한 것을 이야기하고 있다. 따라서 Focus-on-causes and effects method(원인 및 결과초점 방법)에 맞춰 쓴 글이다. 이 방법은 몇 가지 원인이 몇 가지 결과를 가져 오는 논술을 쓸 때 사용한다. 이 경우에는 주로 원인과 결과가 어우러져 나타난다. 이를 테면, 실업을 이끄는 여러 가지 요인들이 개인에게 비참한 결과를 가져 올 수 있다. 이런 글은 원인과 결과가 동시에 이루어지는 형태로서 원인 및 결과 초점방식을 쓴다.

(2) Hook는 Funnel forms(깔때기 형식)을 사용하고 있으며, Conclusion(결론)은 주제문을 재진술하면서 제안과 더불어 예시를 하고 있다. 즉, 우리는 우리의 거짓말이 언제 탄로날지, 그리고 우리를 난처하게 하거나 우리의 신뢰를 떨어뜨릴지를 모른다.

Book VI Classification Essay(분류 에세이)

1. What is a Classification Essay?

In a Classification Essay, information is organized into meaningful categories or groups and each follows a single, unifying principle. When writers want to classify items according to their similarities and differences, they use classification essay.

우리말 설명

■ 분류 에세이란 한 그룹 가운데 존재하는 어떤 항목들을 그들의 유사성 또는 차이점에 따라 분류할 때 주로 사용하는 에세이 기법을 말한다. 분류 에세이는 단순히 항목의 목록을 만드는 그 이상의 중요한 의미를 포함하고 있다. 분류할 때 목록에 순서를 부과하는 것이 매우 중요하다.

■ 분류 에세이의 구성의 원리는 Paragraph이나 Essay가 쓰여진 목적에 근거하여 그것들을 다른 그룹 또는 범주로 나눌 수 있게 한다. 따라서 이 에세이는 전문적인 글쓰기나 대학에서 매우 흔하게 쓰이는 방법이다. 예를 들면 스포츠 전문가는 경기 별로 분류하고, 사업가는 마케팅전략을 분류한다. 따라서 분류 에세이는 주로 학술적인 글쓰기에 많이 사용되므로 다른 에세이와는 달리, 특별히 Hook를 사용할 필요가 없는 것이 특징이다. 이 경우 후크는 다만 분류될 정보를 소개하는 것으로 충분하다.

2. The outline forms of Classification Essays

I. Introduction(서론)

a) Hook(후크) = 특별히 신경 쓸 필요가 없다.

b) Background information = 분류 항목에 대한 기본적인 설명

c) Thesis statement = 어떤 항목으로 분류하여 쓸 것인가 대한 계획

II. Body(본론)

a) 첫 번째 분류 항목

b) 두 번째 분류 항목

c) 세 번째 분류 항목

III. Conclusion(결론)

a) It restates the thesis statement or the content of each paragraph.

b) It may make a prediction, suggestion, a positive opinion, or give advice.

3. The examples of Classification Essays

| Model 1 |

*** Topic** **May I help you?**

Introduction

The world is rapidly changing from an industrial economy to a service economy. There are fewer and fewer small factories and farms. As a result, a decreasing number of people are employed in manufacturing. How many shoemakers or bakers do you know? You probably don't know any, but you do know the advertising people for the shoemakers and the salespeople for oven manufacturers. In a service economy such as ours, there are service providers and consumers, who receive. According to the authority of the provider, there are three basic relationships between service providers and consumers: customer and salesperson, student and teacher, and patient and doctor.

Body 1

In the retail industry, people often say, "The customer is always right." What they mean is that a salesperson never argues with a customer. If a 350-pound man wants to buy a pink bikini swimsuit, that's his business. The salesperson is there to make the customer feel good about shopping at that particular store so that he will come back again and again. A salesperson can try to interest the customer in a different style, but he never tells the customer what to do. In the service relationship between the customer and the salesperson, the customer has all the authority.

Body 2

The relationship between a student and a teacher is different all over the world. It also varies depending on the age of the student. We tend to accept that "the teacher is always right" through the years of obligatory education. However, once people are old enough to make some choices about their education, the relationship changes. If you want to learn tai chi, for example, you will probably look for a teacher that suits your style. Nevertheless, you still believe that your teacher knows much more about the subject than you do, so in this service relationship, the teacher has a medium level of authority.

Body 3

Certain service providers have such specialized skill and knowledge that we tend to allow them complete authority in making decisions about what's best. The doctor-patient relationship is an example of such a relationship. We expect (rightly or wrongly) that he doctor is so much of an expert that if she says, "You need surgery," we usually don't say, "No, thank you." However, the medical profession is changing as many patients are becoming better educated about their conditions. It is now common practice in many parts of the world to get a second doctor's opinion about how to treat a illness. Even so, in the traditional doctor-patient relationship, it is the doctor who has most of, if not all of, the authority.

Conclusion

Most of us will be on both sides in a service relationship at some point in our lives. You may be a customer at noon and a salesperson at 1 p.m. You may be a teacher at age twenty-eight and a student at age fifty-eight. If you become an expert in a certain field, such as engineering, medicine, law, or psychology, you may be a client or patient one day and the service provider the next. However, you will never be both at the same time, and providing great service to your clients will still be based on the fundamental principle of understanding what your customer wants and needs. (Writing to Communicate: p 120-121)

?! Answer the following Questions

① 이 글의 주제문장은 어느 것인가?

(Proper answers) =

② 몇 개의 소주제문으로 구성되었는가?

(Proper answers) =

③ 결론단락의 다른 목적은 무엇인가?

(Proper answers) =

④ 전체 글이 통일성과 일관성을 가지고 있는가?

(Proper answers) =

⑤ 이 글에서는 무엇이 분류되었는가?

(Proper answers) =

⑥ 각 본론(body)의 소주제문장에서 중심내용을 적어라.

(Proper answers) =

⑦ 이 글에서 무엇이 처음으로 사용되었는가?

[a) examples/ b) descriptions of a process/ c) details of a story/ d) the author's opinion]

| Model 2 |

*Topic Skills for jobs of the future

Introduction

Are you a college student planning to enter the workforce? Or are you a worker hoping to advance in your field? A new survey shows that you will need job training and education beyond what many job applicants have.

Body 1

Workers who possess critical skills are needed to fill thousands of new jobs. The desired skills include team building, communication, customer service, and problem solving. The technical skills required are math and writing, as well as knowledge of computer applications, such as e-mail systems, Microsoft Word, Excel, and Access.

Body 2

The study, Skills was based on a survey of 153 small, medium, and large employers. Fifty-six percent of the companies responding to the survey said their applicant pools did not possess the desired skills. Another 42 percent of the companies surveyed felt their current workforce lacked critical skills. Don Jackson, human resources director at Procter & Gamble in Iowa City, said the skills required for employment have increased as companies have changed the way they hire workers. "In the past, we were willing to take high school graduates and do the training ourselves," Jackson said.

Body 3

Another study found that many employers required a minimum of a two-year degree or technical certification. That study also showed that in the near future 50 percent of the new jobs will require a four-year or graduate degree. "Right now, 25 percent of our existing labor force has a baccalaureate (four-year) degree," said Norm Nielsen, president of Kirkwood Community College. "If 50 percent of the new jobs are going to require a four-year or graduate degree, we are facing a real challenge." Employer also mentioned a particular shortage of women and minority applicants with training in technical programs.

Conclusion

If you want to be competitive in the job market, you should be developing either essential or technical skills to ensure your success in the future.

?! Answer the following Questions

① 이 글의 주제문장은 어느 것인가?

(Proper answers) =

② 몇 개의 소주제문으로 구성되었는가?

(Proper answers) =

③ 결론단락의 다른 목적은 무엇인가?

(Proper answers) =

④ 전체 글이 통일성과 일관성을 가지고 있는가?

(Proper answers) =

⑤ 이 글에서는 무엇이 분류되었는가?

(Proper answers) =

⑥ 각 본론(body)의 소주제문장에서 중심내용을 적어라.

(Proper answers) =

⑦ 이 글에서 무엇이 처음으로 사용되었는가?

[a) examples/ b) descriptions of a process/ c) details of a story/ d) the author's opinion]

1. What is a Narrative Essay?

A narrative Essay tells a story. Telling stories has always been an important part of human history. An essay that tells a story is called a narrative Essay. Another word for story is narrative. Even though the narrative essay has the same basic form as most other academic essays, it allows the writer to be more creative than academic essays usually do. (Great Essays: p 39)

우리말 설명

이야기 에세이는 "어떤 이야기(a story)"를 말해(들려)준다. 어떤 이야기를 말하는 것은 인간의 역사에서 매우 중요하다. 그래서 이야기를 들려주는 에세이를 이야기 에세이라고 한다. 이야기 에세이도 앞서 배운 다른 종류의 에세이와 비슷한 구조(form)를 가지고 있다. 하지만 이야기 에세이의 구조는 다른 일반적인 에세이 구조와는 약간 다르게 전개된다. 이야기 에세이는 어떤 사건이나 경험, 생각 등에 대하여 줄거리(a story)를 잡아 글을 쓰기 때문에 일반적인 에세이와는 차이가 날 수밖에 없다. 그리고 또 다른 점은 일반 에세이는 확대를 하면 학술논문과 같은 구조를 취하지만, 이야기 에세이는 확대하면 소설과 가장 가까운 구조를 띠게 된다는 것이다. 따라서 이야기 에세이는 일반 에세이보다 창의적이어서 학문적인 유형(academic types)이라기보다는 문학적인 유형(literary types)에 가깝다고 말할 수 있다.

1) The five structural elements of a narrative Essay

a) Theme (주제) = 이야기의 기본적인 아이디어이다. 이는 흔히 사랑, 배신, 탐욕, 질투, 음모, 독립 등과 같은 삶이나 인간 본성에서 흔히 나타나는 것들을 중심으로 주제를 다루게 된다.

b) Setting (사건의 장소와 시간, 배경) = 이는 주로 사건이 일어난 장소가 중심이 되지만, 시간과 배경이 뒤따르게 마련이다.

c) Characters (인물) = 이야기에 등장하는 사람들이다. 이들은 분위기에 영향을 받는다. 그리고 이들은 그들이 연루된 사건에 반응한다.

d) Mood (기분 또는 분위기) = 작가가 이야기를 위하여 만들어내는 감정이나 분위기를 말한다. 이는 행복할 수도, 희망적일 수도, 긴장감이 넘칠 수도 있다. 반대로 절망적일 수도, 불행할 수도 있다, 장소와 서술의 단어는 둘 다 이야기 에세이에서 무드를 만들어낸다.

e) Plot (줄거리) = 이는 이야기(a story) 속에 일어난 것을 말한다. 즉, 사건의 연속이다. 줄거리는 종종 인물 또는 사건이 변화하는 절정(climax)나 전환점(turning points)을 포함하기도 한다.

이야기 에세이는 Theme (주제)–Setting (사건의 장소나 배경)–Character (인물)–Mood (분위기)–Plot (줄거리)이라는 5개의 구성 요소를 가지고 이야기가 전개된다는 점을 염두에 두면 이야기 에세이를 이해하는 데 많은 도움이 될 것이다.

2) The outline of a narrative Essay

I. Introduction (the beginning of the story)

〈Theme(주제) – Setting(배경) – Character(인물)〉

a) 이야기의 기본 아이디어가 무엇이냐? (주제)

b) 이야기가 어디서 일어났는가? (장소/배경)

c) 언제 이 이야기가 발생했는가? (시간/배경)

d) 누가 이 이야기에 연루되어 있는가? (인물)

II. Body(the middle the story)

〈Mood(분위기) – Plot(줄거리) = 대개 3–5개 단락으로 구성〉

a) 이야기에서 어떤 감정이나 분위기를 일으키기를 원하는가? (무드: 소주제문)

b) 줄거리에서 무엇이 발생할 것인가? (사건: 2-3개)

c) 전환문장을 어떻게 쓸 것인가? (전환문장: 다음 사건 예고)

III. Conclusion(the end of the story)

〈행위나 사건의 마무리–도덕적/긍정적인 예견이나 예시 또는 계시:〉

a) 이야기에서 마지막에 무엇이 일어났는가? (결론)

b) 줄거리를 어떻게 마무리할 것인가? (결론)

c) 이야기 에세이의 마지막 문장은 대개 도덕적인 교훈이나 예견, 또는 계시 등으로 마무리한다.

이야기 에세이의 결론인 마지막 단락은 일반 에세이의 결론과 약간 다른 면이 있지만 대개 매우 유사한 점이 많다.

3) The details of a narrative Essay
(이야기 에세이의 구체적인 구성형태)

I. Introduction paragraph(서론/도입문)

A. Hook(후크)

Hook는 독자를 유인하는 문장으로서 항상 문장의 첫머리에 놓이며, 다른 종류의 에세이와 같은 방법을 취한다.

B. Connecting sentences/information(연결문장/정보)

Setting(장소나 시간, 배경)이나 Character(인물) 등이 배치되면서 독자를 주제문으로 안내하는 것이 일반 논술문과 약간의 차이가 있는 부분이다.

C. Thesis statement(주제문)

이야기의 기본 아이디어, 즉 어떤 글을 쓸 것인가를 제시 또는 암시한다. 주제문도 일반 논술문과 똑같다.

II. Body(본론: 대개 3–5개 본론 단락으로 구성됨)

A. 두 번째 단락(사건[event] 1)

1. 주제문장(topic sentence)
2. 사건설명 = 한 문장으로는 너무 단순하므로
3. 사건설명 = 두세 가지 설명으로 설득력을 가지도록 만든다.
4. 사건설명 = (선택: option)
5. 전환문장(Transition sentences)

B. 세 번째 단락(사건[event] 2)

1. 주제문장(topic sentence)
2. 사건설명 = 한 문장으로는 너무 단순하므로
3. 사건설명 = 두세 가지 설명으로 설득력을 가지도록 만든다.
4. 사건설명 = (선택: option)
5. 전환문장(Transition sentences)

C. 네 번째 단락(사건[event] 3)

1. 주제문장(topic sentence)
2. 사건설명 = 한 문장으로는 너무 단순하므로
3. 사건설명 = 두세 가지 설명으로 설득력을 가지도록 만든다.
4. 사건설명 = (선택: option)
5. 전환문장(Transition sentences)

III. Conclusion(결론)

A. 행위/사건 결말 짓기(마지막에 무엇이 일어났는가?)

B. 줄거리를 어떻게 마무리 할 것인가?

C. 마지막 문장(Final sentence: 예언이나 예견 또는 계시

2. The way of writing a narrative Essay

이야기 논술의 도입부(서론: Introduction)에서는 사건의 장소와 시간, 배경을 설명하고 인물을 소개하며, 그리고 행위에 대해 독자들이 관심을 가지도록 준비한다. 물론 도입부(서론)는 일반 논술과 마찬가지로 후크와 주제문을 가진다.

1) Writing Introduction in a narrative Essay
(이야기 에세이의 도입부[서론] 쓰기)

이야기 에세이에서는 후크가 매우 중요한 역할을 하는데, 이는 이야기의 무대를 준비하는데 도움을 주기 때문이다. 이야기 에세이의 hook는 독자들이 다음에 무엇이 일어날 것인지에 대해 궁금증을 불러 일으키도록 한다. 그리고 연결 문장은 사건의 장소나 시간, 배경 등을 제시하며 주제문은 글의 계획을 암시하게 된다.〉

[Introduction Example]

(a) I had never been more anxious in my life. (b) I had just spent the last time endless hours in trying to get to the airport so that I could travel home. (c) Now, as I watched the bus driver set my luggage on the air port sidewalk, I realized that my frustration had only just begun.

| Explanation(해설) **|**

(a) Hook = 이야기 에세이의 후크도 다른 에세이와 같이 도입부의 첫 문장이다. 독

자들의 관심을 사로잡는 역할을 하는 후크가 특별히 이야기 에세이에서 매우 중요한 역할을 한다. 따라서 후크는 독자들에게 "왜(why)"라는 궁금증이 생기도록 한다면 이는 좋은 후크가 되는 셈이다.

(b) Connecting sentences / information = 이야기 에세이에서 연결문장은, 연결정보라고 할 만큼 중요하다. 따라서 Setting(장소나 시간, 배경)이나 Character(인물) 등이 배치되면서 독자를 주제문으로 안내하는 것이 일반 논술문과 약간의 차이가 있는 부분이기도 하다. 여기서 이야기 에세이의 연결문장은 사건의 장소를 제공하면서 독자들을 주제문으로 안내하고 있다.

(c) Thesis statement = 이야기 에세이의 주제문도 일반 논술문과 똑 같다. 이야기의 계획, 즉 어떤 글을 쓸 것인가를 제시 또는 암시한다. 여기서는 마지막에 밑줄 친 문장이 주제문)으로, 작가가 공항에서 어떻게 좌절할 것인가를 암시하고 있다.

[참고: 좋은 주제문이란?]

좋은 주제문이란, 브레인스토밍을 통해 이미 공부한 것처럼 Wh-질문이 담겨 있어야 한다. 예를 들면, 누가(who), 언제(when), 어디서(where), 무엇을(what), 어떻게(how), 왜(why) 등에 대한 질문이 담겨 있는 주제문이야 한다. 그래야 어떤 이야기(a story)를 말할 수 있다.

?! Questions

다음 한 쌍 중에서 좋은 주제문을 고르고 그 이유를 설명해보자.

a) 나의 고등학교의 마지막 해(X)

(why) = 너무 일반적이어서 흥미로운 이야깃거리를 만들 수 없다.

- 나의 고등학교의 마지막 날(O)

(why) = 이날은 나에게 특별한 뭔가를 가지고 있어 흥미로운 이야기를 만들 수 있다.
따라서 wh-질문들이 담겨 있다.

b) 또 다른 도시에서의 공포스러운 비행기 탑승(O)

(why) = 매우 흥미로운 사건이다.

- 공포스러운 전 세계여행(X)

(why) = 너무 일반적이 광범위하여 이야기를 구성하기가 애매하다.

c) 청소기 구입하기(X)

(why) = 너무나 사소한 이야기로 흥미를 불러일으키기 어렵다.

- 나의 첫 번째 차 구입하기(O)

(why) = 흥미로운 이야기나 이유 등 wh-질문에 충분한 답을 가지고 있다.

d) 내가 참여했던 종교 행사(X)

(why) = 중요한 행사는 될 수 있으나 일반적이고 특별한 스토리가 없다.

- 내 형의 난처한 결혼식(O)

(why) = 흥미로운 이야기나 이유 등 wh-질문에 충분한 답을 가지고 있다.

2) Writing Body(본론쓰기)

이야기 에세이의 본론 단락들은 각 사건(event)을 중심으로 줄거리(지원정보)를 담고 있다. Event(사건/ 행위)는 각 본론 단락의 주제문(topic sentence)역할을 하게 되고, 나머지 2-4개 문장들은 사건을 설명 또는 지원하는 역할을 한다. 본론 단락은 여러 가지 방법으로 전개될 수 있는데, 이 중 흔한 한 가지 방법은 시간의 순서이다. 이 방법에서 각각의 본론 단락(body paragraph)은 그것이 시간에 따라 전개됨으로써 줄거리에 관한 더 많은 정보를 주게 된다.

[Body Examples]

Body 1

(a) This was my first visit to the international section of the airport, and nothing was familiar. (b) I couldn't make sense of all the signs. Where was the ticket counter? Where should I take my luggage? I had no idea where the customs line was. I began to panic. What time was it? Where was my airplane? I had to find help because I couldn't be late!

Body 2

(a) I tried to ask a passing businessman for help, but all my words came out wrong. (b) He just scowled and walked away. What had happened? I had been in this country for a whole semester, and I couldn't even remember how to ask for directions. This was awful! Another bus arrived at the terminal, and the passengers came out carrying all sorts of luggage. Here was my chance! I could follow them to the right place and I wouldn't have to say a word to them.

Body 3

(a) I dragged my enormous suitcase behind me and followed the group. (b) We finally got to the elevators. Oh, no!! They all fit in, but there wasn't enough room for me. I watched in despair as the elevator doors closed. I had no idea what to do next. I got on the elevator when it returned and gazed at all the buttons. Which one would it be? I passed button 3. The elevator slowly climbed up to the third floor and jerked to a stop. A high squeaking noise announced the opening of the doors, and I looked around timidly.

Body 4

(a) Tears formed in my eyes as I saw the deserted lobby and realized that I would miss my airplane. (b) Just then an old airport employee shuffled around the corner. He saw that I was lost and asked if he could help. He gave me his handkerchief to dry my eyes as I related my predicament. He smiled kindly, took me b the hand, and led me down a long hallway. We walked up some stairs, turned a corner, and at last, there was customs! He led me past all the lines of people and pushed my luggage to the inspection counter.

Explanation(해설)

각 단락의 밑줄 친 a) 문장이 주제문(topic sentence)이다. 이들 각 주제문은 각각 하나의 사건(event)을 내포하고 있다. 그리고 각 단락의 b)는 각 주제문을 지원 또는 설명하는 문장으로 구성이 되어 있다.

〈body 1〉의 경우 주제문, "This was my first visit to the international section of the airport, and nothing was familiar."은 작가가 전혀 친숙하지 않은 공항의 국제선 구역에 처음 방문함으로써 경험해야 할 좌절을 암시하고 있다. 그리고 나머지 지지문장들은 작가가 국제선을 구역에 처음 방문함으로써, 경험하는 좌절감들을 구체적으로 적시하고 있다. 이를 테면, "모든 표지들을 이해할 수 없었다. 따라서 어디에서 수하물을 찾아야 하는지, 또는 관세 선이 어디에 있는지 알 수 없었다. 시간이 언제인지, 내가 타야 하는 비행기 게이트가 어딘지 몰랐다. 따라서 시간에 늦지 않으려고 도움을 청해야만 했다." 나머지 각 본론 단락들도 모두 이와 같은 방식으로 글이 전개되고 있음을 알 수 있다.

3) Writing a conclusion (결론쓰기)

대학 등 교육기관의 에세이(essay)처럼, 이야기논술도 결론을 내리는 아이디어를 필요로 한다. 결론단락에서 우리는 이야기논술의 행위를 기술하는 것으로 끝을 맺는다. 마지막 문장은 다음 두 가지 기능을 가질 수 있다.

[Conclusion Example]

When I turned to thank him for all his help, he was gone. I will never know that wonderful man's name, but I will always remember his unexpected courtesy. He helped me when I needed it the most. I can only hope that one day I will be able to do the same for another frailer who is suffering through a terrible journey.

| Explanation(해설) |

이야기 에세이의 결론은 일반 에세이와는 달리, 첫째, 스토리에서 마지막에 무엇이 일어났는가? 둘째, 줄거리를 어떻게 마무리할 것인가를 쓰고, 마지막에는 대개 도덕적인 교훈이나 예견, 또는 계시 등을 나타낼 수 있다. 그리고 경우에 따라서는 전에 모르고 있던 어떤 것에 대한 비밀 이야기 등을 폭로할 수도 있다. 여기서는 자신을 도와준 분에게 감사하려고 하는데, 가고 없는 상황이 발생했다. 그리고 상황에 맞게 줄거리를 마무리 하면서 자신도 그와 같은 도움을 타인에게 주겠다는 교훈을 남긴다.

[Writer's note]

〈효과적인 이야기논술에서 다음 몇 가지 요소들이 있다.〉

첫째 : 도입부에서는 행위/사건을 조직/구성하는 주제

둘째 : 독자들이 이야기를 따르도록 도움을 주고 사건을 연결하는(화제를 바꾸는) 접속 문장들

셋째 : 도덕적 교훈 또는 폭로/계시를 전하고, 이야기사건을 마무리하는 결론

3. Analyzing Narrative Essays

| Model 1 |

*** Topic** **Frustration at the Airport**

Introduction

I had never been more anxious in my life. I had just spent the last three endless hours trying to get to the airport so that I could travel home. Now, as I watched the bus driver set my luggage on the airport sidewalk, I realized that my frustration had only just begun.

Body 1

This was my first visit to the international section of the airport, and nothing was familiar. I couldn't make sense of all the signs. Where was the ticket counter? Where should I take my luggage? I had no idea where the customs line was. I began to panic. What time was it? Where was my airplane? I had to find help because I couldn't be late!

Body 2

I tried to ask a passing businessman for help, but all my words came out wrong. He just scowled and walked away. What had happened? I had been in this country for a whole semester, and I couldn't even remember how to ask for directions. This was awful! Another bus arrived at the terminal, and the passengers came out carrying all sorts of luggage. Here was my chance! I could follow them to the right place and I wouldn't have to say a word to them.

Body 3

I dragged my enormous suitcase behind me and followed the group. We finally got to the elevators. Oh, no!! They all fit in, but there wasn't enough room for me. I watched in despair as the elevator doors closed. I had no idea what to do next. I got on the elevator when it returned and gazed at all the buttons. Which one would it be? I passed button 3. The elevator slowly climbed up to the third floor and jerked to a stop. A high squeaking noise announced the opening of the doors, and I looked around timidly.

Body 4

Tears formed in my eyes as I saw the deserted lobby and realized that I would miss my airplane. Just then an old airport employee shuffled around the corner. He saw that I was lost and asked if he could help. He gave me his handkerchief to dry my eyes as I related my predicament. He smiled kindly, took me b the hand, and led me down a long hallway. We walked up some stairs, turned a corner, and at last, there was customs! He led me past all the lines of people and pushed my luggage to the inspection counter.

Conclusion

When I turned to thank him for all his help, he was gone. I will never know that wonderful man's name, but I will always remember his unexpected courtesy. He helped me when I needed it the most. I can only hope that one day I will be able to do the same for another frailer who is suffering through a terrible journey. (Great Essays: p 44-45)

?! Questions

I. Introduction(서론)

a) What is a hook in the introduction paragraph?

(Proper answer) = 내 인생에서 그렇게 불안한 적은 없었다.

b) What is connecting sentences?

(Proper answer) = 나는 단지 고향으로 돌아가기 위하여 마지막 끝없는 세 시간을 공항에 도착하려고 발버둥 쳤다.

c) What is a thesis statement?

(Proper answer) = 이제 내는 버스 운전기사가 내 수화물을 공항 인도 위에 내려놓았을 때, 나는 좌절감이 막 터져 나오기 시작하는 것을 깨달았다.

II. Body

a) What is a topic sentence in the Body 1?

(Proper answer) = 이것은 내가 처음으로 공항의 국제구역에 가본 것이었다. 그리고 모든 게 낯익지 않았다.

사건1 = 간판이 혼란스러웠다.
사건2 = 공황이 시작됐다.

b) 전환문장은?

(Proper answer) = 나는 늦어서는 안 되었기 때문에 도움을 요청해야만 했다.

a) What is a topic sentence in the Body 2?

(Proper answer) = 나는 도움을 구하기 위해 지나가는 회사원에게 뭘 물으려고 했다. 그러나 나의 모든 말은 잘못 나왔다.

사건1 = 그는 얼굴을 찡그리며 지나쳐버렸다.
사건2 = 나는 방향을 어떻게 물어야 하지를 몰랐다.
사건3 = 또 다른 버스가 도착했다.

b) 전환문장은?

(Proper answer) = 나는 그제야 그들을 따라 올바른 장소로 갈 수 있었다. 그리고 그들에게 한마디도 말을 할 필요가 없었다.

a) What is a topic sentence in the Body 3?

(Proper answer) = 나는 거대한 내 여행용 가방을 뒤로 끌면서 이들 무리를 따라갔다.

사건1 = 그들은 모두가 탔지만 내가 탈 공간이 없었다.
사건2 = 나는 그 것에 탔다. 그리고 천천히 꾸준히 모든 버턴을 바라봤다.
사건3 = 나는 3번 버턴을 눌렀다. 엘리베이터는 3층으로 올라갔고, 갑작스런 움직임으로 멈췄다.

b) 전환문장은?

(Proper answer) = 높은 톤의 삐걱거리는 소음이 문이 열리는 것을 알렸고, 나는 머뭇거리며 겁먹은 모습으로 주위를 둘러봤다.

a) What is a topic sentence in the Body 4?

(Proper answer) = 나는 사람이 없는 로비를 보았을 때, 내 눈엔 눈물이 고였다. 그리고 내가 비행기를 놓칠 것이라는 것을 알았다.

사건1 = 공항직원이 도움을 제의했다.
사건2 = 그가 나에게 손수건을 주었다.
사건3 = 그가 나를 데리고 긴 복도를 따라갔다.

b) 전환문장은?

(Proper answer) = 그는 나를 데리고 모든 사람들의 줄을 지나 검사대에 나의 수화물을 밀어 넣었다.

III. Conclusion paragraph

a) 사건의 마무리: 내가 그의 모든 도움에 감사를 표하려고 했을 때, 그는 가고 없었다.

b) 나는 그 훌륭한 사람의 이름을 알지는 못했지만, 나는 항상 그의 예기치 않은 친절한 행동을 기억하고 있다.

c) 그는 내가 가장 필요로 했을 때 나를 도와주었다.

d) 마지막 문장(예시나 계시 또는 교훈)

(Proper answer) = 나는 단지 어느 날 끔찍한 여행으로 고통 당하고 있는 또 다른 여행객을 위하여 내가 그와 같은 행동을 하기를 희망하고 있다.

| Model 2 |

*** Topic** **A little bit of rest never hurt anyone**

Introduction

I have always been an active person. I love to swim and play sports. I used to take risks when I was having fun outdoors—until my good friend Carl had a little accident. Now, I am a lot more careful about what I do.

Body 1

Carl has always been a biking entertainment. He loves to ride his bright red mountain bike in the hills outside of our town to get his daily workout. One day during a rainstorm, he went out into the hills to ride his bike. The trails are very muddy and dangerous when it rains, but he didn't let that stop him. While he was riding down the steepest hill on the trail, he lost control of his bike. The bike skidded in the mud and he was flipped over the handlebars. When he hit the ground, he landed on a large rock. He was hurt pretty badly, and he had to be rushed to the emergency room in and ambulance.

Body 2

As soon as he got there, the nurses quickly cleaned his cuts and scratches. Next, they took him o get x-rays of both his legs and his shoulders. After that, Carl saw the doctor, who said that he was lucky. Even though he was bruised all over, only his shoulder was broken. Then the doctor put a big clumsy-looking cast on Carl's shoulder. He told Carl that he would have to rest for next six weeks so that his body could heal properly.

Body 3

Because Carl was usually so active, he couldn't stay still. One week after the accident, he decided that he had to take a walk. As he was walking along, he tripped on the uneven sidewalk and lost his balance. He fell forward and landed on his new cast, and he broke it in half! As a result, he hurt his shoulder even more badly. He had to have a new cast put on. While he was there, the doctor scolded him and told him that he couldn't do anything at all until his bones had healed completely!

Conclusion

Even though I like adventure almost as much as Carl does, I have to admit that I learned many things from his misfortune. First, no matter how much you love to do something, you should always put safety first. Then, if you are hurt, you should do what the doctors tell you or you might not recover well. Finally, a little bit of rest and quiet time never hurt anyone! (Great Essays: p 52-53)

?! Questions

I. Introduction

a) What is a hook?

(Proper answer) = 나는 언제나 활동적인 사람이다.

b) 연결문장/정보(Connecting sentences)은?

(Proper answer) = 나는 수영을 매우 좋아하고 스포츠 놀이를 좋아한다. 내가 밖에서 놀 땐, 나의 좋은 친구 카를이 작은 사고를 당할 때까지 위험을 감수하려고 했다.

c) What is a thesis statement?

(Proper answer) = 이제 나는 내가 놀이를 하면서 좀 더 조심을 하고 있다.

II. Body

a) What is a topic sentence in the Body 1?

(Proper answer) = 카를이 언제나 자전거타기 열광 자였다.

사건1 = 폭우가 쏟아졌고 그는 자전거를 타러 나갔다.
사건2 = 가장 가파른 기슭에서 자전거를 타다 제어력을 잃고 넘어졌다.

b) 전환문장은?

(Proper answer) = 그는 꽤 크게 다쳤고, 구급차로 응급실로 후송돼야만 했다.

a) What is a topic sentence in the Body 2?

(Proper answer) = 그가 병원에 도착하자마자, 간호사들이 재빨리 그의 찢어지고 긁힌 부위를 깨끗이 소독한 뒤에 그들은 어깨와 다리를 엑스레이 촬영을 위해 데려갔다.

사건1 = 카를이 운이 좋았다.
사건2 = 깁스붕대를 했다.
사건3 = 또 다른 버스가 도착했다.

b) 전환문장은?

(Proper answer) = 의사는 카를에게 그의 몸이 적당하게 치료되기 위하여 다음 6주 동안 휴식을 취해야 할 것이라고 말했다.

a) What is a topic sentence in the Body 3?

(Proper answer) = 카를은 늘상 활동적이었기 때문에, 그는 여전히 머무를 수가 없었다.

사건1 = 치료 1주일 만에 산보를 결심하고 거리로 나간다.
사건2 = 결국 중심을 잃고 넘어져 더 심각한 부상을 당해 새 깁스붕대를 한다.

b) 전환문장은?

(Proper answer) = 담당 의사는 그를 꾸짖고, 그의 뼈가 완전히 나을 때까지 어떤 것도 전혀 할 수 없다고 말했다.

III. Conclusion paragraph

a) <u>사건의 마무리</u> = 평소 작가도 카를 만큼이나 위험을 즐겼지만 이제 조심하겠다. 친구의 불행으로부터 많은 것을 배웠다.

b) 첫째로, 여러분이 어떤 것을 하는 것을 아무리 좋아한다고 하더라도, 여러분은 항상 안전을 제일로 삼아야 한다.

c) 둘째로, 만약 여러분이 다쳤다면, 담당 의사가 여러분들에게 말하는 것을 지켜야 한다.

d) 마지막 문장(예시나 계시 또는 교훈)

(Proper answer) = 그러나 약간의 휴식과 조용한 시간은 어떤 사람이든 결코 해치지 않는다.

[에세이(Essay)를 마치며]

이 책의 단원 II는 영어 에세이 쓰기에 관한 글이다. 이 부분은 영어식 에세이의 구조를 충분히 파악하고 배우는데 초점을 맞췄다. 이러한 영어식 에세이의 구조를 익혀두면, 영어 에세이 쓰기(English essay writing)는 물론, 토플 지문을 읽고 해석하는 데도 많은 도움이 된다. 왜냐하면 영어에세이의 구성도 단락(paragraph)처럼 일정한 패턴을 가지고 있어서 그 구조를 알면 전체 글을 쉽게 이해할 수 있기 때문이다. 그리고 우리 글(논술)을 작문하는 데도 도움이 된다. 글쓰기는 영어나 국어나 모두 같은 논리적 구조를 가지고 있기 때문이다. 다시 한번 강조하지만 이 단원을 착실히 공부해두면 토플 에세이를 비롯하여, 대입 수능 논술과 언론사 논술시험까지 대부부 문제를 해결하는데 매우 유용할 것이다.

필자는 단원 II, 에세이쓰기를 마치면서도 단원 I, 단락에서와 마찬가지로 그 동안 출제된 토플 에세이를 직접 비교 분석하여 토플 에세이를 쓰는 구체적인 방법을 제시하고자 한다. 우리가 앞서 언급한 것처럼 영어식 글은 구조적으로 대개 일정하게 흐르는 주요 패턴(key pattern)이 있다. 따라서 이를 이해하면, 토플 에세이쓰기는 물론 SAT 작문과 같은 문제는 짧은 시간에 쉽게 해결할 수가 있다고 확신한다.

토플 시험에 주로 출제되는 문제는 앞에서 배운 에세이의 종류 7개 중에서도 주로 논쟁 에세이(argumentative essay)의 범주에 포함되는 찬성 또는 반대형(agree or disagree), 선호형(preference), 그리고 반응에세이(reaction essay)과 비교/대조 에세이(comparison and contrast essay) 가 주류를 이룬다. 따라서 이미 출제된 토플 문제와 답안을 통하여 이를 비교 분석하여 어떻게 글을 준비하고 전개하여 좋은 답안을 작성할 수 있는 가를 소상하게 밝혀 독자들이 짧은 시간에 원하는 높은 점수를 받을 수 있도록 도움을 주고자 한다.

1. 좋은 토플 에세이 쓰는 방법

1) 토플 에세이를 작성하는 첫 번째 단계

presented topic sentence(제시문)

첫째, 제시문을 꼼꼼히 읽고, 출제문제를 정확히 파악해야 한다. 그래야 이 글을 어떻게 써야 할 것인가에 대한 적절한 구상을 할 수가 있다.

둘째, 제시문을 정확히 이해한 다음, 브레인스토밍으로 이와 관련된 아이디어를 리스트(목록화) 해야 한다. 브레인스토밍에 대해서는 이 책의 단원II에서 왜 중요하고, 어떻게 하는지에 대한 방법까지 매우 소상하게 밝혀두었으니 참고하기로 한다.

셋째, 브레인스토밍으로 주제와 관련한 아이디어 리스트를 가지고 글을 어떻게 쓸 것인가 구상을 하는데, 먼저 머릿속에서 후크(hook)와 주제문(thesis statement)을 구상해야 한다. 토플에세이는 주어진 시간이 부족하므로 후크는 대개 일반적인 이야기로 시작하여 점차 주제문을 구체화 해내는 깔때기 형(funnel type)을 가장 선호하고 있다. 이와 같이 후크와 주제문이 구성되면 서론(도입부)단락이 완성된다.

2) 토플 에세이의 작성 요령

영어에세이의 틀(frame)을 머릿속에 먼저 구상하면서 다음 작성 요령에 따라 글을 써야 하는데, 참고로 에세이의 프레임을 다시 한번 리뷰 해보자[그림 참조할 것].

I. 서론(도입부: Introduction)

(a) 후크(hook) — (b) 연결문장(connecting sentences) — (c) 주제문(thesis statement)

서론을 구성하는 데는 이상 a-b-c 3가지 요건이 갖춰져야 좋은 서론단락이라고 할 수 있다. 하지만 토플 에세이에서는 후크와 연결문장을 매우 간략하게 쓰는 경향이 있다.

a) 후크(hook)=독자가 글을 읽도록 흥미를 자극하는 문장(유인문장)
b) 연결문장(connecting sentences)=관심을 사로잡은 독자를 주제문에까지 안내함
c) 주제문(thesis statement)=비로소 필자가 어떤 글을 쓰겠다는 것(plan)을 밝힘

II. 본론(Body)

토플에세이에서의 본론은 대개 2-4개의 단락으로 구성된다. 본론 단락은 필자가 어떤 글을 쓰겠다고 밝힌 주제문(thesis statement)에서 주요 내용 하나를 가지고 소주제문(topic sentence)을 작성한다. 그리고 앞서 단락에서 배운 것처럼, 이 소주제문을 뒷받침하는 지지문장으로 필자의 견해를 논리적으로 전개하면 된다.

a) 소주제문(topic sentence)=주제문의 주요내용을 한 가지씩 가지고 작성한다.
b) 지지문장(supporting sentences)=소주제문을 지원하는 글을 쓴다.
c) 결론(concluding sentences)=에세이 속에서 소주제문으로 단락을 구성할 때는 일반 독립된 단락처럼 굳이 결론문장을 쓸 필요가 없이 지지문장으로 마무리 할 수도 있다.

III. 결론(Conclusion)

필자에 따라 결론문장 쓰는 것을 매우 어렵게 생각하는데, 쓰는 요령만 숙지하면, 가장 쉽게 쓸 수 있는 단락이 바로 결론이다. 대개 주제문을 재진술(restatement)하면서 글의 핵심내용으로 필자 자신의 주장을 나타내는 단락이다. 그리고 경우에 따라서는 자신의 확실한 주장을 바탕으로 예시나 조언 등을 덧붙일 수도 있다. 이렇게 결론 단락을 쓰면 자연스럽게 글이 수미상관을 이루게 된다.

2. 토플(TOEFL) 에세이 답안 작성요령 및 해설

Model 1

Presented sentence(제시문): 찬성 또는 반대 유형

"Do you agree or disagree with the following statement? Children should be required to help with household tasks as soon as they are able to do so. Use specific reasons and examples to support your answer."

첫째, 제시문을 정확히 이해한 뒤, 주제와 관련한 브레인스토밍(Brainstorming)하기

- 제시된 문제는 찬성 또는 반대하기 유형이며, 골자는 "어린이들은 도울 수 있는 한 집안일을 도와야 한다"는 것이다.

둘째, 브레인스토밍으로 리스트(목록화)한 글쓰기 재료를 가지고 조용히 생각하면서 먼저 글의 주제와 관련한 후크(hook)와 주제문(thesis statement) 구상하기

- 〈children, household, tasks, play, work, friends, parents, watching TV, reading, studying, learning, help, support parents, cook, clean house, responsibility, respect, etc…〉

셋째, 후크와 주제문에 대한 구상이 끝이 나면 서론(도입문) 작성하기

- 이상 3가지 단계를 거치면서 서론이 완성되면 글쓰기는 사실상 절반을 완성한 것이나 다름없다.

The issue that children should help with household tasks is one that is open to debate. On the one hand, some people think that children should not be required to help if there is not need for them to do part of the household tasks. Some people also say that is preferable for children to devote more time to playing, reading and watching interest things on TV. On the other hand other people support the idea of teaching children household tasks and make them help at home. I adhere to the latter point of view. I base my opinion on the following points.

First, helping in our houses when we are children teaches us of the ways of doing household tasks. This might be very useful in our future, even if we can hire someone to do those things for us. I have three sisters and my mom always explained to us how to cook, clean or iron our clothes. We also had a maid to help us with most of the chores, but anyway my mom wanted us to learn. It is well known that is very difficult to correct the job of someone else if you don't know the job yourself. Thanks to this learning, I can now handle many of my houses tasks, and when my maid cannot come to my house I any way manage to go to work with my clothes clean or ironed. Moreover, it helped me grow by learning that all of us have responsibilities at home, even if it is a minor one such as preparing toasts for breakfast.

Second, doing the household tasks helps you be more tolerant with others, put yourself in their situation and understand them more. Before I practiced this kind of tasks at home, I usually though that keeping a house clean and tidy was a very simple and minor issue. Now, I don't. I've learnt to appreciate how energy consuming doing the household can be and how many things need to be done before we arrive at home and see everything in perfect conditions. This has helped me grow as a more considerate person. I value the job of those who work for me. I've felt how boring and exhausting cleaning a house can be, and I try to recognize through a fair pay this job.

Third, I believe that you can learn household activities and help at home without resigning to other activities. When I was a child I helped my mom with part of the chores, but I had plenty of time to read and play with my friends. Doing part of the household did not affect either my academic performance or my social activities. Hence, as my sisters and I helped at home, my mom could also have a personal life and spend more time playing with us.

To sum up, I believe that is a good idea to make children help with some of the household tasks even if there is no need to do so because someone else can handle it. In my opinion, doing part of the household promotes children to grow and mature as responsible and considerate people, and does not affect their academic or personal life. (Collected By www.DETHI.com)

Explanation(해설)

첫째, 이 에세이의 첫 문장이 후크(hook)인데, 여기서는 가장 흔하게 사용하는 깔때기 형(funnel type)의 후크를 사용하고 있다. 깔때기 형 후크는 누구나 아는 보편적인 이야기에서 시작하여 점차 그 범위를 좁혀서 전개해 나가다 마지막 문장인 주제문(thesis statement)에서 필자가 쓰고자 하는 글의 계획(plan)을 밝힌다.

둘째, 이 글의 주제문은 서론의 마지막 두 문장인데, "I adhere to the latter point of view. I base my opinion on the following points. (나는 후자의 견해[아이들에게 집안 일을 시키는 것]에 동의하려고 한다. 따라서 다음의 주요 골자로 내 의견을 주장하고자 한다.)" 이는 구체적으로 몇 가지를 이유를 적시하는 직접 주제문을 쓰는 대신 "다음 몇 가지 주요 내용"이란 말로 간접적으로 밝히고 있다. 따라서 필자는 다음 각각의 본론(body) 단락에서 왜 어린아이들에게 집안일을 시키는 것이 바람직한가를 한 가지씩 구체화하여 각 본론단락의 밑줄 친 문장을 소주제문(topic)으로 작성하면서 3개의 본론단락을 전개하고 있다.

셋째, 결론은 주제문을 재진술하고, 각 본론단락의 소주제문(주요내용)을 요약하면서 필자 자신의 주장을 펴고 있다.

| Model 2 |

Presented sentence(제시문): 선호하는 유형

"Some people prefer to work for a large company. Others prefer to work for a small company. Which would you prefer? Use specific reasons and details to support your choice."

- Model 1과 같은 방법으로 먼저 제시문을 정확히 파악하고, 브레인스토밍으로 주제와 관련한 아이디어 리스트를 만들고, 이를 바탕으로 후크와 주제문을 구상하면 된다. 그리고 나머지 Model 3, 4, 5도 꼭 같은 방법으로 구상하여 글을 전개하면 된다.

Working is a pleasure for me. It gives me satisfaction as and a feeling of achievement and fulfillment. Some people prefer to work for a large company. Others prefer to work for a small company. I prefer to work for a large company as it gives me opportunities to learn and grow. Working in a large organization also results in monetary benefits.

I am currently working in a multinational company, a world leader in education and training. While working here for last five years, I have been bestowed upon by innumerable opportunities to learn while working. I have attended several on the job training that have helped me grow into a tech savvy. These training are essential for each on of us in this organization. Actually, I am paid for learning. Isn't it a wonderful concept of earning while learning?

A large organization focuses on new ventures to expand the business. Hence, in large organizations, one can grab many opportunities to grow. The more you learn and prove your knowledge by application, the more opportunities you get to grow. A large organization consists of different divisions, such as Sales, Marketing, Development, Media, Research & Development. According to the personal interests and expertise in an area, one can pursue his/her career while learning and growing.

Another major reason for opting for a large organization to work is job stability. A large organization is well established in its field of business. The employees in such organizations do not have to worry about the shutdown of the organization. Job security is one of the keywords in the fast changing business world.

In conclusion, a large organization with focus on expansion, one can get many opportunities to learn and grow. As learning new things is my area of interest, I prefer to work in a well-established, large organization. In addition, such a job gives me s feeling of accomplishment, growth, and security. (Collected By www.DETHI.com)

Explanation(해설)

첫째, 이 에세이의 첫 문장이 후크(hook)인데, 여기서는 가장 흔하게 사용하는 깔때기 형(funnel type)의 후크를 사용하고 있다.

둘째, 이 글의 주제문은 "I prefer to work for a large company as it gives me opportunities to learn and grow. Working in a large organization also results in monetary benefits.(나는 대기업에서 일하기를 선호하는데, 이는 나에게 성장하고 배우는 기회를 제공하기 때문이다. 그리고 큰 조직에서 일하는 것은 또한 항상 유리한 점을 가져다 준다.)"

이는 구체적으로 몇 가지를 이유를 적시하는 직접 주제문을 쓰는 대신 "다음 몇 가지 주요 내용"이란 말로 간접적으로 밝히고 있다. 따라서 필자는 다음 각각의 본론(body) 단락에서 왜 대기업에서 일하면 유리한 점이 있는 가를 한 가지씩 구체화하여 각 본론단락의 소주제문(topic)으로 3개의 본론단락을 전개하고 있음을 알 수 있다.

셋째, 결론은 주제문을 재진술하고, 각 본론단락의 소주제문(주요내용)을 요약하면서 필자 자신의 주장을 펴고 있다.

| Model 3 |

Presented sentence(제시문): 논쟁 유형

"Neighbors are the people who live near us. In your opinion, what are the qualities of a good neighbor? Use specific details and examples in your answer."

Neighbors are part of our daily lives. They are part of the process of socialization. Socialization is the process in which we interact with other people. In our lives we are always trying to look for a good area to live, a nice house, and most important of all good neighbors. This will influence in the decision of either moving to the area, or star looking for another area. In my opinion a good neighbor will be those who are respectful, friendly, and helpful.

The first quality that good neighbors should have is to be respectful. Respect is the most important aspect of being good neighbor. Neighbors should respect your space and privacy in order to live in a peaceful environment. Being a respectful neighbor means not invading your personal space as well as your property. Another example will be to maintain a quiet environment not allowing loud music, or noise that will bother others. Respect to one another is the most important quality that a neighbor should have in order to live in harmony.

Another quality of a good neighbor is that it should be friendly. All people should be friendly to one another, but this quality is most important when it comes to neighbors. Neighbors are close to you, to your home, property and most important to your family. You might not see them every day, but they live next to you all the time. These are the reasons why they should be friendly. One of the ways to be friendly is by showing they care about you, and they should welcome you to their neighborhood. Friendly neighbors make a good and united society.

The last quality of good neighbor is that it should be helpful. Neighbors as well as everyone should be helpful to one another. Helpfulness is a characteristic that everyone should have. A helpful neighbor is that, that in the times of need is there for you. For example, if a person is in a situation where he/she needs a moral support for the lost a loving family member, the neighbor should give this person all the support he/she might need and encourage he/she that they can count on them no matter what.

To sum up, overall good neighbors are those whom are respectful in every way. Friendly, that every time you see them they greet you with a good smile. And good neighbors are those whom are helpful whenever you need a supporting hand. (Collected By www.DETHI.com)

Explanation(해설)

첫째, 이 에세이의 첫 문장이 후크(hook)인데, 여기서는 가장 흔하게 사용하는 깔때기 형(funnel type)의 후크를 사용하고 있다.

둘째, 이 글의 주제문은 "In my opinion a good neighbor will be those who are respectful, friendly, and helpful.(나의 견해는 좋은 이웃은 서로 존중하고, 친절하며, 돕는 사람이 되는 것이다.)"

이는 구체적으로 몇 가지를 이유를 적시하는 직접 주제문으로, "존경, 친절, 그리고 도움이 되는 것" 으로써 직접적으로 밝히고 있다. 따라서 필자는 다음 각각의 본론(body) 단락에서 이웃에 대한 존경, 친절, 그리고 도움이 되는 것으로 한 가지씩 각 본론단락의 소주제문(topic)으로 작성하면서 3개의 본론단락을 전개하고 있음을 알 수 있다.

셋째, 결론은 주제문을 재진술하고, 각 본론단락의 소주제문(주요내용)을 요약하면서 필자 자신의 주장을 펴고 있다.

Model 4

Presented sentence(제시문): 비교/대조형

"Students at universities often have a choice of places to live. They may choose to live in university dormitories, or they may choose to live in apartments in the community. Compare the advantages of living in university housing with the advantages of living in an apartment in the community. Where would you prefer to live? Give reasons for your preference."

Students are often able to choose whether they want to live in a dormitory, on a university campus, or in a separate apartment in the community. Each of these environments has its advantages. In this essay, I will present some of the facts that support both solutions, and I will argue in favor of living in an apartment.

Living in dorm offers a chance to improve communication skills, to learn to live with other people. For example, roommates must adjust their eating and sleeping habits according to each other's needs. Each one must arrange his free time in such way that he doesn't bother others while they are studying. Moreover, the social structure of the dorm community is in many aspects similar to that of a typical office, or workplace in general. Both environments require finding solutions to various problems and cooperation of the people in order to achieve that. Thus, by adapting to conditions of living in the dormitory, students actually prepare themselves for their future jobs. The environment in the dorm is friendlier and understanding, because it is consisted of other students, who often have similar problems and interests. The social life is more interesting, too. For example, if students failed to understand a lecture as it was presented in class, he can ask his friends from the dorm for an explanation. Also, it's much easier to find a common topic to chat about, or an interesting activity to practice in free time.

On the other hand, living in separate apartment usually means having less neighbors and roommates. In fact, it is not a rare case that a student has whole apartment for himself. In this situation, there is less distraction, so students can concentrate better on their schoolwork. As a consequence, their grades are better. Another advantage is that living alone means having more privacy. This aspect is very important, because everyone has personal secrets, which he wants to hide from all other people, even the closest friends. Finally, students who live in the apartments can maintain contacts with their neighbors, ordinary people, and are not confined to academic community. This way, students are offered a wider variety of experiences from everyday life, which they may find useful in their future lives.

If I were in a situation to choose whether I would live in the dormitory or have a separate apartment, I would choose to live in separate apartment. It could be argued that living separately narrows one's circle of close friends, precluding him from having regular contacts with other people. This argument goes on to assert that such students are deprived of social experiences, and therefore remain aloof and introvert. However, it is a fact that students can make enough friends even if they live outside of the university campus, especially if the apartment is shared between several students. Furthermore, friends can visit each other as often as they need to. They can maintain friendly contact in a way, which doesn't affect their school performance. Careful planning and wise distribution of time can achieve this. If a student assigns enough time for studying, his grades won't suffer, and he will still be able to spend the remaining time with his friends. Alternatively, students who live in a school dormitory are constantly surrounded with familiar people. They can't avoid excessive socializing, even if they want to. Therefore, they spend too little time studying and they get low grades.

In conclusion, living in the dormitory may be more interesting and socially challenging, but it's rather unsuitable for serious studying. Living in an apartment, however, allows a student to socialize, but only to the extent that doesn't affect his schoolwork negatively. This way, positive effects of living both in dormitory and in an apartment are obtained.

Explanation(해설)

첫째, 이 에세이의 첫 문장이 후크(hook)인데, 여기서는 가장 흔하게 사용하는 깔때기 형(funnel type)의 후크를 사용하고 있다.

둘째, 이 글의 주제문은 "In this essay, I will present some of the facts that support both solutions, and I will argue in favor of living in an apartment.(이 에세이에서 나는 양쪽의 해결책을 돕는 몇 가지 팩트(사실)을 제공할 것이다. 그리고 아파트에 사는 것을 찬성할 것이다.)"

이는 구체적으로 아파트에서 사는 것에 직접 찬성하면서 자신의 주장을 펼치고자 한다. 따라서 필자는 다음 각각의 본론(body) 단락에서 기숙사와 아파트 생활을 비교하면서 왜 아파트에 살기를 원하는지 이유를 한 가지씩 구체화하여 각 본론 단락의 밑줄 친 문장을 소주제문(topic)으로 작성하면서 3개의 본론단락을 전개하고 있다.

셋째, 결론은 주제문을 재진술하고, 각 본론단락의 소주제문(주요내용)을 요약하면서 필자 자신의 주장을 펴고 있다.

[참고] 브레인스토밍(Brainstorming)으로 제시문과 관련한 아이디어를 리스트화 할 때, 제시문의 핵심어(key word)를 가지고 다음과 같은 방법으로 질문을 하면 빠른 시간에 관련 아이디를 떠올리는데 도움이 될 것이다.

| Model 5 |

Presented sentence(제시문): 반응형

"Why do people go college?"

College is a place that students can learn more and new knowledge and experience in it. Of course, different people have different reason to study in college. For example, some people want to be or go to a further study after they graduate from the college; some people hope to find a good job after their studying in college and also some people wish to exchange their present situation through studying in college. In my opinion(in my case), no matter what reason people study in college for, studying in college is just a preparation for their future's life.

First of all, students can learn new knowledge and experience from the studying in college. There are many teachers, professors with abundant teaching experience who teach students lots of new knowledge and help them to solve the problems in their study. With their help, students can learn a lot of useful basic and professional knowledge which is very helpful for their future's work and study. After they finish their study in the college, students go to work in the society and contribute to the different fields.

Secondly, students can learn how to arrange their own time reasonably.

Before their studying in college their life often arranged by their parents and study often arranged by their teachers it is very different for them to live and study in college, because students studying in college have to arrange their life and study by themselves. They have right to arrange their part time, such as when to get up, when to finish the assignment, and when to etc. This is very important experience for students' work and life in the future.

Finally, studying in college makes students have opportunity to live with other students and learn how to cooperate with other people. Usually, people often have uncomfortable feeling to live with a stranger, because they do not know each other and perhaps their habit and personality are different. But for the long run, it is good for them. They have to cooperate with each other and solve a lot of problems they will face together. Gradually, they can learn how to care and understand other people. It is a preparation for students to go to cooperate with other in the society.

All in all, students not only can learn lots of new knowledge from the books but also can learn much more necessary experience, such as how to arrange time and how to cooperate with other people. It is very important for their future's work and life. (Collected By www.DETHI.com)

Explanation(해설)

첫째, 이 에세이의 첫 문장이 후크(hook)인데, 여기서는 가장 흔하게 사용하는 깔때기 형(funnel type)의 후크를 사용하고 있다.

둘째, 이 글의 주제문은 "In my opinion(in my case), no matter what reason people study in college for, studying in college is just a preparation for their future's life.(내 견해로는, 대학에서 사람들이 공부를 하는 이유가 무엇이든 간에, 대학에서 공부를 한다는 것은 곧 그들의 미래 삶을 준비하는 것이라고 본다.)"

이는 구체적으로 몇 가지 이유를 적시하는 직접 주제문을 쓰는 대신 "미래 삶을 준비하는 것"으로 간접적으로 밝히고 있다. 따라서 필자는 다음 각각의 본론(body) 단락에서 미래의 삶을 준비하는 이유를 한 가지씩 구체화하여 각 본론단락의 소주제문(topic)으로 작성하면서 3개의 본론단락을 전개하고 있음을 알 수 있다.

셋째, 결론은 주제문을 재진술하고, 각 본론단락의 소주제문(주요내용)을 요약하면서 필자 자신의 주장을 펴고 있다.

[Book VIII의 "Model 5"의 제시문을 브레인스토밍 해보자!]

Ex) 제시문 : "Why do people go college?"
주요내용 : "go to college"
핵심어 : "college"

?!Questions

① Who goes to college?

② Why do they go to college?

③ What do they do in college?

④ How do they study in college?

⑤ When do people go to college?

⑥ Where do they study?

이상과 같이 핵심어를 가지고 5W1H(육하원칙)로 질문을 하면 다음과 같은 아이디어를 빠르고 쉽게 리스트화 할 수 있다.

- 〈learning, new knowledge, students, experience, success, good job, careers, self-content, prepare, good future, meet new friends or others, class, roommate, have dream, fulfillment, achievement, different cultures, different situation, professional skill or knowledge, good life etc….〉

3. 토플 에세이 작문할 때 유념할 5가지

1) no contractions(축약형은 가능한 사용하지 말 것)

Ex) don't = do not/ can't = cannot etc…

I don't hate you. (x)
I do not hate you. (o)

2) Avoid there is—/there are—(There는 쓰지 말 것)

Ex) There is many issues that students face at university. (x)
Students face many issues at university. (o)

There are many development projects that the UN supports. (x)
The UN supports many development projects. (o)

3) Really, Very, a lot, So...(구어체 용어는 가능한 피할 것)

Ex) Many students think university is very hard. (x)
Many students think university is difficult. (o)

Bill 99 is really controversial. (x)
Bill 99 is controversial. (o)

A lot of students ⋯→ many students. (o)

A lot of time ⋯→ much time. (o)

4) Passive voice(수동)보다는 Active voice(능동)형을 쓸 것

Ex) Healthcare reforms were implemented by Obama. (x)

Obama implemented healthcare reforms. (o)

The war was won by the French. (x)

The French won the war. (o)

5) Use strong verbs!(의미가 강한 본래 동사를 사용할 것)

Ex) He gave assistance to my friend. (weak)

He assisted my friend. (strong)

They conducted an investigation. (weak)

They investigated. (strong)

She did an audit. (weak)

She audited. (strong)

나는 이번 영어책에 앞서 사실상 우리말 글쓰기 책을 먼저 집필했다. 고등학교 논술이나 대학에서의 글쓰기에도 도움이 되는 책으로 출간하기 위해 대학 교수님을 한 분 섭외하여 공저로 우리 교육현장에 필요한 내용으로 업그레이드 하기로 하고 이미 지난 2011년 말 한 출판사와 계약을 체결했다. 그 책은 공저자 교수님의 집필 지연관계로 아직도 산고를 겪고 있지만 곧 좋은 책으로 출간되리라 믿고 있다. 이 와중에 나는 다시 영어 글쓰기 책을 한 권 쓰기로 마음먹고 지난 2012년 초에 시작하여 2013년 늦은 가을까지, 약 2년 만에 집필을 마치고 도서출판 신아사와 출간계약을 체결했다. 그리고 약 5개월 만에 책이 세상의 빛을 보게 된 것이다.

이 책의 "단원 I" 단락(Paragraph)쓰기는 고등학생들, 특히 수능을 앞둔 수험생들을 위해 집필했다. 먼저 단락의 구조를 알고 글의 전개과정을 제대로 이해하면 글쓰기는 물론, 수능독해문제를 해결하는데 많은 도움이 된다. 제 8장(chapter)에서는 최근 출제된 수능문제들을 부문별로 정리하여 어떻게 문제를 해결하는가에 대한 방법을 알기 쉽게 구체적으로 기술을 해놓다. 지면관계상 모두 예시하지 못한 아쉬움이 있다. 따라서 이 부문을 확대하여 수능기출문제 풀이 참고서 "영어수능 한방으로 끝낸다!"를 집필하였으니 참고하면 시중의 어떤 참고서보다 수능영어 문제해결에 직접적으로 큰 도움이 되리라 확신한다.

그리고 "단원 II" 에세이(논술)쓰기는 유학을 준비하는 사람들, 특히 토플(TOEFL)을 준비하는 학생들을 대상으로 준비했다. 에세이의 구조에 대한 이해와 함께 에세이를 작문하는 방법을 구체적으로 제시했으며, 나아가 적절한 예문들(Model Essays)을 통하여 이를 확인하고, 쉽게 이해할 수 있도록 예시했다. 더불어 토플의 작문시험은 물론, 미국의 대학에서 공부하면서 한결같이 가장 힘들다고 말하는 각종 글쓰기 어사이먼트(assignment)를 해결하는데도 큰 도움이 되리라 믿는다. 무엇보다 이 책을 공부하고 나면 글쓰기에 눈을 뜨게 되므로, 비단 영어뿐만 아니라 우리글을 작문하는데도 똑같은 능력을 발휘할 수 있게 된다는 점을 강조하고 싶다.

이 책은 기획으로는 두 번째 작품이지만 세상에 빛을 본 것으로는 첫 열매인 셈이다. 그리하여 이 책을 온전히 하나님께 봉헌해 올린다. 게다가 부족한 나를 위하여 뉴욕과 서울에서 쉬지 않고 기도하여 주신 "아이온 선교회" 성도님들께 진심으로 머리 숙여 감사를 드린다. 아이온 성도님들의 뜨거운 기도가 없었더라면 이 책은 분명히 세상에 나오기 어려웠을 것이다. 그리고 부족한 내가 글쓰기 책을 집필했음을 처음 알렸을 때, 바쁜 와중에서도 내용을 꼼꼼히 훑어보고 가치를 인정해주면서 나에게 용기를 북돋워주신 분들이 있다. 고등학교에서 제자들을 가르치고 있는 박민환 선생과 대학에서 글을 가르치고 있는 채영택 박사이다. 특히 박민환 선생은 책의 교정에서부터 아이디어 제공, 그리고 아낌없는 조언에 이르기까지 직접 든든한 후원자역할을 해주었다. 아울러 두 분께도 심심한 감사를 드린다.